La
CAZA
del
ZORRO

❖❖❖

LAS MEMORIAS DE UN REFUGIADO

ACERCA DE SU LLEGADA

A AMÉRICA

❖❖❖

Mohammed Al Samawi

 HarperCollins *Español*

Editora en Jefe: *Graciela Lelli*
Traducción: *Santiago Ochoa Cadavid*
Adaptación del diseño al español: *Mauricio Diaz*

ISBN: 978-1-41859-817-4

Impreso en Estados Unidos de América

18 19 20 21 22 LSC 7 6 5 4 3 2 1

A mi país.
A todos los que son diferentes.
A todas las personas que dijeron «sí».

CONTENIDO

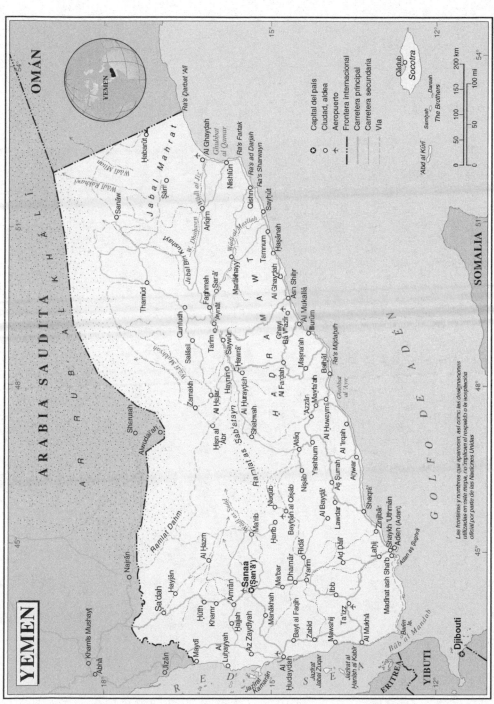

YEMEN

OMÁN

ARABIA SAUDITA

A R U B ' A L K H Á L I

Ramlat Dahm

SOMALIA

ERITREA

YIBUTI

Djibouti

Capital del país
Ciudad, aldea
Aeropuerto
Frontera internacional
Carretera principal
Carretera secundaria
Vía

'Abd al Kūrī   Samhah   Darsah
                         The Brothers

Qādub
Socotra

0   50   100   150   200 km
0   50   100 mi

Ra's Qarbat 'Alī

Al Ghaydah
Ghubbat
al Qamar
Ras Fartak
Ras ad Darjah
Ra's Sharwayn

Ḥabarūt

J a b a l   M a h r a t

Wādī Mitān

Shaḥr

Sanāw

Wādī Raḫawt

Nishtūn

Wādī al Jiz

Qishn

Sayḥūt

Ḥaṣṣāwin

Thamūd

Saraʾ

Ariqm

Al Ghaydah

Asn Shiḥr

Al Mukallā

Burūm

Ra's Miqtabah

M A W T

H A D R A M A

Ghubbat
al Aytr

G O L F O   D E   A D É N

Ra's Sharwayn

Najrān

Sharūrah

Alwudaiah

Saʿdah

Hayjān

Hūth

Khamr

Amrān

Kamr

Sanaa
(Ṣanʿāʾ)

Maʾbar

Dhamār

Yarim

Riḍāʿ

Al Bayḍāʾ

Lawdar

Aḥwar

Shaqrāʾ

Zinjibār

Shaykh ʿUthmān

Adén (Adan)

Adan aṣ Ṣaghrá

Bārim
Is.

Bāb al Mandab

Al Mukhāʾ

Taʿizz

Ibb

Mawshij

Zabid

Bayt al Faqīh

Manākhah

Ḥajjah

Az Zaydīyah

Al
Luḥayyah

Midī

Al
Ḥudaydah

R E D

M A R

Jazīrat
Kamarān

Jazīrat
Jabal Zuqar

Jazīrat al
Ḥanīsh al Kabīr

Jīzān

Khamīs Mushayt
Abhā

Las fronteras y nombres que aparecen, así como las designaciones
utilizadas en este mapa, no implican el respaldo o la aceptación
oficial por parte de las Naciones Unidas.

Map No. 3847 Rev. 3   UNITED NATIONS
January 2004

Department of Peacekeeping Operations
Cartographic Section

La
CAZA
del
ZORRO

CAPÍTULO I

✧✧✧

LAZOS DÉBILES,
VÍNCULOS FUERTES

Adén, marzo de 2015

onté mis pasos. Tres para ir de la puerta a la pared; dos entre el inodoro y el espejo. Mi nuevo apartamento en Adén era grande para una
persona, pero no había planeado refugiarme en su baño. La luz verde
grisácea de la única bombilla fluorescente se esparció por el espejo, blanqueando las paredes, el techo y el piso. No tenía a dónde ir.

Estaba atrapado.

Mis ojos, enrojecidos e inyectados en sangre, estaban demacrados por el
insomnio y el estrés. Se habían retirado, abandonando las líneas del frente, como si no estuvieran dispuestos a ver cómo Yemen era destrozado. Las

calles estaban llenas de escombros, los soldados y los ciudadanos gritaban y disparaban armas, los medios sociales adornados con los lemas «¡Dios es grande!», «Muerte a Estados Unidos», «Muerte a Israel», «Malditos judíos», «Victoria al islam».

La electricidad se había ido. Miré mi teléfono e intenté calmarme mientras hacía un recuento.

Era el 22 de marzo de 2015. Siete días antes había huido de mi hogar en Saná, la capital oficial de Yemen, para escapar de las amenazas a mi vida y de la violencia de los primeros días de lo que era ya una guerra civil en toda regla. Por un lado, estaban el presidente Abdrabbuh Mansour Hadi y las fuerzas leales, y por el otro, las fuerzas de la oposición: los hutís y su Comité Supremo Revolucionario, respaldados por el expresidente Ali Abdellah Saleh.

Pensé que estaba corriendo hacia la seguridad, pero la violencia me siguió.

Primero fue el aeropuerto desde el que había partido, tomado por los hutís. Luego se presentaron combates entre las fuerzas leales a Hadi y los rebeldes hutís en el aeropuerto de Adén. ¿Los bombardeos se extenderían desde allí? Todos oraban para que el conflicto terminara, pero los combates apenas estaban comenzando. ¿Yemen, la nación más pobre de la región, estaba a un paso de convertirse en el campo de batalla de una disputa por el poder sólidamente financiada entre Irán y Arabia Saudita?

Los rumores volaban de puerta en puerta. Se decía que Irán, una nación chiita, le estaba entregando armas a los hutís, sus hermanos rebeldes del norte que también eran chiitas. Mientras tanto, Arabia Saudita, una nación sunita, estaba respaldando supuestamente al presidente Hadi, que también era sunita. Para empeorar las cosas, la red sunita se extendía a Al Qaeda en la península Arábiga (AQPA) y al Estado Islámico de Irak y el Levante (ISIL); ambos habían comenzado a reclamar el control de varias zonas de Yemen. El equilibrio del poder en Yemen entre sunitas y chiitas podía ayudar al Medio Oriente e inclinarlo en una dirección o en otra; todos estos grupos diversos con las afiliaciones más laxas parecían dispuestos a unirse a fin de mover esa aguja.

Desde mi ventana, observé mientras los combatientes patrullaban las calles. Solo había dos carreteras que salían de la ciudad, y ambas pasaban alrededor del aeropuerto, que era uno de los centros de la batalla; no parecía posible que yo pudiera escapar si utilizaba alguna de ellas. La situación era delicada para todos, y francamente letal para cualquier persona que tuviera vínculos con Israel, los judíos o con el activismo interreligioso. Yo tenía los tres.

Como activista por la paz que promovía el entendimiento entre judíos, cristianos y musulmanes, yo ya había sido un blanco. Pero esto era diferente. Era peor.

Si alguien descubría quién era yo, de dónde era o qué había hecho durante los últimos años...

Captura.

Tortura.

Ejecución.

¿Cuánto tiempo más podría sobrevivir con poco más que adrenalina, un Internet y una conectividad celular intermitentes?

Cerré los ojos y apoyé las manos en el fregadero. Mi frente tocó el espejo y se deslizó por el vidrio en su propio sudor. Pasé mi lengua alrededor de mi boca reseca y mis labios agrietados, resistiendo el impulso de desgarrar la carne floja con mis dientes. Mi estómago se revolvió de hambre y preocupación.

Una detonación tenue de armas de fuego me hizo retroceder.

Asenté mis pies descalzos en el suelo de baldosas y me pregunté si el impacto de un proyectil podía llegar desde la calle hasta mi apartamento en el cuarto piso.

Me apresuré del baño a la ventana, presioné mi cuerpo contra la pared y miré por un pequeño espacio entre las cortinas cerradas. Los cables de la electricidad formaban una red intrincada. Justo al final de la calle, dos hombres vigilaban en un puesto de control que parecía ser de AQPA. Sus *shemagh* negros ocultaban sus caras. El viento envolvía sus túnicas blancas alrededor de las bandoleras que cruzaban sus pechos; los remolinos de polvo bailoteaban a sus pies. Los cañones de sus fusiles apuntaban al cielo.

¿Por qué me puse en esta situación?, pensé. *¿Por qué dejé mi casa en Saná?*

Ana hemar. Soy un burro.

Quise estar con mis hermanas, a salvo en mi habitación, viendo una vieja película de Hollywood. Los chicos buenos ganarían. El problema era que aquí, bajo tantas capas de tierra y de sangre, los buenos y los malos a veces eran indistinguibles. Públicamente, cada grupo presentaba reclamaciones justas, pero detrás de bambalinas estaban unidos por la violencia. ¿A quién se le podría creer, especialmente ahora que todos hablaban el dialecto común de la violencia? Los hutís —los llamados rebeldes del norte—, eran héroes para algunos, y terroristas para otros. Los combatientes de Al Qaeda —los soldados de a pie del sur—, tenían sus propios seguidores y sus propios enemigos. Buenos, malos. Derecha, izquierda. Nada era lo que parecía.

¿Qué pasaría cuando los dos ejércitos se enfrentaran? Los hutís acababan de tomar Taiz, la tercera ciudad más grande del país, un bastión estratégico entre el norte y el sur. Estaban apenas a unas cien millas, preparándose para una ofensiva militar, marchando en dirección recta a Adén. Justamente hacia mí.

Con los ojos cerrados y la mandíbula apretada, escuché —antes que ver— el parpadeo de las luces volver a encenderse. ¿Era esto una señal de Dios? No podía perder mucho tiempo en pensarlo. La electricidad era un bien escaso y valioso.

Me agaché en la sala frente a mi portátil, que estaba cargándose. Tenía el teléfono celular enchufado en la cocina.

Revisé Facebook. Actualicé Twitter. Examiné las noticias de Al-Masdar. Todos sabían que era el órgano informativo del Partido al-Islah, que era islamista, pero era el único que informaba directamente desde el terreno. Ellos y un periodista independiente estadounidense llamado Adam Baron. Los canales controlados por el Estado eran inútiles. Según ellos, no había guerra y nadie se estaba muriendo.

Cerré mi computadora portátil, abrumado por el miedo y los hechos. Observé el apartamento y vi mis alimentos restantes. Unas pocas botellas de agua, jugo, barras de chocolate, latas de atún, y paquetes de galletas y de papas fritas eran lo único que me quedaba.

Mi estómago crujía contra mis costillas debido al hambre y la sed. El agua que salía de las llaves no era potable. Sin nada más que hacer, volví a abrir mi computadora, la ventana más segura al mundo exterior.

Revisé mis mensajes. Nada. Había pasado el día frente a mi computadora portátil, acurrucado sobre la pantalla como un camarón. Miré mis llamadas recientes, mis correos electrónicos, vi a mis amigos de Facebook y les envié mensajes a todos aquellos en los que pude pensar. *Ayúdenme. Por favor.* Pero nadie sabía qué hacer. La gente necesitaba salvarse a sí misma y a sus familias. Nadie estaba dispuesto a conducir un auto a través de una zona de guerra para salvar a un extraño, o a un amigo. La gente enviaba su pesar, sus oraciones. Aprecié el sentimiento, pero no podía escapar por medio de una oración.

Necesitaba irme.

Justo antes de la medianoche, envié otro mensaje.

◇◇◇◇◇◇

Los paquetes de datos volaban a través de una red de redes. Rebotaban de un enrutador a otro hasta llegar a su destino. En cuestión de segundos, volvieron a ensamblarse a casi medio mundo de distancia.

MOHAMMED AL SAMAWI: Daniel, ¡espero que todas tus cosas estén bien!

Espero que aún te acuerdes de mí... pensé que sería una buena idea si pudieras ayudarme... Si has visto las noticias últimamente, es posible que hayas escuchado sobre lo que está sucediendo en Yemen. Es por eso que estoy escribiendo esta petición. Si conoces a alguien que pueda ayudar, házmelo saber.

Daniel Pincus estaba en el coctel de una boda judía en Brooklyn. Alto y enérgico, con una habilidad especial para encontrarse en situaciones imposibles, se pasó una mano por el pelo. Se encontraba solo en medio de una multitud que no conocía, y entre el queso y los canapés, revisó Facebook. Allí vio una carta breve y desesperada de un tipo que apenas recordaba. Agradecido de tener una excusa para irse de la fiesta, escribió una respuesta y salió al pasillo para hacer una llamada a Yemen por Skype.

Mientras tanto, Megan Hallahan, una estadounidense de ojos grandes y una melena de pelo castaño rizado, estaba sentada frente a su computadora portátil en su apartamento de Tel Aviv. Un joven que había conocido en Facebook hacía tres años estaba atascado en Yemen, atrapado en una zona de guerra. Había tratado de encontrar una manera de sacarlo del país durante dos semanas, pero no lo había logrado y prácticamente había perdido las esperanzas. Escribió un nuevo correo y lo envió a otro círculo de su red social. Y luego se quedó dormida.

Natasha Westheimer, una australiana-estadounidense que vivía en Israel, estaba despierta respondiendo mensajes de correo electrónico para EcoPeace Middle East, cuando vio un mensaje de Megan, la chica que había conocido tres semanas antes en una conferencia de acción social en Jordania. El tema decía: «Urgente, mi amigo en Yemen». Se ajustó las gafas y se acomodó el pelo rojo y grueso detrás de las orejas. Natasha asistiría a la Universidad de Oxford en el otoño para obtener una maestría en Ciencias del agua. Ella sabía sobre filtraciones, pero no sobre exfiltraciones. Pero después de una pausa instantánea, presionó «responder».

Justin Hefter, un recién graduado de Stanford, estaba esquiando en Utah. Agotado después de un fin de semana con sus amigos, y con un vuelo infame a la mañana siguiente, se preparó desde muy temprano. A las cuatro de la mañana, subió a un auto Uber hacia el aeropuerto y revisó su correo electrónico.

Queridos amigos:

Lamento molestarlos, pero la vida de mi amigo está realmente en peligro y solo necesita una excusa, cualquiera que sea, para salir de Yemen: irá a cualquier parte y hará lo que sea, siempre y cuando pueda satisfacer sus necesidades básicas de supervivencia. Cualquier idea o contacto será de ayuda; por favor, pasen la voz lo más lejos posible y háganme saber cualquier idea que puedan tener.
Gracias de antemano, Megan

Justin hurgó en su billetera hasta encontrar la tarjeta de negocios de un yemenita de veintitantos años que había conocido brevemente en la misma conferencia en Jordania tres semanas antes. Envió un correo electrónico rápido:

Hola Megan, Mohammed Al Samawi vive en Yemen y estuvo en la conferencia GATHER. Él podría tener algunas ideas... puedes contactarlo en Facebook en: (enlace)

Megan le respondió pocas horas después:

Hola Justin, es de Mohammed de quien estoy hablando...

◇◇◇◇◇◇

Estaban hablando de mí. Yo soy ese Mohammed.
Esta es mi historia.
Comienza y termina con un libro.

CAPÍTULO 2

◇◇◇

CONTRADICCIONES

En la escuela con mis compañeros

M e distinguí de los demás desde que puedo recordar. Mis padres me decían que yo era bendecido por Dios; que había recibido una maldición. Yo era especial; yo era extraño. Me amaban; se molestaban conmigo; me compadecían; me despreciaban. Todo debido a un evento sobre el cual no tenía control, del que mi familia no hablaba casi nunca, y cuando lo hacía, era solo en los términos más vagos.

Crecí sin ningún recuerdo de la época anterior, del tiempo en que las cosas eran normales. Mientras la mayoría de los niños aprendían a caminar, yo permanecía acostado boca abajo. Solo a los cuatro años pude moverme con un caminador, tambaleándome y trastabillando, mirando mi pierna derecha con curiosidad y rabia cuando se negaba a obedecerme. ¿Por qué un lado de mí era tan obediente y tan alerta? ¿Por qué el otro era tan terco e inflexible? ¿Por qué parecía que no podía moverme de ninguna manera que fuera unificada?

Cuando tuve edad suficiente para hablar, le pregunté a mi madre por qué mi cuerpo era diferente, por qué mi mano derecha se parecía al pico de la perdiz árabe.

—¿Cuál es mi problema?

—No tienes ningún problema. Tuviste un accidente. Te mejorarás.

—¿Cuándo?

—Pronto.

—¿Qué tan pronto?

—Mohammed, eres afortunado de ser como eres. Eso te hace único.

Eso no tenía sentido. Yo era menos capaz que otros, ¿y eso me hacía afortunado? Si yo mejoraba, ¿perdería aquello que me hacía único? Como era demasiado joven para desenredar los hilos filosóficos, me las arreglé lo mejor que pude, creyendo que las cosas cambiarían algún día. Era 1990. Mis padres eran doctores. Los avances médicos sucedían a un ritmo rápido y los estábamos aprovechando al máximo.

Si yo no hubiera nacido en una familia prominente, no habría sido tan afortunado. Yemen era el país más pobre del Medio Oriente, pero éramos bastante acomodados. Mi abuelo paterno era un anciano respetado en la comunidad, una especie de juez que resolvía disputas. Ganó suficiente dinero con su trabajo y sus propiedades, y pudo enviar a sus hijos a la universidad. Estudiaron Leyes. Mi padre, haciendo valer su independencia, se hizo médico. Con sus ingresos, podríamos haber vivido en el barrio más exclusivo de Saná, pero él no quería eso. En cambio, residimos en una zona de ingresos más mixtos cerca de la Ciudad Vieja de Saná.

La Ciudad Vieja, situada en un valle de alta montaña, con edificios y torres distintivas de tierra apisonada, fue construida hace más de dos mil quinientos años. Durante los siglos siete y ocho, fue un centro regional de la cultura musulmana, y zonas históricamente importantes del siglo once fueron declaradas por la UNESCO como Sitio Patrimonio Mundial de la Humanidad en 1986, el mismo año en que nací.

Cuando yo era niño, mis pensamientos divagaban por las calles estrechas y los puestos del mercado, entre las montañas de granos de café y especias exóticas, mientras pasaba casi todo el tiempo en casa.

Escasamente llegaba a las rodillas de mi madre cuando ella me subió a un avión, y viajamos a India, Egipto y Jordania para ver especialistas y someterme a cirugías. Una y otra vez, regresaba a mi cama para recuperarme, con la esperanza de que esta vez me uniría a los niños que oía correr por nuestro barrio. Sus gritos llegaban a mi habitación en la primera planta de nuestra casa de cinco pisos, pero mientras yo estaba acostado en el colchón, las agujas saliendo de mi cuerpo y de mi cara, el acupunturista murmuraba, «Quédate quieto. Quédate quieto». Yo era un espécimen inmovilizado y retorcido, anestesiado pero muy consciente.

Lo único que quería hacer era moverme y correr por los callejones en busca del sol. Pero después de esa orden con voz suave, me congelé, negándome a hacer cualquier cosa que pudiera interferir con la sanidad que yo oraba todas las noches para que Dios me concediera. Sin embargo, Dios debía estar ocupado en otra parte. En lugar de comprarme una bicicleta para subir y bajar por la calle frente a nuestra puerta, mi madre me compró un libro sobre un niño y una bicicleta. «Esto es igual de bueno», me dijo. Ella —Nawal— y mi padre —Khalid— comenzaron a trabajar conmigo por las noches, y me enseñaron a reconocer, pronunciar y a escribir las veintiocho letras principales del sistema *abjad* árabe estándar moderno. Aprendí a leer muy pronto. Las palabras dieron paso a otro universo, pero yo no podía todavía llegar al mundo que había fuera de mi puerta.

Mi madre me dijo que yo mejoraría.

Pronto.

Pero ¿cuándo era pronto?

En mi primer día de escuela, permanecí en el estacionamiento, encorvado bajo mi mochila lleno de terror. No tenía amigos e interactuaba muy poco con otros niños, aparte de Hussain, mi hermano mayor; de Lial, mi hermana mayor; de Saif, mi hermano menor; y de mi hermanita Nuha. Me revolví en mi uniforme —un par de pantalones de algodón azul marino, una camiseta y una camisa blanca con botones—, a medida que mis compañeros bajaban de sus autos. Mientras mi madre y yo nos acercábamos al edificio, pasamos al lado de un grupo de guardaespaldas que descansaban en las limusinas y Toyotas Land Cruiser de los ricos. Miré a mi madre. Era una de las pocas que había allí.

La escuela, a cuarenta y cinco minutos en auto, estaba en la sección acomodada de Saná, llamada Al Seteen. Aunque la escuela pública estaba mucho más cerca de nuestra casa, no ofrecía el mismo tipo de oportunidades que la Escuela Azal Alwadi. En el sistema de escuelas públicas, el énfasis principal estaba en la enseñanza de los principios islámicos. Eso, por supuesto, era parte del plan de estudios de todas las escuelas. Pero también había otras materias, como ciencias terrestres, geografía, historia y matemáticas. Mis padres, que eran médicos, entendían la importancia de una educación integral.

Antes de entrar al salón de clases, mi madre me tranquilizó con una sonrisa, pero le tembló la mano cuando se inclinó para enderezar mi pisacorbatas. Estaba nerviosa; después de todo, iba a asistir conmigo a esta nueva escuela. Había decidido que, durante el primer día, se sentaría en la parte posterior del salón para ver cómo me trataban los otros estudiantes.

Entramos juntos y encontré un pupitre en la primera fila mientras mi madre se acomodaba en una silla junto a la pared. Saqué mis libros y traté de parecer importante mientras organizaba mis lápices. Yo no podía haber estado más agradecido cuando el maestro aplaudió y señaló que la clase estaba por comenzar.

Ese primer día consistió en una introducción básica: el alfabeto, contar números, hechos rudimentarios sobre Yemen y el islam. Yo ya sabía leer y hacer operaciones básicas de aritmética. ¿Por qué el resto de estos niños no podía hacer lo mismo?

El segundo día, mi madre se sentó afuera del aula, visible a través de las ventanas. Mis compañeros de clase la señalaron y se dieron un codazo, susurrando entre sus manos.

No entendí el asunto. Mi madre me llevaba a todas partes con ella. Es cierto que yo era con frecuencia el único niño —y el único varón—, en los grupos de mujeres. Pero incluso en las bodas, cuando a la gente se le pedía explícitamente que no llevara niños, allí estaba yo. Recibía mucha atención de los adultos y me sentía especial, amado y cuidado. Mi hermano Hussain, seis años mayor que yo, se puso celoso y empezó a pelear conmigo, lo que solo pareció demostrar que la atención adicional de mi madre era algo bueno. Pero aquí, por primera vez, había una clara responsabilidad. Y después de las dos semanas iniciales, mi madre y yo acordamos que ella debería dejar de venir conmigo; Taha, nuestro conductor, me llevaría de ahora en adelante.

Era un poco demasiado tarde. Yo ya estaba marcado. Yo era el chico discapacitado; el hijo de mami; el tonto. Necesitaba crear una nueva identidad. Pensé en todas mis fortalezas. No podía correr ni andar en bicicleta, pero sabía leer. Estudié tanto como pude en casa. Estudié los libros de matemáticas de mi hermano Hussain y leí las novelas de Lial. La académica era una carrera que yo sabía que podía ganar; sería el MVP del salón de clases. Me propuse ser el primero en llegar. El primero en levantar la mano. El primero en terminar los exámenes. Todos los días, cuando completaba mis tareas, solía hacer una exhibición en la cual dejaba mi lápiz, me levantaba de mi asiento y miraba a mi alrededor para evaluar el progreso de todos los demás. En poco tiempo, fui nombrado monitor de la clase cada vez que el maestro tenía que salir. Cuando regresaba y me preguntaba si alguien se había comportado mal, yo hacía un informe detallado, señalando a cualquiera que hubiera hablado cuando nos habían ordenado estudiar en silencio.

Aprendí rápidamente que ofrecerme como voluntario para responder a *cada* pregunta que mi maestro me hacía era un tiquete al abuso, y pagué por mi dosis de orgullo con el aislamiento. No sabía qué era peor: que la gente me mirara, o que la gente mirara hacia otro lado. Aprendí a hacerme invisible con los años. Cuando mi maestro hacía una pregunta, me sentaba en mi mano sana y esperaba a que alguien nombrara los principales aeropuertos internacionales en cada uno de los países del mundo árabe. En el vacío silencioso que seguía, yo decía las respuestas en silencio: Dubai International, Hamad International, King Abdulaziz International, Abu Dhabi International. Había pasado por muchos de ellos mientras iba a visitar a un médico o a otro.

Esos años de mi vida fueron tenues literalmente. La planta baja en la que yo vivía prácticamente no tenía ventanas, lo que significaba que no podía ver a mi hermano Hussain jugar fútbol con sus amigos. Podía escuchar los gemidos y los gritos, pero no podía ver nada. Cada vez que el grupo de chicos mayores entraba por agua y galletas, yo me acercaba cojeando a cualquier parte de la casa en la que estuvieran, ansioso por ser parte de la acción. Inevitablemente, Hussain ponía los ojos en blanco, recobraba la compostura y luego me tomaba de la mano y buscaba a mi madre. Con poca variación, los gritos y protestas retumbaban en la casa. Yo permanecía escuchando, sintiéndome incluso más pequeño e insignificante de lo habitual, mientras mi hermano mayor despotricaba de mi madre y ella lloraba.

Ana hemar, me reprendía a mí mismo. *Soy un burro.*

Cuando tenía siete u ocho años, aprendí a crear otro mundo en mi cabeza. Todas las mañanas, Taha, el conductor, me esperaba para subir al auto y luego me llevaba rápidamente. Durante el trayecto de cuarenta y cinco minutos, rodeado por el tumulto del tráfico de Saná, yo miraba por la ventana, al laberinto de minaretes y casas de piedra que tenían entre cinco y nueve pisos de altura. La tierra apisonada y los edificios de ladrillos quemados, pintados de blanco, se horneaban al sol como casitas de pan de jengibre en un cuento de hadas. Mientras el motor vibraba, me extraviaba en fantasías, en visiones de otra vida. Yo podría ser un médico, un abogado, un actor de Hollywood. O, el mejor sueño de todos, podría ser una estrella del fútbol.

El fútbol era mi obsesión. La Copa del Mundo era el evento más esperado de mi vida, seguido de cerca por la Feria Internacional del Libro de Saná. No me despegaba del televisor siempre que fuera posible, para ver a los jugadores driblando el balón, corriendo por el campo, sus piernas como tijeras mecánicas cortando la hierba mientras se dirigían hacia el arco contrario. Incluso cuando no estaba viendo los partidos y me llevaban a la escuela, me extraviaba en un mundo en el que yo era la superestrella, corriendo por el césped, anotando el gol ganador. Demasiado pronto, Taha frenaba en seco, justo afuera de la fortaleza malvada, mi exclusiva escuela privada.

Mis compañeros de clase se estaban levantando de sus asientos en un día particularmente perfecto. El sol brillaba en el cielo como una bola de cristal, y cada tictac del reloj señalaba un segundo más cerca del período de ejercicios. Finalmente, nuestra lección de geografía terminó, y el maestro se despidió de nosotros. Mis compañeros de clase saltaron al campo deportivo, y tomé mi lugar en un duro banco de madera, moviéndome incómodamente de una posición adormecedora a otra. El balón blanco y negro rodó sobre la hierba, y vi cómo mis compañeros de escuela se agitaban, la pelota perdida entre sus pies. Corrían de manera intermitente y fallida, haciendo que levantaran las manos con desesperación ante la injusticia de los dioses del fútbol.

¿Qué sabían ellos acerca de la injusticia? Permanecí inmóvil como una piedra, mirando fijamente mientras corrían.

«Mohammed el lisiado», dijo uno.

«Mohammed, el hijo de mami», añadió otro.

Miré a nuestro maestro, de espaldas a mí, muy cerca del alcance del oído. No mostró una tarjeta roja ni gritó «falta». En lugar de ello, se dio la vuelta y sonrió tras algunas de las expresiones más originales. Ignoró el abuso, hasta que se dio vuelta y sonrió tras una expresión más original.

Miré hacia el cielo despejado y sin nubes durante todo el trayecto a casa. *¿Por qué yo?*, le pregunté a Dios. *¿Es esta una prueba divina?* Abrí la puerta de mi casa y saludé a mi cuidadora, una mujer de India, y a la criada. Evité a mi madre y fui a mi habitación a leer *Majid*, mi libro favorito. Me sumergí en los cómics, imaginándome a mí mismo como el joven de quien la serie llevaba el nombre. A diferencia de mí, él disfrutaba de muchas aventuras diferentes; y al igual que yo, casi siempre terminaba metiéndose en problemas.

—*Salaam*, Mohammed. —Mi madre estaba en la puerta—. ¿Cómo te fue hoy?

No quería enfrascarme en una serie de quejas. Sabía que nada bueno podría resultar de la interferencia de mis padres. Mi madre ya había hablado con los padres de mis compañeros, y mi padre había tratado incluso de sobornar a mis maestros para que estuvieran más atentos, pero esto solo condujo a más burlas. Yo no tenía la energía para presentar un informe o para disimular verdades a medias, así que más bien pregunté si podía ir a comprar unos dulces a la tienda del barrio. Ella negó con la cabeza.

—¡Hussain puede ir solo! —grité, dejando escapar todo el dolor del día.

—Pero Lial no.

—Lial es una *niña*. Yo soy un *hombre*. ¡No es justo!

Mi madre me miró como si mi dolor fuera el suyo.

—¡Hussain! —dijo ella, recapacitando—. Lleva a tu hermano. Quiere unos dulces.

Hussain apareció un minuto después con los ojos en blanco, los hombros caídos, mirándome con disgusto.

—¿Por qué tengo que ir? —dijo a modo de queja.

Mi madre, con las manos en las caderas, irradiaba dolor y culpa.

—¿Qué clase de perro eres? ¿Por qué preguntas esas cosas?

—No quiero ir. —Hussain se tragó sus palabras.

—Anda.

Giró sobre sus talones, debatiéndose entre el sentido del deber y la injusticia, moviendo los dedos detrás de su espalda para indicar que yo debía seguirlo.

Traté de imitar el ritmo de sus pies mientras salíamos por las puertas de nuestra casa. Cuando llegamos a la calle, se detuvo y miró a su alrededor. Una pandilla de muchachos estaba en una esquina a unas pocas calles, sus sombras largas exagerando su estatura. Hussain exhaló en voz alta.

—Nosotros no... —comencé a decir.

—Por aquí. —Hussain puso su mano en mi hombro. Hice una mueca y lo seguí.

Recorrimos tal vez cincuenta yardas antes de que los pasos de ellos nos alcanzaran. Oí un silbido agudo. Luego otro.

A continuación, escuché una expulsión de aire, un gruñido. Hussain tenía la mano extendida en la parte posterior de su cabeza. La acercó a su cara, y en la piel entre el pulgar y el índice, un hilo de sangre se retorció por su muñeca y se hundió bajo el puño de su camisa. Murmuró una serie de maldiciones.

El sonido de gritos y risas resonó en los muros de piedra que nos rodeaban. Algunas piedras más zumbaron y rodaron inofensivamente por el suelo. Un pedazo de madera resonó y se detuvo junto a mí, sus bordes corrugados como dientes de tiburón. Quise alejarlo de una patada, pero mi pie derecho estaba pesado en señal de desafío. Arrastré mi zapato por la superficie áspera, lo vi vibrar y sacudirse, pero el tronco de madera solo se movió una pulgada. Sentí que la respiración me rasguñaba la garganta mientras yo veía a Hussain doblarse sobre sí mismo, la barbilla apoyada en su pecho. Temblando, se llevó la mano al cráneo y la alzó, mostrándoles a nuestros enemigos los resultados del golpe en su cabeza.

De vuelta en casa, se ocupó de explicarle a nuestra madre lo que le había sucedido. Habían sido los chicos del barrio. La mitad de ellos ya habían abandonado la escuela para ayudar a sus padres a llegar a fin de mes. Esto era un grave problema: solo la mitad de todos los varones yemeníes matriculados en la escuela primaria ingresaban a la escuela secundaria, y solo un tercio de las mujeres hacía lo mismo. Tenían tiempo disponible y lo llenaban de problemas. Mi madre había hablado antes con sus padres, pero nada había cambiado. Estos chicos eran ignorantes, concluyó mi madre, usando la palabra en el sentido más estricto. Por la forma en que lo dijo, entendí que eran dignos de lástima, y que yo debía evitar ser así a toda costa. Mi mayor preocupación no era evitar a esas personas, sino evitar ser como ellos.

Hussain identificó a los chicos involucrados, pero a medida que cada nombre salía de sus labios, no pude dejar de sentir que estaba diciendo *Mohammed, Mohammed, Mohammed*. Él me culpó. Así que hice lo único que pude: culpé a mi madre.

Después de la cena, me senté en la cama al lado de mi madre. Frotó el aceite del masaje en sus manos y luego comenzó a pasarlo por mi mano derecha, retorcida y llena de nudos. Unos minutos después, siguió con mi pierna, una rutina familiar que era a la vez reconfortante y frustrante. Todas las tardes pasábamos juntos así. Ella iba a mi habitación después de sus oraciones nocturnas. Estas sesiones de terapia física eran una bendición y una maldición. Eran útiles, pero dolorosas. Simbolizaban un vínculo especial entre mi madre y yo, y creaban una fisura de resentimiento con mis hermanos.

Antes de que mi madre comenzara el doloroso proceso de estirar y manipular mis extremidades, encontré mi oportunidad.

—¿Por qué no me dices la verdad?

Sus párpados se entrecerraron involuntariamente, como si hubieran atrapado una mota de polvo o un insecto. Dejó de masajear mi pierna, y luego siguió haciéndolo. Su boca formó una *O* imperfecta, y exhaló a través de ella, su aliento silbando entre sus dientes.

—Las cosas nunca cambiarán, ¿verdad?

—Lo siento, Mohammed —comenzó a decir, su voz uniforme y natural—. Pensé que era lo mejor. Esperaba... —Sus palabras fueron estranguladas por un sollozo. Miró hacia el techo y negó con la cabeza. Las lágrimas resbalaron por su rostro, humedeciendo su *hijab*.

Yo no tenía un año todavía, dijo. Tanto ella como mi padre estaban tratando pacientes en su trabajo. Yo estaba en casa con Hussain, que aún no tenía siete años, y con Lial, que estaba cerca de cumplir cuatro. Mi hermano notó que yo tenía un problema. Estaba inusualmente callado. Pero eso era algo bueno, ¿no? Que no llorara, que simplemente estuviera acostado y muy quieto. Cuando mi madre llegó a casa del trabajo, el daño ya estaba hecho. Un pequeño ataque en el lado izquierdo del cerebro debilitó mi lado derecho: mi mano, mi pierna y mi pie.

Mi madre dejó de trabajar de inmediato. Se culpó a sí misma. Si hubiera estado en casa, si hubiera sido como las otras madres, esto nunca habría sucedido. Habría notado que yo estaba enfermo; me habría llevado al hospital. Pero se estaba ocupando de los extraños más que de su propio hijo.

Yo no mejoraría pronto, como prometió una vez mi madre. Solo un milagro me sanaría. Entonces comenzamos a perseguir milagros.

✦✦✦

CAPÍTULO 3

RAZÓN
Y RELIGIÓN

Una imagen del siglo dieciséis del rey de Yemen

Aprendí una lección muy importante mientras pasaba a cifras de dos dígitos: la razón y la religión no siempre van de la mano. Cuando tenía casi diez años, mi madre decidió que si la ciencia médica no iba a funcionar, tendríamos que redoblar la fe. Yo estaba feliz de hacerlo. Había orado a Dios toda mi vida y aún esperaba las recompensas.

Una mañana, después de ir a la escuela, mi madre, la doctora, fue a ver al imán y compró incienso. Cuando volví a casa, me condujo de las mangas de mi camisa por el pasillo principal y la sala hasta nuestra pequeña alcoba. Se llevó el dedo a los labios para que yo guardara silencio. En el centro de la pequeña habitación había una barra de incienso que atravesaba un plato. Se inclinó para encenderla, y cuando se levantó, también lo hizo una espiral de humo. Olía como nuestra mezquita local.

«Mohammed», susurró con tono grave y serio, «te han echado el mal de ojo».

Yo había escuchado esto durante años. La cultura islámica tiene un marcado sesgo hacia el lado derecho. La restricción religiosa dicta que la mano derecha se use para cualquier cosa que sea buena y honorable, como escribir y darse la mano, comer y beber; por el contrario, exige que la mano izquierda se use solo para funciones excretoras. Estas reglas podrían haber tenido sentido alguna vez. No comas donde tú... y todo eso. Pero con las innovaciones de hoy en día —como el jabón—, ¿cuál era la lógica de esto? No obstante, yo quería ser puro. Así que giraba mi cuerpo para estrechar manos con mi lado derecho; me lavaba los dedos de mi mano izquierda hasta que se arrugaban. Y, sin embargo, no bastaba con eso. Comer con la mano izquierda, sin importar lo limpia que estuviera, era considerado una abominación, una especie de insulto blasfemo a Alá. Las personas cuestionaban mi creencia en Dios basadas en mi «negativa» a comer de la manera como Dios ordenaba. Personas desconocidas se acercaban a mí y me gritaban que debería dejar de ofender a Dios y comer de la manera correcta. Expliqué mi situación —una y otra vez— y, sin embargo, los hombres y las mujeres piadosas ignoraban mis limitaciones físicas y me decían que honrara a Dios correctamente. *Estás maldito por el mal de ojo*, decían, mientras mi madre me tomaba de la mano y me decía que ignorara a los ignorantes. Al menos hasta ahora...

—La única forma en que puedes mejorar —me dijo— es si me escuchas y haces lo que te digo.

La idea de poder sanarme era emocionante.

—Por supuesto —dije—. Haré lo que sea.

Durante los minutos siguientes caminé en un círculo estrecho alrededor del incienso encendido. Mientras hacía esto, mi madre recitó una serie de pasajes del Corán. No sé si fue por los círculos estrechos, por el olor del incienso o por mi propia torpeza, pero tambaleé. Antes de poder controlarme, pateé la barra de incienso y el borde de la alfombra se encendió. El fuego comenzó a propagarse por el pasillo, agregando al aire el aroma de lana que ardía.

Mi madre me miró horrorizada.

—¿Qué has hecho?

Metió el Corán debajo del brazo y pateó la alfombra chamuscada. *Ana asif, Ana asif*, me disculpé una y otra vez. No sé cuál de nosotros estaba más molesto. Yo estaba discapacitado aún, y ahora ella iba a tener que explicarle a mi padre cómo una alfombra tan bonita y costosa se había estropeado. Parecía que, realmente, yo estaba marcado por el mal de ojo.

Entonces decidí exorcizar al diablo dedicándome a Dios. Me comprometí a estudiar el Corán —la palabra de Alá según lo dictado al profeta Mahoma por el ángel Gabriel—, así como el hadiz, un relato de las palabras y los hechos del profeta. Mi padre me animó. Me llevaba a mí (y a mis hermanos) a la mezquita local todos los viernes por la tarde, y discutíamos los sermones del imán durante el almuerzo. Yo quería ser como mi *abi*. Admiraba su devoción paciente, su dedicación total, sobre todo porque él no había sido un hombre religioso durante gran parte de su vida adulta. Había sido una persona completamente diferente, hasta que casi me muero.

Mi padre bebía alcohol cuando yo era niño. Era *haram*, prohibido, y aunque la venta de alcohol era ilegal en Yemen, él solía comprar botellas de vodka en el mercado negro y organizar fiestas; mi madre se refugiaba en la cocina, herida, confundida, sin saber qué hacer. Un fin de semana, cuando yo tenía cinco o seis años, mi padre me llevó con él al Hotel Sheba, uno de los muchos hoteles que vendían alcohol a los occidentales, mientras la policía y los imanes hacían la vista gorda. Los hombres estaban junto a la piscina, y la conversación se convirtió en gruñidos enérgicos y en gesticulaciones.

Vi el agua cristalina capturar la luz del sol y le pregunté a mi padre si podía meterme. Yo no sabía nadar, pero había visto hacerlo a Hussain y a Lial, y pensé que podía tenderme de espaldas o estar en el extremo poco profundo y chapotear. Tendría cuidado, prometí. Sumergí los dedos en el agua, luego los pies, después los tobillos y las pantorrillas. Cuando me sumergí por completo, sentí que todas mis inhibiciones se desvanecían. Sentí que había encontrado mi milagro. Estaba radiante y liviano. Pude moverme como no podía en tierra. Imaginé que era así como todas las personas se sentían todo el tiempo, flotando y sin ningún peso encima.

Me agarré de la fría baldosa en el borde de la piscina con mi mano buena, dejando que el agua cubriera mis labios, mi nariz, mis ojos y mi cabeza. Y luego perdí el control. Me alejé de la pared, manoteando con mi brazo bueno, pero esto me alejó más de la seguridad. Grité y grité, jadeando en busca de aire, hasta que el agua que me presionaba ahogó el sonido. En el silencio palpitante, oí la voz de mi padre. «¡Ayúdenlo! ¡Ayúdenlo! Es mi hijo. ¡No sabe nadar!». Entonces sentí que me hundía lentamente, los sonidos apagados del mundo extraviados en una explosión de burbujas.

Estaba a un lado de la piscina cuando abrí los ojos. Las manos de alguien estaban sobre mi pecho, y escupí una bocanada de agua. Jadeé y farfullé. La parte posterior de mi cabeza me ardía intensamente. Me ardían los ojos y el agua goteaba por mi cara, pero no sabía si eran lágrimas o agua clorada. Vi la imagen de mi padre disolverse y formarse de nuevo, disolverse y formarse de nuevo.

Hasta donde yo sé, mi padre no volvió a beber nunca. Era un hombre serio, y se volvió aún más sombrío en su sobriedad. Después del incidente de la piscina, era más probable que regañara que riera, y se centraba más en los pecados que en la belleza. Se volvió más observante y tradicional en sus puntos de vista.

Por las noches, cuando sacaba su Corán, me contaba acerca de mi abuelo, Hakim, que se desempeñaba como juez. En Yemen, la ley principal era la ley islámica, la *sharía*. Literalmente, esta palabra significa «el camino correcto» o «guía». Y aunque los fundamentalistas interpretaban esta ley tal como fue escrita hace siglos, la mayoría de la gente que yo conocía entendía que la ley necesitaba evolucionar con los tiempos.

Muchos musulmanes estaban unidos en esta creencia, y durante muchos años vivimos juntos y en paz en Yemen, a pesar de nuestras diferentes prácticas con respecto a la ideología y a las líneas de sucesión, que pueden remontarse a la muerte del profeta Mahoma. La cuestión del sucesor del profeta Mahoma dividió en dos a sus seguidores. Algunos creían que el profeta había elegido a Alí, su primo y yerno, como su heredero legítimo. Estas personas eran llamadas *chiitas de Alí*, los que seguían a Alí, o simplemente chiitas. Los Al Samawi pertenecían a este grupo y se identificaban con el grupo chiita conocido como los zaidís, que habían surgido con Zaid, el bisnieto de Alí.

Por otro lado, los sunitas no aceptaban que los califas debieran descender de Mahoma. Creían que los líderes religiosos debían ser elegidos por la gente.

En el norte de Yemen, donde yo vivía, el chiismo zaidí era la práctica dominante, pero en muchos sentidos, Arabia Saudita, un país de mayorías sunitas, era el centro espiritual del islam. Se esperaba que, para ser buenos musulmanes, había que viajar a La Meca en peregrinación en caso de poder, o seguir el *haj*, una obligación religiosa tan profunda que es uno de los Cinco pilares del islam. Arabia Saudita también albergaba otro de los lugares más sagrados de nuestra religión —Medina—, donde Mahoma condujo a sus seguidores después de ser expulsado de La Meca, y que es también el lugar de su sepultura.

Como los sitios y monumentos religiosos estaban en Arabia Saudita, este país ejercía una gran influencia en toda la región en términos políticos y espirituales. De hecho, la religión y la política eran casi inseparables. Se consideraba que Arabia Saudita era el centro principal del pensamiento islamista, un lugar en el que el deseo de mantener a Occidente y a las influencias modernas por fuera de nuestra religión y cultura a menudo se sentían con más fuerza. Me enseñaron en la escuela que Arabia Saudita era la *Ashaqiqah Alkoubra* —la hermana mayor de Yemen— que quería ayudar a sus hermanas menos afortunadas.

Esta «ayuda» se extendió a nuestras mezquitas y escuelas, muchas de las cuales fueron construidas por los sauditas. También influyeron en gran parte de nuestro plan de estudios. Al principio, me enseñaron que las tres banderas que ondeaban en nuestra escuela —la de Yemen, la de Irak y la de Arabia Saudita—, debían ser veneradas y que nunca se podía permitir que tocaran el suelo. Aprendí que Sadam Hussein era un líder que trabajaba para mejorar la vida de sus habitantes, que eran nuestros hermanos y hermanas. Y, por supuesto, Arabia Saudita, nuestra Gran Hermana, velaba para que no nos sucediera nada malo. Yemen era pobre, pero teníamos a otras naciones que velaban por nuestros mejores intereses. Éramos una familia musulmana.

País, religión, familia, legado. Todo esto estaba agrupado, atado y asegurado por el Corán. Organicé mi fe en principios básicos.

Islam por la «ley divina».

Imán por la «creencia».

Ihsan por la «ética y el carácter moral».

Pero una y otra vez, me encontré retornando a un principio básico: el *rahmah*: la misericordia. Como declaró Alá en el Corán: «Y no te enviamos (Oh Mahoma), sino como una misericordia para toda la creación» (21:107). O como dijo el profeta en un hadiz: «El Más Misericordioso muestra misericordia a los que tienen misericordia de los demás». Muestra misericordia a los que están en la tierra, y el que está sobre el cielo te mostrará misericordia».

Me sentaba en clase o me arrodillaba en la mezquita, y me preguntaba si mis atormentadores escuchaban estas palabras. Y si lo hacían, ¿por qué no las entendían? ¿Por qué no ponían en práctica la misericordia como nuestro Dios nos ordenaba que lo hiciéramos?

Me dediqué a mis estudios religiosos en busca de una respuesta. Cada período, y cada día de la semana, teníamos una clase dedicada específicamente a la *sharía*. Se nos instruía que la ley islámica surge de dos fuentes: la intervención divina y la razón humana. La *sharía* está más alineada con la primera, mientras que la *figh* es principalmente producto de la segunda. La *figh* se refiere a la comprensión y el conocimiento humano. Las dos trabajan en concierto para ayudarnos a determinar cómo comportarnos. No podemos aceptar simplemente las reglas tal como están escritas; tenemos que usar nuestra razón independiente, así como nuestras mentes e intelectos de la manera más completa posible. En otras palabras, a los niños que me atormentaban se les enseñaba la *rahmah* (la misericordia), pero correspondía a su razón humana tomar las decisiones correctas para comportarse adecuadamente. Intenté no juzgarlos y no sentir resentimiento.

Pero el perdón y la misericordia tenían sus límites.

Cuando estaba entrando apenas a la adolescencia, mi maestro se dirigió al frente del salón de clases para comenzar una conferencia sobre «Cómo los judíos intentaron combatir y matar al profeta Mahoma». El maestro articuló cuidadosamente cada parte de la historia: los judíos siguieron a Mahoma por las calles, lo insultaron y le arrojaron piedras hasta hacerlo sangrar. Mientras escuchaba esto, podía sentir las palabras perforarme como piedras. Los judíos hicieron sufrir a Mahoma; lo mataron antes de que pudiera tener descendencia masculina.

Otro maestro dio una lección sobre «Cómo los judíos traicionaron al profeta Mahoma». Habían prometido ayudar a protegerlo mientras estaba en La Meca, pero planearon matarlo a sus espaldas. En consecuencia, dijo él, nunca debíamos confiar en un judío. La palabra de un judío no es confiable. Cuando la hora llegó a su fin, el salón permaneció en silencio. «Los judíos son zorros», dijo nuestro maestro. «Aunque parezcan buenos, siempre están escondiendo algo».

Yo odiaba a los judíos. Los odiaba sin dudarlo.

En casa y en la mezquita, los líderes religiosos denunciaban a este pueblo. Los judíos comían cerdo. Los judíos participaban en la fornicación constante. Los judíos bebían alcohol. Los judíos tomaron la palabra de Alá y la distorsionaron. El imán citó un hadiz que decía: «El Día de la Resurrección no llegará hasta que los musulmanes hagan la guerra contra los judíos y los maten, y hasta que un judío se esconda detrás de una roca y un árbol, y la roca y el árbol digan: "Oh musulmán ¡Oh, siervo de Alá, hay un judío detrás de mí, ven y mátalo!"».

Estudié minuciosamente el Corán, y parecía decir lo mismo: «Y rompieron su compromiso, los maldijimos y endurecimos sus corazones. Tergiversaron las palabras y olvidaron una parte de lo que con ellas se les recordaba. No cesarás de descubrir traiciones por su parte, a excepción de unos pocos, pero perdónalos y no se lo tomes en cuenta; es cierto que Alá ama a los que hacen el bien». Este pasaje lo confirmaba. Alá dijo estas palabras. Yo no podía probar esta caracterización. No conocía personalmente a ningún judío, pero las palabras eran ley.

Yo no era juez, no lo era formalmente como mi abuelo, pero la evidencia parecía fuerte. Y pronto, resultaría ser incontrovertible.

◇◇◇◇◇◇

El sol de finales de septiembre se filtraba por debajo de las persianas de la ventana y se extendía en el piso. Nuestro maestro, Abdelsalam, aún no había entrado al aula. Era el último año de nuestra educación primaria, y con trece y catorce años, habíamos madurado. Esperamos en silencio; ya no se le comisionaba a nadie para que anotara los nombres de aquellos que se comportaban mal. Me senté y miré a mi amigo Ahmed. Alguna vez había sido mi mayor rival académico, pero nos habíamos unido debido al hecho de que ambos teníamos padres que exigían excelencia en la escuela y tranquilidad en casa. Saqué mis notas sobre un capítulo de nuestro texto de ciencia que cubriríamos la próxima semana. Más pronto era mejor que tarde.

Acababa de revisar una parte acerca de la energía potencial cuando nuestro maestro entró al salón de clases. Generalmente un hombre severo cuyas sonrisas eran menos frecuentes que la luna llena, parecía particularmente temible. Su aspecto normalmente agresivo se realzaba con un par de cejas pobladas que se estrechaban hasta formar una V pronunciada sobre su nariz. Sin decir una palabra, se paró frente a la clase, con los puños temblando.

«Todos», dijo él, haciendo una pausa momentánea, «hay algo que deben saber. Algo que deben ver. Cuando se vayan a casa, vean sus televisores. Aprendan de esto».

Esa noche en la pantalla, todos los canales trasmitieron una imagen de dos figuras apoyadas contra un muro de piedra, acurrucadas detrás de una protuberancia curva. La imagen, una mezcla granulosa de blancos y azules, estaba llena de estática. El volumen era demasiado bajo para oír. Las palabras debajo de la imagen eran claras: *Soldados israelíes disparan con violencia a un niño palestino en la franja de Gaza*. Miré más de cerca y vi que se trataba de un niño un poco menor que yo, y de un hombre. El niño estaba llorando, su boca abierta por la angustia y el miedo mientras el hombre (quien más tarde supe que era su padre), lo sostenía del brazo, tratando de mantenerlo acostado y fuera de peligro.

Al día siguiente, antes de que comenzaran las clases, Abdelsalam se paró frente a nosotros, todavía temblando y sobreexcitado.

«Esto es lo que hacen ellos», dijo mi maestro. «Asesinan a los inocentes». ¿Qué había hecho este niño? ¿Por qué tenía que morir? ¿Porque es palestino? ¿Porque es musulmán? ¿Porque los judíos no tienen piedad? Sí. Sí. Sí».

Le eché un vistazo a Ahmed. Tenía los ojos muy abiertos, la boca medio floja, y sacudía la cabeza lentamente, imperceptiblemente, registrando la inquietud que todos sentimos.

Ese niño podría haber sido cualquiera de nosotros.

Yo había oído durante años que los judíos en Israel mataban a niños indiscriminadamente para lograr sus objetivos. Apenas dos días antes, el 28 de septiembre de 2000, había comenzado la Segunda Intifada. Me senté con mi padre y vi cómo Ariel Sharon, el primer ministro de Israel, había visitado el Monte del Templo en la Ciudad Vieja de Jerusalén en un acto de provocación. Este era uno de los sitios más sagrados para los musulmanes. ¿Por qué ese hombre horrible había elegido ir allá cuando sabía que, con las tensiones ya tan altas, el gesto solo podía significar una cosa? Un insulto. Las protestas siguieron; se desencadenaron disturbios.

Ahora mis compañeros de clase y yo estábamos juntos, tratando de contener las lágrimas. Me cubrí la cara, pues no quería que nadie me viera. Me habían enseñado a no llorar. Llorar era para las niñas. Pero cuando miré a mi lado, vi que todos estábamos escondiéndonos detrás de nuestros libros para ocultar nuestras lágrimas.

Yo habría de saber más sobre ese niño, Muhammad Al-Durrah. Era apenas dos años menor que yo. Le encantaban los autos, al igual que yo. Había salido con su padre ese día porque este acababa de vender su Fiat de 1974 en una subasta de automóviles. Muhammad no regresó a casa.

Cuando volví a mi casa esa tarde, mi madre me saludó en la puerta. Me sostuvo en sus brazos por un largo rato, pasó el reverso de sus dedos por mis sienes y a través de mi pelo tranquilizándonos a ella y a mí. Esa noche, mi padre se sentó frente al televisor como solía hacerlo, pero nos reunió a su alrededor, su expresión alternando entre el horror y el enojo.

Adondequiera que fuimos los días siguientes, la gente se detenía y hablaba de Muhammad Al-Durrah. La encrucijada en la que murió era conocida localmente como al-Shohada: la unión del mártir. Su padre, Jamal, era un carpintero trabajador, un hombre bueno y decente. No participaron en las protestas, ni en los disturbios; se ocuparon de sus propios asuntos. Eran víctimas. Si eso podía suceder allá, podría suceder acá. ¡Perros!

Unos días después, yo estaba de nuevo en el aula. Tres representantes de la Hermandad Musulmana estaban frente a la clase. Querían hablarnos. Como sabíamos, Yemen era el país más pobre de la región, pero ocupábamos el primer lugar en lo que respecta al apoyo financiero para nuestros hermanos musulmanes en Palestina. Los emiratíes, los sauditas, los kuwaitíes, los cataríes; todos ellos tenían mucho más, pero me habían dicho que no eran tan generosos como nosotros.

Fundada en Egipto en 1928 por miembros sunitas de la élite intelectual, la Hermandad Musulmana comenzó como una sociedad secreta que pretendía devolverles el mundo musulmán a los musulmanes. El primer paso era establecer un gobierno islámico en Egipto y cortar las relaciones con Occidente, una influencia inmoral y corruptora que causaba todos los problemas del mundo.

Dado que, en ese momento, Egipto seguía bajo la influencia de los británicos, los Hermanos Musulmanes se vieron obligados a existir como una organización clandestina. Muchos de sus miembros huyeron a otros países de la región, donde difundieron su mensaje a través de cientos de capítulos secretos y de grupos escindidos. Por ejemplo, en 1987, establecieron Hamás, una organización militante antiisraelí.

Como hermanos sunitas, la Hermandad recibió apoyo y financiación de Arabia Saudita, un país predominantemente sunita. Y como resultado de esto, el grupo se convirtió en una fuerza poderosa para difundir el pensamiento islamista en la región. Por eso, cuando los representantes de la Hermandad Musulmana visitaron nuestro salón de clases, los adoptamos como una organización legítima y establecida, y como una fuente de orgullo, a pesar de que eran sunitas y nosotros chiitas zaidíes.

En cierto sentido, esta era una época más sencilla en Yemen, y aunque los sunitas vivían principalmente en el sur y los chiitas lo hacían principalmente en el norte, la mayoría de las personas barríamos el histórico conflicto entre sunitas y chiitas bajo nuestras alfombras de oración compartidas. En mi comunidad, todos nos identificábamos simplemente como musulmanes. No había una mezquita chiita, ni una tienda sunita; todos comíamos juntos, hablábamos juntos, y seguíamos juntos a Alá. Todos orábamos cinco veces al día, ayunábamos durante el Ramadán y aprendíamos el Corán en la escuela. La religión nos unía, al igual que grupos como la Hermandad. Aunque hubiera diferencias doctrinales, la Hermandad estaba comprometida con el trabajo de caridad y el apoyo a los musulmanes en toda la región.

Mientras los representantes de la Hermandad se pararon frente al salón de clases, nos dijeron que luchar contra el enemigo era solo un tipo de yihad. Dar dinero era otro. Apoyar a los combatientes era yihad. Tal vez no pudiéramos levantar las armas por la Palabra de Dios, pero podríamos ayudar con dinero.

Busqué en mi bolsillo. Acababa de recibir mi mesada para los almuerzos de la semana. Cuando la pequeña canasta llegó frente a mí, entregué mi dinero, sintiendo que tenía que hacerlo. Podría haber sido yo. Había que detener a los judíos. Israel no podía ganar.

Cuando regresé a casa esa tarde, le dije a mi madre que tenía hambre. Parecía confundida, así que le expliqué por qué me había saltado el almuerzo. Ella me abrazó, radiante. Cuando mi padre llegó a casa, los oí hablar en algún lugar arriba de mí. Un momento después, mi padre y mi madre entraron a mi habitación. Me senté y los miré asustado. Mi padre nunca venía a mi habitación; siempre éramos convocados a su piso.

—Muhammed, oí lo que hiciste —dijo él, parándose frente a mí, asintiendo, sus ojos sin dejar nunca los míos.

—Deberías tener esto —añadió mi madre, entregándome un pequeño fajo de billetes. «Debido a que diste, no te debería faltar».

—Por partida doble —dijo mi padre—. Actuaste como un hombre, y debes ser recompensado como un hombre. —Y luego salió por la puerta.

Mi madre y yo intercambiamos sonrisas.

Esa noche, me acosté en la cama después de apagar las luces. Me imaginaba caminando por las calles de Jerusalén destrozadas por la guerra. Llevaba una ametralladora. El humo, las chispas y las balas volaban a mi alrededor. Yo era como una figura de mi videojuego *Deux Es.*

«No muestres misericordia», me susurré a mí mismo. «No muestres misericordia. Dales lo que se merecen».

Caí en un sueño profundo e imperturbable.

La muerte de Muhammad al-Durrah sirvió de catalizador para muchos en el mundo árabe. Durante años después, en el aniversario de su muerte, vimos programas de televisión y leímos titulares que ofrecían alguna variación sobre este tema, «Hoy, Muhammad al-Durrah tendría trece años»,

«Hoy Muhammad al-Durrah tendría catorce años»… Al igual que el concreto, la ira continuó arraigándose y haciéndose más y más fuerte con el tiempo.

Fantaseé durante varios años. Junté los libros que había leído: historias de guerreros, epopeyas de héroes, tragedias de martirio. Si me enfrentara al enemigo, ¿sería yo un evangelista o un conquistador? ¿Sería un soldado o un capitán? ¿Sería fuerte o más fuerte? ¿Lo heriría, o me elevaría y mostraría misericordia? Como dice uno de los hadices:

> Quien quita a un fiel de un apuro de los apuros mundanales, Alá le quitará de un apuro de los apuros del día final. Quien le facilita a un necesitado, Alá le facilitará a él en esta vida y en la otra. Quien resguarda a un musulmán, Alá le resguardará en esta vida y en la otra. Alá siempre está en ayuda del siervo, mientras este siervo esté ayudando a su hermano.

◇◇◇◇◇

En la escuela secundaria, comencé a pasar tiempo en el hospital con mi padre, organizando su horario y ayudándolo a tomar el relevo. Me sentía útil y me dije que era una buena experiencia de trabajo, a pesar de las horas sin nada que hacer. Un día, mientras esperaba que mi padre terminara, estaba caminando por el pasillo cuando vi a dos hombres con trajes occidentales oscuros y camisas blancas. Cada hombre tenía un casco negro en forma de disco en la cabeza, y a un lado de sus rostros barbudos colgaban mechones de pelo.

Judíos.

Los miré.

Zorros que vienen a atacar a los enfermos y débiles.

Uno de los hombres colocó su brazo sobre el hombro del otro, su manzana de Adán moviéndose arriba y abajo. Solo siete pequeñas vértebras conectaban su cabeza a su cuerpo. Un conjunto pequeño y delgado de huesos. Mi mano izquierda se apretó en un puño. Pensé en atacarlos, en derribarlos. Pero en lugar de agarrar la cuchilla quirúrgica más cercana, mi cuerpo entró en modo de bloqueo. Mi lengua se pegó al paladar, mi garganta se cerró y mis brazos se paralizaron a los lados. Observé con impotencia mientras doblaban por un pasillo. Y cuando logré mover mis pies para mirar a la vuelta de la esquina, ya habían desaparecido. Se habían esfumado, como por brujería.

Fui a la oficina de mi padre en estado de máxima alerta y me derrumbé en una silla. ¿Quién los había dejado ingresar al hospital militar? ¿Alguno de nuestros médicos los trataría? Y, más importante aún, ¿había desperdiciado mi única oportunidad de demostrarme a mí mismo? Tuve mi oportunidad y no hice nada.

Sabía que había un par de cientos de judíos viviendo en Yemen escondidos, en algún lugar. Pero ¿podría llegar a ellos?

CAPÍTULO 4

ENJUAGUE Y REPITA

Jinete árabe de Yemen, cerca de
1787

Mientras yo caía por un agujero de fantasías de venganza, mi hermano mayor, Hussain, se estaba enamorando de una mujer mitad egipcia y mitad yemení. No era zaidí como nosotros. Y a pesar de que los sunitas y los chiitas no eran una distinción que jugara un papel en nuestras vidas, mantener el linaje zaidí era importante para mis padres, tal vez debido a su propio matrimonio mixto.

Mi madre y mi padre eran una pareja que rompió con todas las convenciones tradicionales y sociales. La familia Al Samawi era muy respetada, y su linaje se remontaba hasta el profeta Mahoma. Durante generaciones, los Al

Samawi sirvieron como jueces, abogados e ingenieros. Eran muy educados, muy estimados y muy estrechos de miras a la hora de elegir un cónyuge. Mi padre, excelente en la escuela y decidido a ser médico, era un partido perfecto para cualquier madre yemenita que buscara una buena pareja para su hija. Pero antes de que pudiera casarse, se fue a estudiar medicina a la Unión Soviética. Esto le dio a su madre un poco más de tiempo para asegurar una respetable novia zaidí del norte.

En esa época, Yemen estaba dividido en dos países: la República Árabe del Yemen en el norte y la República Democrática Popular del Yemen en el sur. La división, aunque breve, nació luego de miles de años de historia. Desde el año 5000 AEC, el hombre había ocupado las llanuras costeras y las montañas interiores de la península Arábiga del sudoeste, y desde entonces, una ruta comercial entre civilizaciones europeas y asiáticas pasó a través y alrededor de Yemen. El control y el acceso a esta ruta era de gran valor para todo el mundo. Los otomanos entendieron esto, y cuando el sultán de ese imperio se expandió por la península Arábiga a las ciudades sagradas musulmanas de La Meca y Medina, no solo se convirtió en una fuente de autoridad religiosa, sino también en la clave de esta ruta comercial entre Europa e India. Sin embargo, su ejército se detuvo antes de llegar a Adén, un hecho que, en última instancia, contribuyó a la caída del imperio.

Los otomanos controlaron el comercio regional por un tiempo, pero en el siglo quince, los europeos se opusieron a sus restricciones. En 1499, el explorador portugués Vasco da Gama se propuso descubrir una nueva ruta marítima desde el continente a India, y se dio cuenta de que si los portugueses podían controlar Adén —junto con Muscat en Omán y Diu en India—, podrían eludir totalmente al Imperio otomano. Los portugueses lucharon contra los otomanos por el control de la región —y de la ruta marítima— durante el siglo dieciséis. Aunque las fechas parecen diferir, los portugueses lograron capturar Adén en algún momento, y al hacerlo, amenazaron con evitar totalmente el acceso del Imperio otomano al comercio de especias.

Los otomanos retomaron el control del territorio en 1548, pero no bastó para salvar a su imperio. Con una ruta comercial debilitada, y con la consabida pérdida de poder y riqueza, el imperio comenzó a declinar con rapidez. Esto le abrió un espacio a una nueva potencia: los británicos. El cambio global del poder se vio ilustrado en 1839, cuando los británicos avanzaron al sur de Yemen y tomaron Adén. Su control de la ciudad aumentó en 1869, después de la apertura del canal de Suez, que pasaba por Egipto. Aunque el Gobierno egipcio y los financistas franceses privados inicialmente eran propietarios del canal, los británicos aprovecharon las dificultades financieras de Egipto y le compraron al Gobierno casi el cincuenta por ciento de las acciones. En poco tiempo, el canal de Suez se convirtió en la clave de todo el comercio entre el Mediterráneo y el Océano Índico.

Pero aquí estaba la trampa: para que los barcos pudieran pasar de un cuerpo de agua al otro, no solo tenían que atravesar el canal de Suez, sino que también tenían que cruzar el estrecho de Bab el Mandeb, cuyo control se dividía entre África y la península Arábiga, es decir, Yemen. Por lo tanto, con el fin de asegurar el control de la ruta comercial del Suez, los británicos necesitaban formalizar su control de Adén, por lo que, en 1874, se estableció el protectorado de Adén a lo largo de la costa sur.

Para 1922, el Imperio otomano, uno de los más grandes en la historia, se había disuelto, lo cual supuso un gran golpe para el mundo árabe, y en particular para los musulmanes sunitas. Esto no fue solo un colapso político, sino también de la autoridad religiosa sunita. Las tierras del norte de Yemen pasaron a ser el Reino chiita Mutawakkilita del Yemen, con la ciudad de Saná como su capital, mientras que las tierras del sur continuaron siendo el protectorado de Adén, controlado por los británicos.

Aunque el norte y el sur estaban el uno al lado del otro, los dos países eran casi tan diferentes como podrían serlo dos hermanos. El norte era más poblado y económicamente desarrollado, mientras que el sur —a excepción de Adén— era geográficamente inhóspito y más escasamente poblado. Esto, para no mencionar que el norte tenía una gran concentración de musulmanes chiitas, mientras que el sur era abrumadoramente sunita.

La familia de mi padre, los Al Samawi, eran del norte, y prosperamos a través de la educación y el trabajo duro. Mi madre, la mujer con la que se casaría él, era del sur. A diferencia de mi padre, era muy pobre; todos los días, ella y sus cuatro hermanos y tres hermanas escarbaban en busca de comida. A pesar de la pobreza extrema, ella tenía más libertad en el protectorado de Adén, que más tarde sería la República Democrática de Yemen que la que habría tenido en el norte. La ley islámica no se aplicaba de manera tan estricta, por lo que mi madre usaba ropa de estilo occidental y llevaba la cabeza y el pelo descubiertos. Fue a la escuela, y aunque su familia no tenía dinero para pagarle una educación privada, no se vio obligada a abandonar sus estudios y casarse joven. En cambio, hizo malabares con sus responsabilidades en el hogar y sus sueños profesionales, cuidando a sus hermanos y continuando con sus estudios.

Cuando mi madre tuvo edad suficiente, fue en contra de todas las expectativas de la sociedad y viajó a Ucrania para formarse como pediatra y ginecóloga. Disfrutando de la libertad de hacer lo que quisiera, hizo un breve viaje a la capital de la Unión Soviética, donde conoció a un urólogo joven y llamativo. Sobra decir que terminó con más de una postal y buenos recuerdos. Comenzó un noviazgo, seguido por una propuesta de matrimonio, que fue recibida con un embate de desaprobación. ¡Mi madre no era de la familia Al Samawi! ¡No era del norte! ¡Ni siquiera era chiita zaidí! ¿Acaso mi padre no entendía lo que significaba eso?

El zaydismo, la rama más antigua del islam chiita, se materializó a mediados del siglo ocho. Nacido de la búsqueda de la justicia y la moralidad, y de un cuestionamiento al liderazgo y a la ley, el zaydismo era una religión de acción social. Desde muy temprano, me enseñaron que los zaidíes «no pueden vivir en sus propias casas» debido a su necesidad de salir y tomar una posición en contra de cualquier tipo de injusticia. Esto era literalmente parte del ADN de los Al Samawi. Y, sin embargo, cuando mi padre regresó a casa con mi madre desde la Unión Soviética, hubo una clara sensación de que *ella* no podía vivir en la casa *de ellos*.

Más que reticente a aceptar a una chica del sur con la piel más oscura y con muchos menos recursos, la familia de mi padre le suplicó a él que lo reconsiderara. Se ensañaron con mi madre, pero ella tenía experiencia en sobrevivir a situaciones mucho peores, y ellos tuvieron que ceder gradualmente. Quedó embarazada, y era evidente que sería la madre de sus nietos. Limaron asperezas, aunque la relación nunca fue muy cálida. Pero a través de años de tensas reuniones familiares y de críticas no del todo susurradas, mi padre permaneció leal. Aunque, de acuerdo con la ley islámica, podía haberse casado con cuatro mujeres, eligió a mi madre y nos eligió a nosotros.

Su compromiso con la monogamia no se puede exagerar. Fui a la escuela con dos hermanos, Hadi y Hatem, y lo único que tenían en común era sus nombres. No se parecían en nada, no eran gemelos, pero estaban en el mismo grado, con solo seis meses de diferencia. Al principio, realmente no cuestioné esto. Se llamaban a sí mismos hermanos, así que pensé que debían serlo. Pero cuando hice los cálculos, simplemente no funcionó. Después de mucha consideración, caí en la cuenta de que tenían madres diferentes. ¡No me extraña que fueran tan distintos! Les pregunté a Hadi y a Hatem por esto, y me dijeron que las familias vivían juntas en la misma casa, y que a pesar de que las dos se llevaban bien, siempre había tensión entre sus madres. No les gustaba hablar de eso, lo que solo me llevó a hacer más preguntas. Yo podía tener problemas con un balón de fútbol, pero no para buscar respuestas.

Cuando estaba en octavo grado, mi maestro, Iqbal Zain Haj, nos guio a través de un pasaje en el Corán que mencionaba que los hombres musulmanes tenían varias esposas. Levanté la mano.

—Por favor, ¿puedes explicarme la razón por la cual Alá permite esto?

—Es útil para difundir Su palabra, Mohammed. Si un hombre tiene más de una esposa, puede tener muchos hijos. Mientras más hijos tenga, más hijos tendrá Dios.

Iqbal Zain Haj miró su libro, pero antes de que pudiera comenzar de nuevo, dije:

—Sí, eso tiene algo de sentido. ¿Pero hay alguna razón por la cual las mujeres deban soportar la carga?

—Ellas no sufren. Son cuidadas —espetó, poniendo fin a la conversación.

—Pero ¿cuál es su recompensa en el cielo por haber hecho esto? —continué—. ¿Se convertirán en una de las setenta y dos doncellas con las que será recompensado un hombre asesinado en la yihad? En lugar de compartir con otras tres mujeres, tienen que compartir con...

No pude terminar mi punto.

—Mohammed, cierra la puerta desde afuera. ¡Ahora mismo!

Dejé mi pupitre y arrastré los pies con paso vacilante hacia el pasillo. Nunca antes me habían pedido que abandonara el salón de clases.

Esa noche, durante la cena, les conté a mis padres la historia de mi expulsión.

Mi padre continuó masticando como si no hubiera oído lo que yo había dicho, y mi madre me miró y puso los ojos en blanco, como diciendo, *¿Acaso no sabes ya algo más que eso?*

Volví a mirar mi plato y moví mi tenedor sin convicción. Después de un minuto de silencio, mi padre pronunció su veredicto.

«Una esposa es suficiente para cualquier hombre», dijo, su tono y expresión completamente neutrales.

Mis hermanos, hermanas y yo nos inclinamos con respeto silencioso, el mentón hacia nuestro pecho y los ojos en alto. Nos miramos unos a otros, preguntándonos en silencio: *¿A qué se refiere? ¿Está bromeando?*

Mi padre también bajó la cabeza, pero solo para ver su tenedor. Comió otro bocado de su cena.

Estaba a punto de hacer otra pregunta cuando sentí la mano de mi madre sobre la mía.

«Pedí cordero para el Eid al Adha», dijo ella. «Lo conseguí a un buen precio».

Mi padre asintió con aire ausente. La festividad se acercaba y, con ella, la matanza ritual y la preparación de un cordero. Las mujeres cocinarían la cena y luego limpiarían. Nosotros los hombres estaríamos bien cuidados.

◇◇◇◇◇

Aunque mi padre eligió a mi madre desafiando a su familia, eso no significaba que quisiera que sus hijos siguieran sus pasos. Se enorgullecía mucho del linaje Al Samawi, como lo demuestra el gran árbol genealógico que adornaba la pared de la sala principal. Cualquiera que entrara a la casa tendría que vérselas con nuestra gran ascendencia, y a mis hermanos y a mí nos enseñaron a enumerar a nuestros antepasados desde varios siglos atrás.

Pero al igual que mi padre a su edad, a Hussain no le importaba esto. Tenía veinticuatro años y era un hombre completamente adulto. No pidió permiso para anunciar su intención de casarse con esta mujer mitad egipcia sin antecedentes familiares notables. Y así, a los dieciocho años, recién salido de la escuela secundaria, fui testigo de un agudo ejemplo de una historia que se repetía a sí misma. En medio de una tormenta de sonido y de furia, mi padre se negó a estar en un mismo lugar con Hussain, y mi madre no podía respirar sin llorar. Yo detestaba ver sufrir a mi madre, pero habría comprado un boleto y algunas palomitas de maíz para ver a Hussain retorcerse.

La temperatura de la relación con mi hermano mayor se había desplomado con los años. El punto de quiebre ocurrió solo unos meses antes, cuando Hussain llegó a casa de la universidad durante un receso. Rara vez conseguía verlo, y cuando esto sucedía, hacía todo lo posible para darle espacio. Pero una tarde, necesitaba salir de casa, así que le pedí que me llevara para encontrarme con mi amigo Ahmed.

Ahmed y yo nos conocimos en el séptimo grado. Era brillante y de buena familia, al igual que yo, así que hicimos lo único en lo que pudimos pensar: nos hicimos rivales. Cada vez que teníamos un examen, nos apresurábamos para terminar primero; y cada vez que el maestro hacía una pregunta, el uno corregía la respuesta del otro. Después de la escuela, yo estudiaba minuciosamente mis tareas, deseoso de obtener mejores resultados que Ahmed. Y cuando terminaba, ponía música y abría un libro para saber más que Ahmed. Pasaba a solas un día tras otro, con Michael Jackson, The Backstreet Boys y Britney Spears animándome para vencer a Ahmed.

A mis compañeros de clase no les podía importar menos esta batalla de cerebros, pero lo era todo para mí. Estaba enfrascado en un forcejeo intelectual, y ni Ahmed ni yo soltamos la cuerda. Hasta que se presentó una solución inesperada: podíamos unir fuerzas. Ambos sentíamos que estábamos en contra del mundo, así que usando la antigua sabiduría de que el enemigo de mi enemigo es mi amigo, dejamos de lado nuestra competencia personal y nos convertimos en un frente unido. ¡Finalmente, un aliado! Fue un sueño hecho realidad. El billar y el tenis de mesa eran mucho más agradables con un compañero.

En la tarde en cuestión, le insistí a Hussain hasta que accedió de mala gana a llevarme para mi encuentro con Ahmed. Me ignoró mientras subíamos al Toyota Land Cruiser de mi padre, y cuando nuestra puerta se abrió, encendió la radio y hundió el acelerador. Las leyes de tráfico de Yemen son muy simples: haz lo que quieras y deja que el más fuerte y el más rápido sobrevivan. Yo ya había llevado a Hussain hasta el límite, así que no me molesté en gritarle que disminuyera la velocidad; él no me hubiera oído en medio de la frase retumbante de «Gangsta Gangsta», la canción de NWA. La letra no significaba casi nada para mí, y menos para Hussain, que no tenía ningún dominio real del inglés, pero seguía el ritmo con la cabeza mientras cruzaba las abarrotadas calles de Saná.

En un momento, se le atravesó a un auto. El conductor tuvo que frenar bruscamente para evitar un choque. Me senté con la mano derecha presionada contra el tablero, horrorizado cuando el otro conductor se detuvo junto a nuestro automóvil y le hizo un gesto a Hussain para que hiciera lo mismo. Vi a Hussain pisar el freno y girar el volante.

Salió del auto gritando y vociferando a un hombre que gritó y vociferó en señal de respuesta. Los dos se enfrascaron en una especie de danza de larga distancia, separados por un par yardas, dando vueltas y probando sus golpes, como boxeadores en un cuadrilátero.

Temí que se les acabaran las palabras y comenzaran a usar los puños, o algo peor. La mayoría de los hombres en Yemen portaban armas...

«¡Detente por favor!», grité. «Mi hermano se equivocó. Pide disculpas».

Los dos hombres se congelaron y me miraron. Luego, sentí un fuerte aguijón en mi mejilla. Luego otro. Un golpe más directo me sacudió sobre mis talones.

Hussain me estaba gritando, sus ojos en llamas. Yo estaba tan aturdido que no pude oír lo que me decía. Me acurruqué y puse mis manos sobre mi cabeza, pero no pasó nada. Cuando levanté la vista, vi que el otro conductor había agarrado a mi hermano y le gritaba que se calmara.

Nunca les dije una palabra a mis padres sobre lo que sucedió, y Hussain y yo nunca volvimos a hablar de eso. Pero desde ese momento, no quedó mucho entre nosotros además del resentimiento. Entonces, ahora que él le había propuesto a la mujer que amaba y sentido los golpes del juicio de Al Samawi, no pude dejar de encontrar algo por lo cual sonreír.

Finalmente, mi padre cedió y le dio su bendición a Hussain. Quizás reconoció algo de sí mismo en su hijo mayor. Tal vez actuó con el corazón y no con la cabeza. O tal vez era otra forma de mostrarle al resto de la familia extendida que él y sus hijos no se doblegarían ante cualquier tradición. Nunca lo sabré, porque sabía que no debía preguntar.

De todos modos, la paz fue restaurada. Hasta que sucedió algo. Tres meses después de celebrar su matrimonio, Hussain regresó a casa explicando que se había equivocado, que mis padres habían tenido la razón. Esta mujer no era para él. Siguieron meses de negociaciones y drama, hasta que finalmente, mis padres apartaron a Hussain del matrimonio y del desastre que había causado. Con la cabeza entre las manos, aceptó confiarle su futuro a mis padres, y unos meses después, asistimos a otra boda. Esta vez, con una mujer que había elegido mi madre.

Hussain parecía feliz. Su novia era de una buena familia zaidí.

◇◇◇◇◇◇

Mientras todo esto sucedía, yo parecía un modelo de virtud. Interpretaba el papel del niño perfecto en casa, besaba la cabeza de mi padre en la mesa y ayudaba a mi madre a ordenar las habitaciones. Ingresé a mi primer año en la Universidad de Saná y estudié Administración de empresas. A pesar de que tenía diecinueve años, aún vivía en la misma habitación donde crecí, y obedecía mi toque de queda (10 p. m.). Les contaba a mis padres todo lo que hacía, adónde iba y con quién estaba. Me distinguí con buenas calificaciones y me mantuve alejado de problemas.

Mi mayor extravagancia era la Feria Internacional del Libro de Saná. Celebrada por primera vez en 1984, era la segunda exhibición de libros más grande del mundo árabe, y solo la Feria del Libro de El Cairo la superaba en términos de ventas, participación y demanda. Desde que era un niño, ahorraba un poco de mi dinero de mi mesada, asistía a la feria, y regresaba a casa con una bolsa enorme de libros. Las novelas abrieron mundos completamente nuevos, al igual que mi colección de programas de televisión estadounidenses.

Cuando me dolían los ojos de tanto leer, iba a la tienda a comprar DVD y videocasetes. Las películas estaban dobladas o tenían subtítulos en árabe, y habían sido editadas para eliminar toda desnudez y contacto físico entre hombres y mujeres (o entre hombres y hombres), excepto cuando se trataba de violencia.

Iba a la tienda de videos del barrio al menos una vez por semana y buscaba en los estantes, o me internaba en el mercado negro. Una tarde estaba mirando una pila de DVD en busca de las últimas películas de acción sin editar cuando una carátula me llamó la atención. Tenía una fotografía de un hombre corriendo, su abrigo extendido detrás de él como una capa; y una hermosa mujer mirando por la puerta. El título, *Infiel*, no me dijo mucho, así que comencé a verla cuando llegué a casa...

La película contaba la historia de un hombre que descubrió que su esposa estaba teniendo una aventura amorosa. Se obsesionó y comenzó a seguirla, y en diversos momentos, la vio teniendo relaciones sexuales con otro hombre. Yo no había visto nunca el cuerpo desnudo de una mujer, ¡y allí estaba, en la pantalla! Apagué el televisor y escondí el DVD entre mis libros escolares. ¿Qué había hecho yo?

La educación sexual no era una asignatura en Yemen, y aunque mis padres eran médicos, yo nunca había visto un libro de anatomía. Por supuesto, todos susurrábamos, bromeábamos y fingíamos saber sobre el sexo, y algunos de los chicos de mi escuela secundaria incluso se jactaban de haber estado con chicas, pero no eran más específicos que eso. La única instrucción real que recibimos sobre la sexualidad era que debíamos evitarla a toda costa.

En noveno grado, un maestro comparó a las mujeres musulmanas con una manzana roja y perfecta. La piel roja, dijo, es hermosa e inmaculada. Pero ¿qué sucede cuando le das un mordisco a esa manzana y expones la carne blanca que hay debajo? Después de un corto tiempo se vuelve marrón. Y luego de un período más prolongado, se marchita y se pudre. ¿Por qué? Debido a su exposición a las bacterias comienza el proceso de descomposición. Si esa piel no hubiera sido desgarrada, la manzana habría permanecido como algo hermoso durante mucho tiempo. Es por eso que las mujeres deben estar cubiertas, para evitar la exposición a los elementos que podrían hacerles daño. Por extensión, cualquier mujer que no permaneciera cubierta era menos bella y deseable, porque ese proceso de descomposición ya había comenzado. Acepté esta lógica, al igual que todos los que me rodeaban, pero este razonamiento me parecía débil cuando mis hermanas llegaban gritando que un taxista las había maldecido porque sus *hiyabs* habían dejado sus cabelleras y rostros al descubierto. Traté de recordarme a mí mismo que tenían que permanecer cubiertos por su propia protección, pero ¿contra quién o qué exactamente estaban siendo protegidos?

Obviamente, contra Occidente. A todos nos enseñaron que Occidente era la influencia corruptora. Nuestros imanes y maestros decían que la sociedad occidental era un fracaso, y el cristianismo una farsa. Ellos utilizaban el dibujo animado de televisión *Bob Esponja* como ejemplo del hedonismo estadounidense: ¡este Bob no usaba ropa! Parecía un ejemplo extraño, ya que «pantalones»* era parte de su nombre, pero ¿quién era yo para cuestionar esto? Nunca había visto el programa. Nuestros profesores presentaban fragmentos de escenas de desnudos de varias películas extranjeras, en su mayoría estadounidenses, con partes del cuerpo ofensivas oscurecidas, mientras que los oradores advertían que la vestimenta occidental contribuía a la proliferación de la pornografía y a una civilización en descomposición. Las mujeres occidentales, concluyeron, eran un poco mejor que prostitutas, y en muchos casos lo eran en realidad. Peor aún, estaban tratando de extender su influencia alrededor del mundo.

Por supuesto, el infractor número uno era Israel. Crecí escuchando que las mujeres judías estaban fuera de control. Lo único que querían hacer era fornicar, beber alcohol e ir a fiestas. Nos enseñaron a odiarlas, mientras que la mayoría de los chicos deseábamos en secreto poder vivir en un lugar donde las mujeres actuaran de esa manera. Y en esos momentos no filtrados de la película *Infiel*, finalmente entendí por qué.

---

*El nombre original del programa es *Sponge Squarepants*. Literalmente, Esponja pantalones cuadrados.

CAPÍTULO 5

LA ECONOMÍA DEL AMOR

El rey Salomón y la reina de Saba,
quien, según algunos, gobernó el
territorio actual de Yemen

M e senté, esperando a que mis compañeros salieran de la sala de conferencias. «Los principios de macroeconomía» era una clase muy concurrida, pero decidí ser el último en salir. No había necesidad de caminar por el pasillo y exponerme.

Un pequeño grupo de estudiantes se reunió a la salida. Un joven alto y esbelto estaba en el centro, el núcleo alrededor del cual los otros parecían girar, magnetizados por su seguridad. Su risa descuidada resonó por el pasillo.

Podría haberme unido a ellos; lo sabía. Todos estábamos madurando. La novedad de sentirme menospreciado había desaparecido y, además, había aprendido a reírme de mí antes que nada. Todos sabían que yo tenía la mejor colección de DVD en Saná. Tenía amigos, como Ahmed, y había un puñado de chicas que confiaban en mí. Pero a pesar de todo eso, aún me sentía como un extraño. La desventaja de todas mis lecturas y posturas ingeniosas era que yo parecía ser una especie de estadista anciano, un tío de confianza, y no uno de la pandilla.

Mientras los chicos se daban palmadas en la espalda, traté de parecer ocupado, mezclando mis papeles y revisando mis notas. Pero después de una conferencia de cincuenta minutos sobre la proporción de reserva requerida, mi cerebro estaba tan entumecido como mis glúteos.

Me levanté con mi mochila cuando el último de los rezagados se perdió de vista y casi me caigo debido al peso de mis textos académicos. Me salvó el hecho de agarrarme a otro pupitre en el último instante, el chirrido de las patas metálicas contra el piso de baldosas detonando una alarma solo para mí. Di unos pasos hacia la puerta y luego escuché el golpeteo de unas pisadas rápidas y suaves.

—Estoy tan feliz de que estés aquí.

Levanté la vista hacia un par de ojos oscuros. Brillaban como charcos de tinta china en la luz fluorescente.

—Entre todos los días —dijo, más para sí misma que para mí. Hizo una pausa y respiró hondo, sus hombros subiendo y cayendo bajo su *hijab*.

Examinó el piso como si hubiera perdido algo. Seguí su mirada, pero solo vi un par de marcas que me recordaron las letras árabes *raá* y *daal*.

—¿Estás bien? —pregunté finalmente. Mi mente se apresuró a imaginar escenarios probables: un miembro enfermo de la familia, una discusión con un novio, un taxista insolente.

—Sí, sí. Gracias por preguntar, Mohammed.

Sonreí ante el sonido de mi propio nombre saliendo de su boca. Sus ojos abandonaron el piso y se posaron en mi cara. Pude sentir el calor acudir con rapidez a mis mejillas.

—¿Puedo pedirte un favor?

Mi cabeza se balanceó arriba y abajo como un juguete dañado.

—Por supuesto. Absolutamente. Sí. En lo que pueda ayudarte. ¿Qué puedo hacer por ti?

Ella terminó mi serie de garantías con gratitud.

—Me perdí la conferencia —dijo y suspiró, levantando las palmas de las manos hacia el cielo—. ¿Me puedes prestar tus notas?

—Por supuesto. Absolutamente. En lo que pueda ayudarte. Estoy feliz de hacerlo. —Mientras hablaba, saqué mi mochila y la colgué alrededor de mi pecho. Tiré de la cremallera con mi mano buena, forcejeando sin éxito durante unos instantes antes de que sus dientes se abrieran. Yo, un mago inexperto, saqué finalmente el cuaderno.

—Te lo devolveré lo más pronto posible —dijo ella—. Muchas gracias. No sabes.

Sonreí; ella tenía razón. No tenía absolutamente ninguna idea de quién era ella.

Como si leyera mi mente, me dijo:

—Oh, lo siento. Me llamo Ahlam. Debería haber empezado con eso, lo sé. Miró por encima del hombro el reloj en la pared. Yo también lo hice.

—Te lo devolveré tan pronto como pueda —dijo—. Y gracias.

Y luego se fue.

Sería un mentiroso si dijera que no pensé en ese encuentro durante el día siguiente. ¿Por qué me había elegido ella? Tal vez sabía que yo era un buen estudiante. Debió de notar que yo tomaba notas, me encogía y me contorsionaba en el pupitre para diestros mientras trataba de evitar que mi codo izquierdo me empujara fuera de mi asiento. Intenté no pensar más en eso. Ella se había acercado a mí debido a la desesperación, y a nada más.

Mantuve la vista baja todo el tiempo cuando Ahlam me devolvió mi cuaderno dos días después. Pero cuando hojeé las páginas para encontrar mi lugar, me detuve en seco. Allí, en el margen, junto a mi garabato manchado de tinta, descansaba la escritura delicada de Ahlam. Sus palabras parecían una serie de hermosas mujeres recostadas en un sofá elegante.

Muchísimas gracias. ☺

Esa cara sonriente bien podría haber estado escrita en oro, formada por nubes, acompañada de las suaves tensiones de «You Are My Life» de Michael Jackson. Era casi tan atrevida como Ahlam cuando caminaba al frente de la sala de conferencias y arrojaba su *hijab* a un lado. Puede que una sonrisa en la página de un cuaderno no signifique mucho, pero en Yemen, donde una mujer no puede expresar abiertamente su interés por un hombre, era como si Ahlam estuviera diciendo abiertamente, *Me gustas*. Era atrevido; era peligroso. Si una mujer musulmana en Yemen ni siquiera podía mostrar su pelo o su piel, ¿qué significaba si exponía algo aún más profundo que eso? ¿Qué tipo de mujer expresaba sus emociones y deseos? Vivíamos en un mundo donde una sonrisa era mucho más que eso.

Mi mente bulló con varias posibilidades. Yo no sabía nada de Ahlam. Ni siquiera sabía su nombre hasta dos días atrás. Pero la osadía que mostró ella al iniciar algo entre nosotros fue emocionante. No pasé mucho tiempo sopesando mis opciones. Estaba más preocupado por no dejar que la oportunidad escapara en zapatillas de cuero. Arranqué un pedazo de papel del cuaderno y rápidamente escribí mi número telefónico. La seguí por el pasillo antes de que comenzara la conferencia y pasé junto a mis compañeros de clase hacia el fondo de la enorme sala donde estaba sentada Ahlam.

—Ahlam —le dije, preocupado por haber gritado. Miré alrededor. Nadie se percató—. Tengo algo para ti. —Le tendí el trozo de papel arrugado—. En caso de que tengas alguna pregunta sobre otras conferencias... —dije, y mi coraje se desvaneció con mi voz.

Ahlam tomó el papel en sus dedos largos y delgados. El color marrón claro de su piel hacía que pareciera llevar guantes finos y suaves.

—Gracias —dijo ella, su voz radiante, alegre, cavilosa—. Eso es muy amable.

Y *wallah*, juro por Dios, sentí mi corazón como un pez, revolcándose en mi pecho vacío.

Tomé notas a intervalos, interrumpido por visiones de la mano de Ahlam tan cerca de la mía, y por el sonido de su voz. Lo único que me impidió abandonar la empresa por completo fue la idea de que Ahlam podría necesitar ayuda con la conferencia del día. Quizás podría conquistarla con mi dominio de la macroeconomía.

Pasé el resto de esa tarde intentando que mi mente se comportara bien. No fue así. Cada crujido de pies, cada susurro del viento me hizo mirar a mi alrededor. Pero Ahlam no estaba ahí. Cada estornudo o bocina de un auto me hacía saltar. Pero Ahlam no estaba ahí. Finalmente volví a casa, al ruido de los platos y al zumbido de la televisión. Y cuando sonó el teléfono, respiré profundo. Esperé dos repiques más, y respondí con mi voz más casual pero masculina. Esta vez lo sabía; era Ahlam.

Me sentí flotando en el aire cuando oí su voz. Mi torpe cuerpo desapareció, y mi realidad se redujo a la melodía de la risa de Ahlam. Me aferré al sonido de su aliento mientras ella decía «Mohammed». Dejé que cada letra de su nombre saliera de mi lengua a través de mis labios. Su nombre era como un suspiro, como una sensación de bienestar: *Ahlam*. Su voz convirtió sus palabras en letras de canciones y me sentí como una cuerda punteada, vibrando en armonía con el mundo.

Hablamos de la escuela y de las clases, de comidas y pasatiempos favoritos. La macroeconomía nunca surgió.

Durante las siguientes dos semanas más o menos, Ahlam y yo pasamos horas hablando por teléfono. Ella me hacía bromas, diciéndome que yo les gustaba a muchas otras chicas. Yo me reía. Había visto suficientes películas como para saber que yo era el compinche, el mejor amigo, al que los líderes acudían en busca de consejo. Pero no era un rompecorazones.

Me dijo que yo era bien parecido y muy popular. Y luego, inevitablemente, me preguntó:

—¿Y yo? ¿Le gusto a la gente?

—Sí —dije—. Así es. —Nombré a la estrella del fútbol Wayne Rooney, al cantante John Mayer. A Leonardo DiCaprio.

Pero eso no fue suficiente para ella. Entonces me preguntó:

—¿Y a ti? ¿Qué tanto te gusto?

¡Me sentí como si estuviera en una película de Hollywood! Por primera vez en mi vida, tuve la oportunidad de ser el protagonista romántico. No estaba seguro de lo que sentía realmente por Ahlam, pero sabía que ella me hacía más feliz de lo que había estado. Después de otra semana, dije dos de las palabras más peligrosas que un hombre puede decir.

—Te amo —espeté.

Escasamente pasó un segundo antes de que ella dijera:

—Yo también te amo.

Ana hemar. Yo no había planeado decir eso. ¡Simplemente quedé atrapado en el momento! Pero tan pronto las palabras salieron de mi boca, creí que eran ciertas. No es que yo supiera realmente qué se sentía al estar enamorado. Nunca había estado solo en una habitación con una mujer, y mucho menos en una cita. Pero esto era euforia, y yo estaba siguiendo el único guion que conocía.

Yo tenía veintidós años, pero —como la mayoría de los hombres yemeníes de mi edad—, estaba más familiarizado con las comedias románticas que con las conversaciones románticas de la vida real con mujeres que no eran parte de mi familia. Las mujeres respetables no socializaban con hombres en entornos cerrados. Eso simplemente no sucedía. La gente no iba junta al cine, no compartía comidas en restaurantes, no pasaba el tiempo junta en el apartamento del uno o del otro, no asistía a fiestas junta... Y aunque asistíamos a las mismas escuelas y estábamos en las mismas aulas, los hombres y las mujeres estábamos segregados la mayor parte del tiempo. Esto era cierto incluso para dos personas que estaban a punto de casarse. El día de su boda, los hombres tenían una celebración y las mujeres otra.

Pero ahora yo tenía una línea telefónica secreta con una mujer, y, aparentemente, ¡estábamos enamorados! Envalentonado por nuestra propia osadía, me armé de valor y dije algo aún más audaz.

—*Ahlam*. Me gustaría ver tu cara.

Ella hizo una pausa al oír esto. Sentí mi corazón latir fuertemente en mi pecho cuando el momento se prolongó. El tiempo se distorsionó, como un reloj derretido de Dalí.

—Reúnete conmigo quince minutos antes de la clase de economía —dijo ella, el tono de su voz un poco más fuerte—. El salón no estará en uso y deberá estar vacío. Te mostraré mi cara.

Yo estaba emocionado; estaba aterrado; iba a vomitar. Llegué al salón designado treinta minutos antes y me derrumbé en una silla, golpeteando con mi pie izquierdo como si fueran los disparos de una ametralladora lejana. De repente, la puerta se abrió y ahí estaba Ahlam. Se dirigió hacia mí y, sin dudarlo un instante, me mostró su rostro.

En pocas palabras, Ahlam era hermosa. Despampanante. Sus ojos almendrados estaban enmarcados por un rostro ovalado que llegaba a un punto delicado en su mentón finamente tallado. Sus labios carnosos eran del color de las rosas del desierto, y cuando se separaron en una sonrisa, sentí que la boca se me secaba. Después de unos segundos, pasó la cortina de su *niqab* de nuevo por su rostro y se marchó.

Mientras estaba solo, la imagen de su rostro se reprodujo como una película en mi mente. Pensé en el espacio entre sus labios, en la arruga que tenía a un lado de los ojos... Yo era joven, estaba embriagado por el coqueteo y atrapado en el juego del cortejo. El matrimonio no se me había cruzado por la mente; y ciertamente no había considerado lo que este desafío ingenuo podría haber significado para Ahlam.

Más tarde esa semana, mi teléfono sonó y me apresuré a contestar. Era Ahlam. Sentí burbujas en el pecho. Ella me dijo que me había visto a la hora del almuerzo y que estaba celosa de las personas que se sentaban cerca de mí. Dijo que deseaba poder sentarse conmigo, pero obviamente, esto no era posible. Luego añadió:

—¿Qué harías si yo estuviera cerca de ti en este instante?

Mantuve el teléfono cerca y dije:

—Te abrazaría.

Las palabras escasamente habían dejado de vibrar en el aire cuando vi a mi madre asomarse por la puerta, su rostro contraído en un signo de interrogación. *Ana hemar*, pensé. *Burro, burro, burro*.

—¿Con quién estás hablando? —demandó ella.

—Con nadie, con nadie —dije, con Ahlam todavía en la línea.

—No —replicó ella—. Te oí hablar con una mujer. ¿Quién es?

Colgué el teléfono con rapidez.

Mi madre vio esto, comenzó a llorar y me golpeó.

—¿Quién es?, ¿quién es? ¡Te oí decir palabras sexis!

—Nadie —insistí, pues nunca en mi vida había estado tan avergonzado.

Ella me sonsacó y me persuadió, y finalmente le dije a mi madre que estaba hablando con una chica de la universidad. De repente, ella sonrió como una niña pequeña.

—¿La amas? —me preguntó.

—No sé —dije.

—¿Quieres casarte con ella? —me preguntó.

—No sé —dije.

Entonces permaneció completamente callada.

—¿Hiciste algo sexual con ella?

—No —respondí—. Simplemente he hablado con ella desde hace un par de semanas. No sé muy bien qué está pasando.

Toda la luz desapareció de los ojos de mi madre y comenzó a llorar nuevamente, llamando a mi padre, gritando y vociferando. Le supliqué que mantuviera esto entre nosotros dos, pero ella dijo que no, que mi padre necesitaba saberlo. Luego corrió escaleras arriba. Segundos más tarde, mi padre comenzó a gritar, cauteloso y frustrado porque había un conflicto que necesitaba mediación.

Mi madre gritó:

—¡Mohammed estaba hablando con una chica y se dijeron palabras sexis!

—¿Qué? —rugió él.

Lo siguiente que supe fue que mis hermanas corrieron a mi habitación gritando:

—¿Qué pasó? ¿Qué pasó?

Las burbujas estallaron en algún lugar de mi garganta y salieron en forma de hipo. Esto ya no era divertido. No era así como se suponía que interpretara el papel de un protagonista. Me senté en el borde de mi cama, presioné las palmas de mis manos contra mis ojos, y un campo de estrellas salpicó la negrura. Estaba en problemas.

Le expliqué la situación a Lial y Nuha, y ellas negaron con la cabeza, de manera cómplice.

—Hagas lo que hagas —dijo Lial—, no vayas arriba. No lo provoques. Sabes que no hay manera de tranquilizarlo.

Asentí lentamente y con hipo, y ellas salieron riéndose y abrazándose.

Nuha volvió corriendo dos minutos después. Se sentó a mi lado y susurró suavemente:

—Papá quiere hablar contigo—. Eso bastó para que se me pasara el hipo.

Mi mente permaneció en blanco hasta que me encontré frente a mi padre en su estudio.

—Tu madre me dijo que estabas hablando con una chica —dijo—. ¿La amas?

—Acabo de conocerla —respondí.

—¿Es zaidí? —preguntó, su tono neutral y su expresión indescifrable.

—No estoy seguro. Creo que sí.

Él asintió.

—Dale a tu madre su nombre completo y ella preguntará por su familia. No queremos que cometas el mismo error que tu hermano. Si ella es una buena persona, debes hacer esto de la manera correcta. No puedes hablar con una chica sin comprometerte primero. Necesitas saber quién es. Saber qué tipo de chica es.

Las orejas me ardieron de vergüenza mientras observaba el espacio entre mis zapatos. Había estado tan loco por mi propia osadía que había olvidado que podría haber consecuencias reales para Ahlam. Coquetear antes de comprometerme no me afectaría de ninguna manera, pero podía destruirla a ella. Para una mujer soltera, incluso una conversación inocente podría conducir a una «reputación». Un hombre podía tener cientos de relaciones y aun así encontrar una buena pareja, pero una mujer...

Durante años, había escuchado rumores de chicas que habían sido arruinadas, que fueron condenadas a vivir como solteronas, o como «tías» sin hijos. Recordé a un compañero de clase que fue sorprendido besando a una chica. Sus padres lo sacaron de la escuela a la edad de quince años y le concertaron un matrimonio con otra mujer, alguien a quien aprobaron. Tuvo una gran boda y celebró con sus amigos: ahora que estaba casado, podía dormir con su esposa todo lo que quisiera y no meterse en ningún tipo de problemas. De hecho, podría casarse con otras tres mujeres, dormir con todas ellas y seguir siendo un hombre honorable. No pensé mucho sobre eso en ese momento, pero luego me pregunté, *¿Qué le pasó a la chica?*

El miedo se entrelazó con un nuevo sentido de la responsabilidad. Le había dicho a Ahlam que la amaba; le pedí ver su cara. Todo esto implicaba que mis intenciones eran serias. Intenté ser el protagonista, pero no estaba fingiendo. Se trataba de nuestras vidas reales. Pensé en las horas que había pasado hablando con Ahlam por teléfono y en la libertad que había sentido para bromear. Para dejar ir las cosas. Para ser yo mismo. Nunca me había sentido igual con nadie más, aparte de mi hermanita Nuha.

Le di a mi madre el nombre y la dirección de Ahlam. Estaba listo para hacer lo correcto.

Al día siguiente en la universidad, le dije a Ahlam que mis padres la estaban investigando. Prácticamente bailó fuera de sus zapatos. Era una indicación clara de que estábamos en proceso de comprometernos. Aplaudió con sus manos delicadas y no pude dejar de sonreír. Me pregunté qué tipo de joyas podría comprarle para celebrar nuestro compromiso.

Cuando volví a casa, mi madre me hizo sentar. Esta era la conversación que yo estaba esperando; era solo cuestión de minutos antes de tener oficialmente una prometida. Sus ojos se posaron en los míos y traté de decirle que estaba bien, que estaba listo para esto. Ella fue directamente al grano. Mi madre había preguntado por ahí y descubrió que Ahlam era zaidí, lo cual era algo bueno, pero sus padres estaban divorciados, lo que no era agradable. Su familia tenía muchos problemas, dijo ella, sacudiendo la cabeza. No tenían dinero, medios o conexiones. Los ojos de mi madre me inmovilizaron en mi asiento. Ahlam sabía que yo era de la familia Al Samawi, dijo mi madre, y que teníamos dinero. Yo era un objetivo fácil debido a mi discapacidad. «Ella es pobre. Está tratando de sacar provecho. Eres ingenuo».

Luego se levantó y se fue sin más preámbulos. Sus palabras me golpearon con más fuerza de lo que Hussain lo hizo alguna vez.

Permanecí estupefacto en mi habitación hasta que mi padre me llamó. Fui en trance, mi mente tan paralizada como mi cuerpo. Repitió todo lo que me había dicho mi madre y emitió su juicio final: Ahlam no era la chica adecuada para mí. Señaló a Hussain y dijo:

—¿Ves lo feliz que es tu hermano ahora debido al matrimonio arreglado?

Negué con la cabeza, incapaz de hablar. No estaba dispuesto a concederle esta victoria.

Me senté en silencio mientras consideraba mi próximo movimiento. Pero antes de poder hacer una jugada, mi padre hizo la suya:

—Si me permites elegir una esposa para ti, te daré un auto. Te daré un trabajo en el hospital militar. Incluso si te quedas en la universidad y no vas a trabajar, me aseguraré de que el hospital te ponga en la nómina y que recibas tu propio salario.

Mi padre, el director del departamento de urología, tenía todo ese poder.

—No —dije, buscando las palabras adecuadas—. Me gusta Ahlam.

Mi padre se estremeció, como si un insecto hubiera volado cerca de su ojo. Una pérdida de control casi imperceptible.

—Piénsalo —me dijo. Calmado, moderado—. Y luego regresa a mí.

Esa noche salí con Ahmed. Condujimos a través del valle, abriéndonos camino entre las casas densamente pobladas, girando por caminos polvorientos que fueron construidos hace siglos para camellos y burros. Le conté lo que había sucedido con mi padre, y él puso una mano sobre mi hombro, sonriendo, con los ojos muy abiertos.

—¡Eso es increíble! —me sacudió. Silbó entre dientes y miró hacia el cielo—. Si aceptas el trato, estarás muy adelantado al juego. Tendrás un trabajo, un apartamento y tus padres te conseguirán una esposa. ¡No tendrás que gastar ni un solo rial!

Esta no era la reacción que yo esperaba. No estaba pensando en los gastos; ¡estaba pensando en el amor! ¡Y en el honor! ¿Qué me importaba si necesitaba pagarle a la familia de Ahlam el equivalente de diez mil dólares como dote? Yo tenía un salario mensual promedio de cien a doscientos dólares. Tal vez me tardara mucho tiempo en ahorrar, pero ¿no valía la pena? Claro, habría gastos adicionales. Después de los costos iniciales, yo tendría que cubrir los gastos de la boda, de sus vestidos, de nuestros hijos, de toda la casa...

—Y —Ahmed me miró de soslayo— tendrás sexo todos los días. ¡Será increíble!

Traté de convocar a mi noble indignación, pero antes de darme cuenta me estaba riendo junto con él. Mientras las especias del mercado invadían mi cabeza y la luz blanca y clara de la luna brillaba a través del parabrisas, la oferta de mi padre no me pareció tan mala. Yo escasamente conocía a Ahlam. Ella no me amaba. Yo era ingenuo. Era un blanco fácil. Tal vez no era lo bastante fuerte como para encontrar mi propia esposa. Tal vez necesitaba ayuda.

Cuando llegué a casa esa noche, le dije a mi padre que estaría de acuerdo con sus términos. Él me tomó del brazo.

—Está bien —dijo—. Tu madre se encargará de esto.

◇◇◇◇◇

Ignoré a Ahlam. Dejé de contestar el teléfono cuando me llamaba y evité el contacto visual en la universidad. Entablaba una conversación con la persona más cercana disponible cuando la veía caminar por el pasillo. Hablé con personas con las que no había hablado antes. Se reían de mis bromas. Creé mi propia concha, una órbita protectora.

La única vez que Ahlam se acercó a mí, le dije que estaba enfermo y que tenía problemas con mis padres. Ella preguntó si había algo que pudiera hacer, y si nos íbamos a comprometer o no. No dije nada. Yo era débil. No quería hacerle daño, y entonces la lastimé cien veces más. Una vez quedó claro que no habría compromiso, Ahlam se ausentó de la universidad.

¿Tomé esto como prueba del afecto de Ahlam? No. Me dije a mí mismo que ella estaba molesta por su suerte malograda y que no quería pasar tiempo en un lugar que le recordara cómo había fallado su plan. ¡Y gracias a Dios que así fue! Mis padres me habían salvado del desastre. Había intentado rebelarme contra la tradición y las expectativas, pero no era lo bastante fuerte como para demostrar ser la excepción. Un matrimonio por amor no había funcionado para Hussain, y no funcionaría para mí. Pensé que quería una compañera en mi vida, pero mis padres tenían razón. Necesitaba una cuidadora.

Por lo menos, yo entendía de economía. Del riesgo y de la recompensa. Elegí la segunda. Mis padres encontraron una esposa para mí, y nos casamos. Éramos personas muy distintas, pero nos unimos para construir una vida. No diré más sobre eso, ya que es la historia de ella. Todo lo que necesitan saber es esto: tuve una familia, y luego lo perdí todo.

CAPÍTULO 6

EL LIBRO DE LUKE

Un grabado de finales del siglo
diecinueve donde aparece un hombre
leyendo el Corán

S i la vida fuera una comedia romántica, Ahlam y yo habríamos buscado
el mismo lápiz. Si la vida fuera una tragedia, habríamos buscado la
misma espada. Pero la vida era simplemente la vida, y continuó sin
un solo montaje o frasco de veneno. Continué yendo a la universidad, y la
marcha del progreso continuó.

A principios de septiembre de 2009, me inscribí en clases nocturnas en el
Instituto Canadiense en Saná. Me sentía cómodo hablando con el lenguaje
de los números y la teoría económica después de varios años de estudiar
Administración de empresas. Pero si iba a tener éxito en el mundo corporati-
vo, tendría que dominar el idioma del consumismo: el inglés. La Universidad
de Saná era una de las principales instituciones en Yemen, pero el Instituto

Canadiense ofrecía cursos de inglés básico y conversacional, cursos especializados en terminología y prácticas comerciales, y una certificación de Enseñanza de Inglés a Hablantes de Otros Idiomas (TESOL, por sus siglas en inglés). Si algún día quisiera abrir mi propio negocio, este sería un paso fundamental.

La primera noche del semestre, entré a un salón de clases y vi al hombre más alto que había visto en mi vida. Parecía un gigante, sacado directamente de uno de los libros de fantasía de mi juventud. Lo miré fijamente hasta que me vio boquiabierto, y luego miré hacia otro lado.

—Me llamo Luke —dijo—. ¿Y tú?

—Mohammed Al Samawi —dije—. Encantado de conocerte.

Él sonrió y pasó su mano por su pelo blanco.

—Bienvenido a la clase. Estoy ansioso por saber más de ti.

—Gracias —le dije, y tomé el asiento más cercano, dirigiéndole una sonrisa a cualquiera que escuchara nuestra conversación, que había sido en *inglés*. Los días de doblarme en la versión más pequeña de mí habían quedado atrás.

Esperé mientras entraban los otros estudiantes. Luke trató de saludar a una pareja, pero la mayoría respondió con sonrisas, asentimientos y sacudidas rápidas en sus asientos. El inglés les daba tanto miedo como a mí la natación. Cuando todos se acomodaron, Luke se paró frente a su escritorio y se presentó formalmente, junto con el curso. Traté de concentrar mi atención en las extrañas palabras en inglés, pero lo más raro de Luke no era el idioma que hablaba, sino su aspecto. Era completamente diferente de cualquier maestro que hubiera visto en mi vida. Mientras que todos los profesores de la Universidad de Saná mantenían cuidadosamente sus barbas eruditas, Luke estaba completamente afeitado. En lugar de usar un traje estándar y corbata, llevaba una camiseta. La temperatura exterior había caído a casi setenta y cinco grados. Me estaba congelando, pero eso no parecía molestar a Luke en absoluto. *La fortaleza canadiense*, pensé para mis adentros, admirando su aspecto varonil. Resultó que Luke era de Inglaterra.

A medida que la clase avanzaba, se hizo claro que la mayoría de los estudiantes no estaban familiarizados con el inglés para comprender siquiera los conceptos básicos. Y entonces, Luke se vio obligado a recurrir a un árabe forzado. Se equivocó muchas veces, haciendo un mal uso de palabras como

Mashi, que significa «estoy de acuerdo» en Egipto, «no» en Saná, y «caminar» en Adén. Pero él se reía de sus propios errores. Esto era algo nuevo: un maestro que no necesitaba tener la razón todo el tiempo, y a quien no le importaba parecer tonto. Después de todo, él estaba aprendiendo al lado de nosotros. La próxima vez que Luke tartamudeó, lo ayudé a terminar su frase. Intercambiamos una sonrisa y un asentimiento, y así, me convertí en el traductor no oficial. Pocas clases después, yo estaba completando los espacios en blanco y redirigiendo las frases mal usadas. Resultó que el inglés era bastante fácil para mí, un don que le debía a mi padre.

Cuando era niño y la tiranía en el patio de la escuela dejó mis ojos tan hinchados como las nubes de una tormenta en el cielo, mi padre me dijo que tenía que elegir. Podía ceder, o podía hacer algo que me hiciera sentir especial por derecho propio. No podía jugar fútbol, ¿y qué? Había más de una manera de destacarme. Había más de un músculo para ejercitar. Comencé a entrenar mi cerebro bajo su tutela; empecé el estudio de idiomas. Mi padre colocó pedazos de papel con palabras en inglés sobre objetos alrededor de nuestra casa. *Lámpara. Silla. Plato.* Mi madre, que había aprendido ruso mientras estudiaba en el extranjero, me hizo pruebas sobre el vocabulario eslavo. Estudié minuciosamente libros de idiomas y revistas extranjeras que mi padre llevaba a casa del hospital, y pasé días enteros en mi habitación sin ventanas estudiando la serie *The Green Park*; un libro en inglés en una página y en árabe en la otra. Mi exilio autoimpuesto se estableció en un contexto de dibujos animados japoneses con subtítulos en inglés y cintas de la serie de televisión estadounidense que había comprado con el dinero ahorrado de mis cumpleaños y del Eid al-Fitr, al final del Ramadán.

Sin embargo, sabía que nunca mejoraría mi inglés si no llegaba a hablarlo. En cuestión de años, superé a mi padre y a mi madre, y quedó claro que Ahmed estaba más interesado en el volante de su automóvil que en la lógica ilógica de la gramática norteamericana. Traté de hablar en voz alta conmigo mismo, pero solo podía hacerlo por poco tiempo sin volverme loco. Le pregunté a mi padre si podía estudiar en el extranjero, como mis hermanos y hermanas, al igual que Ahmed, que iba a estudiar en Malasia. ¿Podría ir a Alemania?, pregunté. Mi petición fue descartada debido a mis «limitaciones», y el peso de la injusticia fue mayor que el de una mochila llena de ladrillos. ¿Pero quién era yo para confrontar a mis padres? Siempre obediente, continué asistiendo a la Universidad de Saná, donde las clases tenían entre trescientos y quinientos estudiantes, y ellos se preocupaban más por masticar *qat* que por rumiar palabras extranjeras.

Ahora tenía finalmente la oportunidad de ponerme a prueba. Luke alentó un nuevo tipo de curiosidad intelectual. Me empujó a cometer errores y, siguiendo su ejemplo, descubrí que no me importaba buscar un vocabulario nuevo y terminar en algún lugar entre las tonterías y la conversación infantil. En vez de apresurarme a concluir las tareas y sentarme en silencio con una sensación petulante de satisfacción, ayudé a Luke al ayudar a mis compañeros de clase. En cuestión de semanas, me di cuenta de que estaba aprendiendo más de lo que hubiera hecho de otro modo. Tuve la oportunidad de interpretar un papel nuevo. Por primera vez, yo era la persona que ofrecía ayuda en lugar de ser la persona necesitada. Por primera vez, entendí que tenía algo para dar.

Luke y yo desarrollamos una rutina. Charlábamos antes de clase e intercambiábamos bromas al salir. Continuamos a una distancia agradable hasta que Luke me detuvo justo cuando yo me estaba yendo. Me preguntó si me gustaría unirme a él en una caminata por la Ciudad Vieja de Saná. Busqué el chiste en sus ojos; tenía que estar bromeando. Recientemente, Saná se había vuelto insegura para los extranjeros. Varias tribus yemeníes habían decidido secuestrar occidentales a cambio de dinero. Habían establecido un negocio bastante bueno. Para no ser capturados, los extranjeros se vestían como lugareños, o salían únicamente con guardaespaldas yemeníes. Con seis pies de estatura y blanco como el pudín de *mahalabia*, Luke ciertamente no iba a camuflarse. Pero ¿creía él que yo podría protegerlo de una banda intrusa? ¡Escasamente podía protegerme a mí mismo!

Estaba a punto de sacar una disculpa con la esperanza de evitar una explicación embarazosa, pero Luke ya había cruzado la puerta. Entonces, agarré mi mochila y lo seguí en la noche. Luke, que tenía unos treinta años más que yo, era deliberado, aunque tranquilo, en medio del ritmo frenético de la ciudad. Caminaba por las calles con la misma forma pausada como hablaba. Empezamos a hablar de deportes, discutimos sobre cine y terminamos en el campo de fútbol, en el Instituto Canadiense, justo donde habíamos comenzado a caminar. Luke no me había pedido que fuera su guardaespaldas; me había pedido que fuera su compañero.

Hicimos buenas migas después de ese primer encuentro. Caminábamos y hablábamos todos los viernes por la tarde. Le confesé a Luke que soñaba con viajar por el mundo, y me dijo que había admirado la cultura yemení por años, aprovechando finalmente la oportunidad para venir a trabajar aquí. Dijo que le encantaba la Ciudad Vieja, que le fascinaba la cultura yemení y que los musulmanes ocupaban un lugar muy importante en la historia mundial y cristiana. Emparejé mi paso con el suyo y sentí un orgullo tranquilo florecer con la puesta del sol. Los edificios reflejaban la luz que goteaba, y cuando el sol se ocultó, cambiaron de ocre rojo a marrón y luego a negro.

Luke se detuvo para admirar la mampostería. Dijo que el trabajo ornamental y geométrico, en su mayoría en yeso blanco, le recordaba las tortas glaseadas del Reino Unido. Le dije que algunos de los edificios tenían dos mil quinientos años.

—Es increíble —dijo él, colocando la palma de la mano contra la pared. Un coro de bocinas y neumáticos chirriantes lo sacó de su ensoñación. Luke sonrió y negó con la cabeza—. Y es igual de sorprendente que las leyes de tránsito sean las mismas hoy en día que en aquel tiempo.

Me reí al acercarnos a una intersección donde los peatones sorteaban una maraña de vehículos.

—¿No es así en Inglaterra?

—Para nada —dijo él, y luego se corrigió a sí mismo—. Bueno, no a menos que haya un partido de fútbol. —Me guiñó un ojo—. El caso es que hay reglas en el Reino Unido. Tal vez demasiadas. Quizás deberíamos exportar algunas a Yemen.

Pensé en esto, en esa broma salpicada de verdad. ¿Podría Yemen usar más reglas? No, ciertamente no. Crecí con más que suficientes de ellas. Pero tal vez esa no era la pregunta adecuada. Tal vez la pregunta era, ¿podría Yemen usar unas reglas *diferentes*? Esto era algo nuevo; cuestionar el sistema. Siempre había confiado en la sabiduría de la autoridad, en la estabilidad del sistema. Y, sin embargo... tal vez Yemen podía beneficiarse del cambio. Tal vez *yo* podía beneficiarme del cambio.

Miré las calles adoquinadas a mi alrededor. El polvo, la suciedad que se colaba en las grietas, todo ello podía remontarse a los siglos siete y ocho. Estábamos afuera de una mezquita, una de las mil trescientas dispersas por la ciudad. Su minarete se elevaba directamente hacia el cielo, una veleta sin alas, incapaz de cambiar de dirección con el viento.

◇◇◇◇◇

A finales de la primavera de 2010, Luke me llevó a un lado después de clase y me dijo que se iría de Yemen. No supe qué decir. ¿Su contrato había terminado? ¿Su visa había expirado? ¿O se había vuelto demasiado nostálgico para seguir viviendo en un país que lo fascinaba tanto como lo frustraba? No le pregunté, y él no me explicó. Al final, no importó. Se iría en unos meses y yo no estaba listo para despedirme de él. Luke era algo así como mi padre. Pero no se parecía en nada al mío. Era el hombre que yo hubiera deseado que fuera mi padre.

Esa noche fui a casa luego de la clase y decidí que tenía que hacer algo por esta persona cuya amistad había cambiado mi comprensión del mundo. Cuando me metí en la cama, había desarrollado un plan. Compraría algo para Luke que fuera simbólico de la cultura yemení. Visitaría a los artesanos y a los fabricantes de joyas. Le buscaría un anillo tradicional. Un *aqeeq* en plata. Se decía que el profeta Mahoma llevaba un anillo *aqeeq*, y que, en la antigüedad, los soldados usaban estas gemas semipreciosas para fortalecer sus escudos. Yo no podría servir nunca en el esquema de seguridad de Luke, pero al menos podría reforzar sus defensas.

Cerré los ojos, satisfecho con mi decisión, y luego me senté muy derecho. Me invadió un pensamiento inquietante. Luke estaba yendo al infierno. Era un buen hombre, pero no era musulmán, lo que significaba que estaba condenado a una vida futura de miseria eterna. Cada pedacito de instrucción religiosa que había recibido yo enfatizaba en este punto. Como no creyente, su destino estaba sellado. Él no podía entrar a *Jannah* a menos que siguiera el camino del islam. Esto era un problema. Luke me caía bien; no podía dejar que sufriera en los pozos de *Jahannam*, el agua hirviendo que se derramaría sobre él después de que el fuego le hubiera quemado la carne de los huesos. Como dice el Corán, «Guardaos contra el fuego cuyo combustible son los seres humanos y las piedras, preparado para los incrédulos». (2:24).

De repente, un anillo pareció ser la idea más tonta del mundo. ¿Cómo podía perder yo el tiempo con piedras preciosas de colores cuando había que considerar otros tipos de piedras? ¡Había mucho más en juego! El infierno era un lugar en el cual, «A esos [hombres] Alá los ha maldecido. Y al que Alá maldice no encontrará quien lo auxilie». (4:52). Pero Luke no tenía «nadie a quién ayudar». Él me tenía a mí. Era mi deber como musulmán llamarlo a seguir el camino del *da'wah*. Pero tenía que verlo antes de que él se marchara de Yemen, antes de que fuera demasiado tarde.

Yo sabía que no quería acercarme a Luke con un sermón de fuego y azufre. No quería asustarlo para que fuera musulmán; quería convertirlo con la belleza y las bendiciones de la religión. Por cada descripción del Árbol maldito de Zaqqum, con sus tallos de fruta en forma de demonio, había docenas de imágenes de los frutos frescos del cielo. Quería que él supiera, como lo hice yo, que la misericordia de Dios abarca todas las cosas. «¿No han visto las aves sujetas en el aire del cielo? Solo Alá las sostiene. Ciertamente, hay en ello señales para la gente que cree» (Corán, 16:79).

Al día siguiente, fui a la librería y compré una traducción al inglés del Corán. Estaba tan ansioso por salvar el alma de Luke que miré el reloj todo el día. Tuve que recordarme a mí mismo que Alá recompensa a aquellos que son pacientes. Al concluir la clase esa noche, me acerqué a Luke cuando todos los estudiantes habían salido del salón.

—Estoy sorprendido de que te vayas. Un poco triste, también —dije con la menor emoción posible. Así como me habían criado.

—Entiendo —suspiró él, sentándose en el borde de su escritorio—. Estoy de acuerdo en que será triste partir.

Cambié mi peso del talón al dedo del pie, tratando de encontrar el centro.

—Quiero darte algo —le dije, balanceando mi mochila en el escritorio—. Valoro nuestra amistad, y mucho. Quiero que me recuerdes a mí y al tiempo que pasamos juntos. —Maldije mentalmente mi propia formalidad, pero las palabras parecían dispersarse de mi mente como pájaros asustados. Me entretuve con la cremallera de mi mochila, tomándome un momento para recobrar la compostura. Cuando me puse de pie, nuestras miradas se encontraron—. También quiero que leas esto. Si somos amigos, harás esto por mí y por ti.

Le entregué el Corán a Luke.

Lo sostuvo en una mano, con el lomo descansando en su palma. Extendió la mano y el libro se abrió. Pasó un dedo por la página y luego leyó en voz alta: «Aunque los árboles de la tierra fueran cálamos y el mar junto con otros siete mares más [tinta], las palabras de Alá no se agotarían. Es cierto que Alá es Poderoso, Sabio». (31:27). Frunció los labios por un momento y luego levantó las cejas.

—¿Debe haber muchas palabras en esto? —dijo sonriendo.

—Sí. Muchas. Me gusta mucho esa metáfora.

—A mí también.

Suspiró y miró hacia otro lado, extraviado en sus pensamientos, dejándome esperando, preguntándome si había hecho algo malo.

—Sé que esto es un regalo y quieres que lo lea. Los obsequios deben ser dados y aceptados libremente. Pero quiero que hagas algo a cambio. Quiero darte algo también. Lo tendré para ti el viernes. Entonces, podemos hablar de nuestra negociación. ¿De acuerdo?

—Por supuesto —dije—. No veo la hora.

—Bien. Es bueno tener algo qué esperar.

Dos días después, me senté en un salón de té frente a Luke, quien me entregó una bolsa roja de plástico. Busqué adentro y saqué una edición en inglés de la Biblia cristiana. En su cubierta verde estaban estampadas las palabras «El libro de la vida». Era la primera vez que tocaba una Biblia. Las palabras que había en su interior podrían amenazar mi entrada al cielo, y en el presente, podrían amenazar mi propia existencia. Volví a guardar el libro en la bolsa. Si alguien lo viera a él, o a mí, caminando por la calle con una Biblia, estaríamos en grave peligro.

Una pequeña emoción me atravesó. Me sentí como un espía al que acabaran de darle información sensible. Nadie que yo conociera había leído una sola palabra de este libro frente a mí. Nos habían enseñado que la Biblia cristiana era una obra santa, pero que, con el tiempo, los eruditos judíos la habían alterado. Los rabinos y los falsos profetas creían tener el poder de cambiar la palabra de Dios. Sacaron al profeta Mahoma de la Biblia y trataron de borrar a Alá. La verdad estaba ahí —en el Corán— para que ellos la vieran. Todo lo que tenían que hacer era aceptarlo, pero eligieron no hacerlo. Rechazaron el paraíso por las fosas temibles del infierno.

Una parte de mí quiso tirar la bolsa al suelo, pero no pude evitar sujetarla contra mi pecho. Esta era mi oportunidad de apartarme del resto. Las palabras de mi padre resonaron como un mantra. *Yo no podía jugar fútbol, ¿y qué? Había más de una forma de destacarme.* Esta era mi oportunidad para levantarme del banco y seguir un camino nuevo y único. Observé el lugar. Nadie estaba mirando en nuestra dirección.

—Entonces... —dijo Luke, sacando el Corán—. Tú lees tu regalo y yo leo el mío. ¿Te parece justo?

Pasé el dedo por el borde de mi taza y sentí que mi piel atrapaba un chip invisible.

—Sí —respondí—. Creo que es justo.

Aceptaría el desafío de Luke y, con suerte, salvaría su alma y preservaría la mía. Como decía en el libro que Luke tenía ahora en sus manos: «Ten una mente abierta y promueve la libertad de expresión; escucha todos los puntos de vista y sigue los mejores». (39:18). Como buen musulmán, yo seguiría las enseñanzas del Corán. ¿Qué daño podría provenir de eso?

Ahora que tenía una Biblia, necesitaba averiguar qué hacer con ella. Metí la bolsa dentro de mi camisa y me apresuré a casa, teniendo cuidado de que un borde dentado no sobresaliera de mi estómago. Abrí la puerta. La casa estaba silenciosa; las luces estaban encendidas en algunas de las habitaciones de otros pisos, pero no escuché ningún movimiento. Entré a una de las habitaciones más pequeñas y menos utilizadas del pasillo principal, a pocas puertas de mi habitación. Una vez allí, me instalé en una silla y saqué el regalo de Luke. Lo sostuve en mi regazo por un minuto, luego por dos, y finalmente por diez. No podía decidir qué hacer. Pero el tiempo pasaba y no sabía por cuánto tiempo estaría solo, así que abrí la portada con una actitud temeraria o de impotencia. *Esto es,* pensé. *Estoy a punto de leer el libro sagrado cristiano.* Esta era mi única oportunidad de encontrar evidencia para convencer a Luke de que el cristianismo era defectuoso y que el islam era el camino único y verdadero.

Tomé aliento y comencé. *En el principio...* avancé por los primeros cinco días de la creación, y luego me topé con una pared. «Y Dios dijo: "Hagamos al ser humano a nuestra imagen y semejanza. Que tenga dominio sobre los peces del mar, y sobre las aves del cielo; sobre los animales domésticos, sobre los animales salvajes, y sobre todos los reptiles que se arrastran por el suelo"». Esto era muy diferente de lo que yo sabía que era cierto. Como musulmán, yo sabía que Alá y su apariencia o semejanza era algo que nunca podría entender, algo de lo que ni siquiera debía tener una imagen. No podíamos, y no deberíamos, haber sabido cómo era Dios. ¿Y ahora esta Biblia me decía que Dios se parecía al resto de nosotros los humanos? ¿Tenía cara, nariz, ojos y boca? ¿Cómo era posible? ¿Por qué Dios crearía una copia de Sí mismo? ¿Le faltaba imaginación?

Tomé nota mental para desafiar a Luke con estas preguntas. Entonces proseguí. Unos pocos párrafos después, leí que luego de que Dios creó el mundo en seis días, necesitó descansar en el séptimo. Esto no tenía ningún sentido. Dios era todopoderoso. ¿Por qué necesitaba descansar?

Ciertamente, Luke vería las inconsistencias y estaría de acuerdo en que la Biblia ofrecía más confusión que respuestas reales. Mientras más leí, más creció mi lista de preguntas. Pero a medida que pasaban los minutos, me di cuenta de que ya no estaba leyendo para encontrar errores, sino para entender. Cuando llegué a la historia de Adán y Eva, perdí la noción del tiempo. ¡Yo conocía esta historia! Estaba en el Corán. Dios creó primero a Adán, y como no tenía a nadie que lo ayudara, entonces creó a Eva.

En la escuela aprendimos que Adán realmente no necesitaba a Eva, pero ella lo necesitaba a él. Esto se usaba para explicar el hecho de que las mujeres eran naturalmente menos capaces que los hombres: que la capacidad cerebral de una mujer era menor que la de un hombre. Todos los chicos se daban palmadas en la espalda, pero yo sabía que mi madre y mi hermana Lial —ambas médicas—, eran tan inteligentes y capaces como cualquier hombre.

De repente, escuché que el auto de mi padre se detenía en el camino de entrada. Cerré el libro, lo envolví en su bolsa roja y lo escondí debajo de mi colchón. Esta Biblia planteaba muchas preguntas. Pero, lo mismo sucedía con el Corán. ¿Por qué el profeta tuvo que casarse con doce mujeres? ¿Realmente necesitaba casarse con una integrante de cada una de las doce tribus para difundir la fe tan rápida y ampliamente como fuera posible? ¿Debía creer yo que esta era la única forma de difundir la palabra de Alá? Las preguntas que se remontaban a la escuela secundaria acudieron de nuevo a mí. El Corán estimulaba la razón, pero cuando presioné a mis maestros para que me respondieran, me expulsaron del salón. Esa era una contradicción inherente. Como musulmanes, se suponía que debíamos cuestionar todas las cosas, pero cuestionar una sola era ser un mal musulmán. Por años, guardé mis preguntas en los rincones más oscuros de mi mente. Pero eso no significaba que no estuvieran ahí.

◇◇◇◇◇◇

Una semana después, me incliné con los codos sobre la mesa, agarrando mi mano derecha con la izquierda, tratando de mantenerla inmóvil.

—El libro es increíble —comencé a decir, sin poder moderar mi entusiasmo.

Luke asintió, su compostura en franco desacuerdo con la mía.

Traté de controlarme, pero mi curiosidad, que ya me carcomía un poco, se desencadenó. Las palabras salieron con mucha rapidez de mi boca. ¡Las historias eran muy similares a las del Corán! El relato de Adán y Eva era familiar, y ¿era este el mismo Noé del Corán? Tenía que serlo. Era un profeta, un hombre muy viejo, tenía tres hijos y le predicó a la gente que se apartara de sus malos caminos. Yo había aprendido de niño que, «Alá eligió a Adán y a Noé, la familia de Abraham y la familia de Imran, por encima de todas las personas». Yo reconocía todo esto, pero ¿dónde terminaba la verdad?

—¿A qué se refiere el libro cuando dice, "Dios creó a los seres humanos a su imagen"? ¿Quiere decir que nuestras caras son como la de Dios? ¿Esto hace que Dios sea un hombre? ¿Crees que Dios es un hombre, o una mujer? Cuando Dios creó a Adán en el Jardín del Edén, ¿el Edén estaba en la tierra o en el cielo?

Estaba tomando aire cuando Luke me interrumpió...

—No, no, no. ¿Leíste el Antiguo Testamento?

—Leí lo que me diste.

—¿Desde el comienzo?

—Por supuesto —y comencé a decir—: "En el principio, Dios creó los cielos y la tierra".

Luke frunció los labios y exhaló profundamente.

—Quería que comenzaras a leer por el medio; con la Biblia cristiana, el Nuevo Testamento.

El medio, pensé. *¿Quién comienza a leer un libro por el medio?*

—¿Qué he estado leyendo entonces? —le pregunté.

—La Torá —dijo él—. La Biblia judía.

Mi mandíbula flaqueó como una banda rota de caucho. Vi la boca de Luke formar palabras, pero no pude comprender lo que estaba diciendo. Mi mente estaba en modo de bloqueo, manejando y conteniendo una emergencia de nivel uno. No permitía que los sonidos entraran o salieran. Nadie me había dicho que la Biblia tenía dos partes. ¿Por qué nadie había mencionado que la Biblia cristiana comenzaba con la Biblia judía? Las luces me parecieron demasiado brillantes y calientes. Necesitaba agua. Había estado leyendo el libro del enemigo, de los infieles.

Había pasado toda mi vida escuchando sobre la agenda judía. Cuando era niño, había escuchado el nombre de Hitler en la escuela. Pregunté por él en clase, pero el maestro dijo que era parte de la Segunda Guerra Mundial, de la historia occidental. Todo lo que necesitábamos saber era que Hitler era un héroe por haber matado a muchos judíos y quemado su literatura. Nos habían enseñado que los libros de los judíos eran sucios, amorales, pecaminosos, impuros y demoníacos. Y, sin embargo, me había gustado este libro. No tenía nada de impuro. ¿Estaba siendo yo racional, o estaba siendo seducido por su hechizo?

Regresé a casa, saqué la Biblia de la mochila y decidí aprender la verdad. Avancé, dando tumbos frase por frase. «No mates a ningún ser humano», «Dales dinero a los pobres», «Ayuda a los necesitados», «Respeta a tus padres», «No te vengues ni guardes rencor contra tus parientes». «Ama a tu prójimo como a ti mismo». ¡Era muy similar a un hadiz del profeta Mahoma! «Ninguno de ustedes cree realmente hasta que no desee para su hermano aquello que desee para sí mismo». ¿Cómo podría ser esto? ¿Por qué no me habían dicho que estas similitudes existían? Oí a mi madre llegar a casa y Nuha corrió a saludarla, pero no pude levantarme de la silla.

Sentía mi mente inflamada. Todo lo que yo creía saber, todos mis fundamentos acerca del bien y del mal estaban siendo cuestionados. Desde el momento en que pude hablar, me habían enseñado que el islam era la luz y que el judaísmo era la oscuridad; que el islam era el día y el judaísmo era la noche.

Mis maestros e imanes, la gente más educada de mi comunidad, todos ellos habían estado de acuerdo en este punto. Pero ¿y qué si su concepción del bien y del mal fuera tan confusa como su juicio sobre la derecha y la izquierda? ¿Qué pasaría si el arcángel Gabriel le hubiera dado al profeta Mahoma las mismas historias y enseñanzas que le había dado a los judíos?

Caín y Abel; la torre de Babel; el sacrificio de Abraham de su hijo Isaac; Moisés y el faraón; el rey David y Salomón; el arcángel Gabriel; Rebeca, la mujer judía que se cubrió con un velo cuando vio a Isaac, como una mujer musulmana con un *hijab*... Me habían enseñado que el Corán era la única palabra verdadera, junto con los hadices, pero esas mismas palabras aparecían en la Torá. ¿Cómo podría la única palabra verdadera dividirse en dos?

Pensé nuevamente en la historia de la creación. Me habían enseñado que Alá había creado el mundo en seis días. Él había hecho esto a pesar de tener la capacidad de hacerlo instantáneamente, para enseñar a los seres humanos una lección sobre la paciencia y la persistencia. Yo había asumido este asunto con la idea de que el Dios judío había descansado el séptimo día, e interpretado esto como un signo de debilidad. Pero ¿y si esta fuera otra forma de enseñar el mismo mensaje? ¿Qué pasaba si ambos libros relataban exactamente los mismos eventos solo que con palabras distintas? ¿Qué pasaría si solo pudiéramos obtener una imagen completa de cada uno al juntar todas las líneas?

Desarrollé una rutina. Todos los días leía la Biblia antes de acostarme. Tenía un papel a mi lado, y un bolígrafo, y cada vez que tenía una pregunta, la anotaba para poder hablar de ella con Luke después de clase. La dicotomía «nosotros» y «ellos», el andamiaje de mis convicciones morales, se estaba derrumbando sobre sí mismo.

Unas semanas después de mi estudio de la Biblia, mi madre se acercó, con el libro grueso en sus manos.

—¿Qué estás haciendo con esto? —exigió ella.

Me tragué la respiración.

—¿De dónde lo sacaste?

Tosí, plenamente consciente de la respuesta.

—Estaba limpiando tu habitación —dijo ella desafiante. Esta era una batalla de larga data: la lucha entre mi deseo de privacidad y su deseo de ordenar.

—Es la Biblia judía y cristiana —dije con indiferencia casual, como si me hubiera preguntado la hora. Mi evasiva no funcionó.

—¿Por qué la estás leyendo?

Ella me miró con un enfoque láser. Yo no podía ignorar esto.

—Solo quiero entender mejor —dije, pensando con rapidez—. Estoy buscando formas que muestren que el Corán es superior. Si voy a seguir el camino de *da'wah*, necesito entender a qué nos enfrentamos.

Ella asintió, neutralizada.

—Ya veo.

Con eso, se dio vuelta y se alejó. Eso era cierto. Yo quería convertir a otras personas al islam. Como dice el hadiz: «Avanza cautelosamente, hasta que llegues a su espacio abierto, luego invita a [los judíos] al islam, y cuéntales sobre sus deberes ante Alá. Por Alá, si Alá fuera a guiar a un hombre a través de ti, sería mejor para ti que tener camellos rojos". ¿Pero era eso todo lo que yo quería hacer?».

Mi madre retomó el tema varias veces más esa semana. Me detenía en el pasillo o en mi habitación, como si acabara de recordar que me había pedido que fuera por leche a la tienda de la esquina.

—¿Sigues leyendo *ese libro*? —me preguntaba ella, un comentario improvisado en un pliegue de preocupación. Yo decía que sí y ella replicaba—: Por favor, sigue orando. Por favor sigue leyendo el Corán.

Yo asentía con tanto vigor en señal de respuesta, que casi me inclinaba ante su petición.

—Por supuesto —decía yo—. Por supuesto.

Fue solo cuestión de tiempo antes de que mi padre recibiera noticias de mi esfuerzo. Su devoción al islam había seguido profundizándose a lo largo de los años, y aprobó mi dedicación para difundir la palabra verdadera. Con su bendición, ya no tuve que esconder la Biblia en una bolsa, dentro de un cajón ni debajo de una capa de medias. Ahora podría dejarla al descubierto como un testimonio de mi piedad.

En cierto sentido, mis padres no tenían nada de qué preocuparse. Mi fe no disminuía a medida que pasaban los días. Yo no estaba dispuesto a rechazar los conceptos básicos de mi sistema de creencias. Estaba cuestionando la metodología de la instrucción, pero no las palabras o las lecciones en sí mismas.

Confiaba en Dios. Es solo que estaba empezando a tener dudas sobre algunas de las personas que había creado Él.

Un viernes después de clase, Luke sugirió algo nuevo. Los dos habíamos empezado a sentirnos un poco inseguros al discutir públicamente la Biblia en el mercado, así que me preguntó si en lugar de ir a un café o caminar por las calles de la Ciudad Vieja, me gustaría ir a su apartamento ese fin de semana. Dijo que le había hablado mucho a su esposa de mí, y que ella estaba ansiosa por ponerle una cara a mi nombre. O, en otras palabras, ¿cómo era este Mohammed diferente de los millones de Mohammeds que deambulaban por las calles de Yemen? Acepté su invitación de inmediato, pero me arrepentí al instante. Nunca había estado en la casa de un occidental. ¿Sabría cómo comportarme correctamente? ¿Se ofenderían ellos si me quitaba los zapatos en la puerta, como es nuestra costumbre? ¿Cómo iba a dirigirme a su esposa? ¿Luke estaba tratando de convertirme? ¿Estaba reclutando a su esposa en algún tipo de escenario de espionaje de agente doble?

Me preparé al día siguiente; tenía el estómago revuelto. Ir a la casa de un occidental para hablar de la Biblia era una idea terrible. Mi madre y mi padre nunca lo habrían aprobado, así que pedí un taxi en lugar de pedirle a Taha que me llevara. Atravesamos la ciudad en dirección a la universidad y llegué a un edificio de apartamentos típico del barrio, un rectángulo de acero y piedra muy sencillo. El concreto fresco aislaba el calor y me cubrí el cuerpo con mis brazos. *Está helado*, me dije a mí mismo, tratando de disculparme por temblar debido al frío. Permanecí petrificado, sin poder dar un paso más, y observé a una pequeña araña que se arrastraba entre la alfombra color crema y la pared. Esto, me convencí a mí mismo, era aventura suficiente por un día. ¡La naturaleza en su máxima expresión! *Bueno, vi una araña. Ahora puedo volver a cenar en casa, perfectamente satisfecho.* Aliviado de haber llegado a esta conclusión, de no tener que enfrentarme ya a la posibilidad de la mortificación o el atrapamiento, di media vuelta. Entonces tropecé con mi pie, me golpeé el codo contra la puerta y me enderecé sin elegancia cuando la manija de la puerta giró.

Allí estaba Luke, sonriendo ampliamente cuando se hizo a un lado para dejarme entrar. Sonreí tímidamente y bajé la vista hacia sus pies. Tenía los zapatos puestos, así que también me dejé los míos. Mientras me guiaba por el pasillo, vi fotos enmarcadas de la Ciudad Vieja de Saná y de Socotra, una de las cuatro islas que formaban un archipiélago en el mar arábigo, en el extremo sur de Yemen.

—Leí en alguna parte que Socotra es considerado uno de los lugares más extraños del mundo. Setecientas especies de su fauna no se encuentran en ningún otro lugar del mundo.

—No sabía eso —dije, mirando una foto con el rasgo más distintivo de la isla, el árbol del dragón.

—El noventa por ciento de sus reptiles también son endémicos. Todo el mundo sabe sobre las Islas Galápagos, pero nadie habla de Yemen. Es una pena. ¿O tal vez eso sea algo bueno? Hace que todo permanezca intacto.

Concluí que los árboles de esa isla parecían ramos de brócoli.

Luke me acompañó a la sala. Un momento después, entró una mujer sosteniendo una bandeja con tazas y platillos y una fuente de lo que Luke llamaba «*biscuits*» y yo llamaba «*cookies*». La mujer llevaba una blusa occidental y un par de pantalones, pero tenía el pelo envuelto con un *hiyab* azul claro.

—Hola, Mohammed —dijo ella mientras dejaba la bandeja y se sentaba en el sofá frente a mí—. Bienvenido. Me llamo Linda.

Sincronicé mi voz con la suya y le devolví el saludo. Ninguno de nosotros hizo ningún movimiento para estrechar la mano. Aprecié su respeto por mi cultura, y cuando le conté esto, ella rio suavemente.

—Por supuesto. Somos tus invitados aquí en Yemen, incluso si estás en nuestro apartamento. —Me gustó su forma de hablar. Su acento era de alguna manera diferente al de Luke, los sonidos más claros y limpios.

Pasamos la hora siguiente examinando la Biblia. Dirigí mis preguntas a Luke, pero no siempre fue él quien respondió. A veces, Linda hablaba en su lugar, expresando su opinión e incluso sugiriendo que tal vez la perspectiva de Luke no era siempre la mejor. Traté de mantener el contacto visual mientras hablaba, pero mis ojos seguían posándose en Luke. ¿Por qué no parecía molesto porque su esposa hablara por él? ¿Por qué sonreía cuando ella no estaba de acuerdo y se encogía de hombros cuando ella lo corregía? Si hubiera estado en la casa de un amigo yemení, una mujer probablemente no estaría en la habitación con nosotros, ¿y si hubiera estado y cometía el error de hablar? Como mínimo, se habría desatado una reprimenda verbal. Pero aquí, el aire era ligero y la risa producía ondas en nuestro té. ¿Era así como podrían ser las cosas entre un hombre y su esposa? Había visto este tipo de cosas en las películas, pero todos sabían que Hollywood no era real. ¿Podría ser que las novelas que había leído contenían más verdad de lo que yo había percibido?

Cuando volví a casa, mi padre estaba en un piso, y mi madre estaba en otro con mis hermanas. Lo diferente no siempre era mejor. Pero tal vez a veces valía la pena explorar. Volví a la casa de Luke dos o tres veces, hasta el día en que tuvo que regresar al Reino Unido. Cuando fui a despedirme, me ofreció su vieja computadora portátil; la rechacé. Entonces me ofreció su viejo auto, que también rechacé. Finalmente, me dio una pequeña postal que decía «*Maa al-salamah*», adiós.

A cambio, le di a Luke una pequeña chuchería y le prometí que lo haría sentir orgulloso. Terminaría de leer su libro y trataría de llevar el tipo de vida que llevaba él. Luke tenía una inmensa curiosidad y aprecio por países y culturas distintas a la suya. Luke tenía una enorme empatía por otras personas y por sus formas de vida. No amaba a Yemen de manera ciega o sin críticas, pero expresaba su fe en el futuro de Yemen y de su gente.

Me comprometí a leer al menos una página de la Biblia cada noche. Un mes se convirtió en dos y finalmente terminé el Antiguo Testamento. *Esto es por Luke*, pensé, mientras comenzaba a leer de nuevo, esta vez por el medio. El ejercicio de comparar la Biblia con el Corán ya no era puramente académico. Mis preguntas ya no estaban contenidas en una página. ¿Por qué mis maestros nos decían que los judíos, y hasta cierto punto los cristianos, eran implacablemente malvados? ¿Por qué nos trataban como niños, demasiado inmaduros para leer las palabras por nosotros mismos y elaborar nuestros propios juicios? ¿Alguien más veía que la verdad era mucho más compleja de lo que nos habían hecho creer, o habíamos estado tejiendo la misma ficción durante tanto tiempo que nadie sabía que era siquiera ficción? Parecía como si, a pesar de todos los exámenes de memorización a los que nos obligaban, nadie quisiera poner a prueba nuestra fe.

Lo que comenzó como una misión para salvar el alma de un amigo se convirtió en algo completamente diferente. Como dije, mi historia comienza y termina con un libro. Este, aquí mismo, es otro comienzo.

CAPÍTULO 7

LA CAZA DEL ZORRO

Yo, en la casa de mi padre, con una
jambiya en mi cinturón

La vida transcurrió entre las páginas de dos historias diferentes, aunque muy similares. Mantuve en mi mente las realidades en conflicto, aceptando de alguna manera las lecciones de mi juventud mientras las desmantelaba por completo. ¿Cuáles libros eran los correctos? ¿Mis textos académicos? ¿El libro del enemigo? ¿Cuál era la verdad? ¿En cuál podía confiar yo? Un autor no era necesariamente una autoridad. Las palabras, incluso las de Alá, estaban sujetas a la interpretación humana. Las páginas de explicación ya no eran suficientes; yo necesitaba acudir a la fuente en sí.

Necesitaba localizar a un judío.

Era julio de 2010. Me había graduado recientemente de la Universidad de Saná y comenzado a trabajar a tiempo completo para mi padre. De las 8:30

a. m. a la 1:00 p. m. servía como su empleado en el hospital, y de 5:00 p. m. a 8:00 p. m. trabajaba como gerente de su clínica. No era emocionante. Había trabajado para mi padre a tiempo parcial desde la escuela secundaria y la novedad desapareció. Todos los días revisaba el inventario, ordenaba suministros, programaba pacientes y lidiaba con una serie de hombres excesivamente agresivos con infecciones urinarias y próstatas agrandadas.

También sentí el dolor de haber abandonado mi sueño de ser médico. Mi discapacidad —mi mano en particular— hacía que fuera casi imposible para mí hacer lo mismo que cada uno de mis hermanos. Al trabajar para mi padre, yo estaba en un entorno médico, eso era cierto, pero era como si estuviese entre bastidores entregando toallas a los actores, limpiando después de quienes estaban protagonizando la película. Decir que no era encantador no le hacía justicia.

Creé una especie de juego para mí. Después de cada cuarenta y cinco minutos de trabajo, sacaba quince para encontrar información sobre judíos en Yemen. No me atreví a comprar muchos libros sobre el tema, pero con la ayuda de Internet, pensé que podría esbozar una visión general. Abría una nueva ventana entre el momento en que agregaba una cita al calendario de mi padre y me despedía de un paciente. Escribía «judíos» + «Yemen» pero los resultados de la búsqueda me abrumaron con rapidez. ¡El judaísmo moderno era tan complicado como el islam moderno! Un judío no era un judío. Yo creía que todos los judíos habían sido creados iguales (y que eran igualmente malos), pero había judíos asquenazíes de Alemania, Francia y Europa del Este, y judíos sefardíes de la península Arábiga, África del Norte y Medio Oriente. Para complicar aún más las cosas, había un grupo discreto conocido como judíos yemeníes, o judíos yemenitas, que se consideraban parte de los judíos mizrajíes, que descendían de los judíos babilónicos y de las montañas del Irak actual, Siria, Irán y otros países orientales. Pero todas sus historias eran diferentes.

Escuché mi nombre y miré hacia arriba. Un hombre delgado con ojos amarillentos me necesitaba para programar su próxima cita. Fingí que no sabía que tenía una vejiga hiperactiva, y cuando volví a la pantalla de mi computadora, escribí una nueva búsqueda: «judíos» + «Yemen» + «historia». Empecé a hacer clic y a leer, a hacer clic y a leer. Según algunos sitios, los judíos huyeron de Jerusalén y llegaron a Yemen en el año 629 AEC, después de que Jeremías predijo la destrucción del Templo; según otros, la reina de Saba trajo artesanos judíos a Yemen para ayudarla a glorificar el reino. Algunos decían que los judíos llegaron de Judea con las operaciones navales y comerciales del rey Salomón en el año 900 AEC, pero otras fuentes confiables mostraban evidencia arqueológica de que los mercaderes judíos entraron a Yemen alrededor del 200 EC con el comercio de especias. Todo esto me parecía plausible, y cuando las historias compitieron por atención, una cosa quedó clara: los judíos habían estado en Yemen durante muchísimo tiempo.

De hecho, eran tan influyentes que a finales del 400 EC, el rey himyarita se convirtió *al* judaísmo, al igual que Zar'a Yusef, quien tomó el poder en el año 518 EC mientras expulsaba a los etíopes axumitas de Yemen. Aunque de corta duración, el judaísmo fue la religión de esta región hasta el 525 EC, cuando los cristianos de Etiopía tomaron el control. Solo aproximadamente cien años *después*, al final de la vida del profeta Mahoma, el islam llegó por primera vez a Yemen.

Miré la pantalla de mi computadora. ¿Los judíos habían estado en Yemen antes que los musulmanes? ¿Los judíos habían *gobernado* Yemen antes que los musulmanes? ¿Cómo era que nunca aprendimos nada de esto en la escuela? Regresé a mi ventana de búsqueda para obtener respuestas. ¿Cómo pasaron los judíos de tenerlo todo a no tener nada? Mientras leía, las piezas comenzaron a encajar, como las pruebas en una escena del crimen.

Los musulmanes tomaron el poder en Yemen en el siglo siete EC y todo cambió. Bajo la ley de la *sharía*, los judíos y los cristianos, el «Pueblo del Libro» cercanos, estaban técnicamente resguardados. Se convirtieron en *dhimmis*, en personas protegidas, que pagaban impuestos especiales a cambio de su residencia. A los judíos se les permitió seguir sus propias reglas religiosas y operar sus propios tribunales religiosos bajo ciertas condiciones. Se les prohibieron los cargos políticos y el servicio armado, así como tocar a una mujer musulmana, montar a caballo o en camellos; debían sentarse en la silla si iban en burro o en mula, caminar descalzos cuando estuvieran en el barrio musulmán; y no podían defenderse contra un musulmán en la corte. Los dejaban en paz, siempre y cuando no insultaran ni ofendieran a un musulmán en una miríada de formas sutiles e incognoscibles, bajo pena de muerte. Sufrieron degradaciones diarias, como el Decreto de los Huérfanos, que establecía que los huérfanos judíos y cristianos deberían convertirse por la fuerza al islam. Pero a pesar de la desigualdad, hubo un relativo estado de calma durante el siglo diez. Los judíos que se sostuvieron por sus propios medios fueron dejados en paz, y aceptaron los trabajos que sus compañeros musulmanes evitaron. Esto significaba que los judíos se convirtieron en los únicos plateros, alfareros, albañiles, herreros, sastres, etc., en todo el país. Aunque no eran bienvenidos, se hicieron esenciales.

Busqué a tientas una botella de agua en mi escritorio. Tomé un trago, completamente ajeno a la fila que se había formado frente a mi escritorio. Cuando mi padre salió de su oficina para controlar el caos, minimicé rápidamente mi navegador y cronometré otra hora de trabajo. Entonces, en recompensa a mí mismo, abrí una página web.

En el siglo diez, los chiitas zaidíes —¡mi gente!— tomaron el poder. Durante los siglos siguientes, Yemen cambió de manos de la dinastía Rasuliden a la dinastía Tahiride, y luego de los otomanos a los miembros de la tribu zaidí en 1636. Sentí una oleada de orgullo por mis antepasados, pero no tardé en ahogarme con mi propia arrogancia. Al-Mutawakkil Isma'il, un hombre a quien yo conocía como un líder justo y un guerrero honrado, fue brutal con los judíos. Determinó que tenían que convertirse al islam o marcharse, y su sucesor, Al-Mahdi, a quien yo conocía como «la pureza de la religión», llevó a cabo el edicto. Desterró a los judíos de todas las ciudades y pueblos, enviándolos a las inhóspitas orillas del mar Rojo. Hombres, mujeres y niños murieron en el camino, y la enfermedad y el hambre los atormentaron en Mawza. Pero, irónicamente, el pueblo judío no fue el único en sufrir. Sin sus artesanos, la economía de Yemen comenzó a desmoronarse. Y entonces, solo un año después de que los judíos fueran expulsados, los invitaron a regresar. Retornaron para descubrir que sus casas habían desaparecido, sido destruidas o relocalizadas. Intentaron reconstruirlas, pero no les permitieron esto y fueron enviados fuera de la ciudad, al «campo de la hiena».

Estos fueron los actos de mi pueblo; estos fueron los crímenes de los zaidíes. Yo me había enorgullecido de seguir una religión que enseñaba la tolerancia y la razón, pero ¿cómo podía cuadrar este círculo? Una y otra vez, el ciclo de ganar y perder se repitió: cuando los imanes llegaron al poder y luego lo perdieron en el siglo diecinueve, cuando los turcos tomaron el control en 1872 y prohibieron que los judíos se fueran en 1883. A lo largo de la historia, los judíos fueron, en un grado o en otro, reprimidos y asesinados en grandes cantidades. Los judíos no fueron los agresores; lo fueron los musulmanes.

Sentí que mis uñas se clavaban en la carne suave de la palma de mi mano. La destrucción había sido muy grande para que yo pudiera entender, pero la sensación de hipocresía y de culpa era aguda. El desplazamiento, la destrucción, las masacres... ¿No eran estos los crímenes del pueblo judío? ¿De Israel? Yo había estado armado con un arsenal de acusaciones desde mi infancia, pero ¿y qué si estaba apuntando al objetivo equivocado?

Mi enojo se convirtió en negación, en una progresión interna de dolor. Esto no podía ser cierto. Debía ser una conspiración judía. ¿Quién había escrito estos artículos de todos modos? La Internet estaba llena de basura. Todos sabían eso. Y los judíos controlaban los medios; seguramente esto era propaganda judía. Los escritores ignoraban todas las historias sobre cómo los judíos habían sido engañosos, borrachos y fornicadores. Deben haber sido un cáncer moral; ¿por qué los imanes zaidíes los habían expulsado cuando eran una parte tan importante de la economía? ¿No era esto una prueba suficiente?

Busqué y busqué las respuestas, pero la Internet solo podía llevarme hasta cierto punto.

Necesitaba contactarme con un judío.

◇◇◇◇◇◇

Cada mañana, cuando llegaba al hospital, trataba de encontrar la manera de dar con un judío. Pero había demasiados pacientes y no tenía tiempo suficiente, y al final de cada día, mi cerebro estaba empapado de horas de archivar, organizar, hacer pedidos, programar, sacar copias y hacer malabares con personas que tenían problemas con sus órganos reproductivos. Quería decirle a mi padre que necesitaba un nuevo trabajo, pero no podía abandonarlo sin una buena razón. Necesitaba justificar mi decisión.

Después de buscar varias semanas en el Corán, encontré exactamente lo que necesitaba. Le dije a mi padre que quería trabajar en una ONG, y que

Alá le daba más valor al servicio a los demás que a cualquier otra cosa. «Y en cuanto a los que se esfuerzan en Nuestro camino, los guiaremos en Nuestros caminos. Y, de hecho, Alá está con aquellos que están al servicio de los demás». (29:70). Él estuvo de acuerdo, pero me recordó que también necesitaba dinero para poder servir a los demás, y que los salarios en las organizaciones sin fines de lucro no eran muy altos. Esencialmente, me envió con un mensaje: «Espera y verás». Creo que él pensaba que yo superaría mi idealismo. No lo hice.

Una noche, después de estudiar la Biblia durante un descanso, decidí que había llegado el momento. Era mi turno de hacer la diferencia, de cambiar el mundo de alguien, así como Luke había cambiado el mío. Abrí una página web y escribí www.yemenHR.com, recorriendo el sitio para buscar trabajo en una ONG. Encontré una organización llamada Partner Aid. Con sede en Alemania, era una organización cristiana no confesional que quería garantizar que cada ser humano pudiera vivir sin pobreza y tener acceso a tres recursos: salud, agua y nutrición. Yo no tenía idea de lo que significaba ser un «cristiano sin denominación», pero asumí que era una de las pocas personas en Saná que leía la Biblia, y esperaba que sirviera para algo. Presenté una solicitud para un puesto como asistente de proyectos, y poco después me llamaron para una entrevista.

Empecé a leer en sitios web cómo comportarme en una entrevista. El contacto visual era muy importante. Y también convertir las debilidades en fortalezas. Examiné algunos ejemplos de preguntas prácticas. ¿Cuál es tu debilidad? Soy un adicto al trabajo. Me puse una corbata y un traje, y a pesar de la temperatura cada vez más alta, esperé que la chaqueta ocultara mi mano derecha. En la oficina, un joven alemán me saludó y se presentó como Lukas. *Bien*, pensé. *Me va bien con los Lukes*. Hablamos en inglés, y aparentemente bastó con eso, porque al final de la entrevista, Lukas me dijo que el trabajo era mío. Me sentí como Nicholas Cage o Sylvester Stallone. Entonces pensé en mi padre.

—Lukas, eso es genial. Estoy complacido. Pero ¿puedo trabajar contigo solo una parte del día?

Lukas parecía confundido.

—Pero la publicación indica claramente que es un trabajo de tiempo completo.

Continué explicando que esperaba poder seguir trabajando con mi padre al menos unas pocas horas al día. Yo podía decepcionarlo un poco, pero no completamente.

Lukas sacudió la cabeza y me dijo que entendía, pero no había nada que él pudiera hacer. El trabajo era exactamente como se describía.

Yo quería este trabajo con Partner Aid, pero necesitaba explicarle la situación a mi padre de una manera cuidadosa y estratégica. Saqué el Corán cuando llegué a casa esa noche. Luego, entré en silencio a la habitación de mi padre y señalé un pasaje que esperaba que lo ayudara a ver las cosas a mi manera: «Y cuando hubo alcanzado la madurez y tomo su forma, le dimos juicio y conocimiento. Así es como recompensamos a los que hacen el bien». (28:14).

Mi padre no podía discutir con Alá. Puede que yo no haya tenido todas las fuerzas, pero había alcanzado la madurez y, a los veintidós años, había conseguido un empleo por mi cuenta. Ganaría aproximadamente el equivalente a setecientos dólares estadounidenses al mes, casi el doble de lo que mi padre me había estado pagando, y tendría la oportunidad de hacer obras buenas. Qué significaba eso a largo plazo era algo que aún no estaba claro. Pero resolvería las cosas a medida que avanzaba.

Llegué a mi nuevo trabajo queriendo discutir la Biblia con mis nuevos colegas cristianos, pero rápidamente descubrí que Lukas no era una imagen espejo de Luke. Cuando traté de abordar el tema, me dijeron que nos centráramos en nuestro proyecto actual: obtener agua y saneamiento para el pueblo Akhdam.

Eso significaba que yo dependería nuevamente de libros y artículos. Estaba dando vueltas en círculos, leyéndome a mí mismo dentro y fuera de un agujero. Nunca entendería nada si continuaba con estas fuentes secundarias. Necesitaba cavar más profundo. Necesitaba hablar con un judío. Pero ¿cómo? Desde 1948 hasta 1950, unos 50.000 judíos habían sido transportados por vía aérea al recién creado Estado de Israel, en una misión secreta conocida como Operación Alfombra Mágica, y en 2009, el Departamento de Estado de EE. UU. había evacuado a gran parte de la población judía restante. Ahora había unos 435.000 descendientes de judíos yemeníes en Israel, 80.000 en Estados Unidos, 10.000 en el Reino Unido; y con toda probabilidad, menos de 250 judíos en Yemen. Los que quedaban se habían unido y mudado a comunidades fortificadas en las regiones montañosas del norte, en Sádah o en Rada'a. No podría llamarlos por teléfono para hacerles preguntas sobre su fe. Había visto lo que les había sucedido cuando los musulmanes tocaron sus puertas. Pensarían que yo era un agente del gobierno o algo peor. Necesitaba ser creativo. Pero primero necesitaba organizar mis asuntos.

◇◇◇◇◇◇

Abrí un navegador y decidí probar algo nuevo: Facebook. Las redes sociales habían existido desde mis tiempos universitarios, pero no las usaba. Eran demasiado lentas y, además, ¿para qué necesitaba ver a mis amigos en línea cuando los veía todos los días en la vida real?

Pero aquí había una oportunidad de expandir mi círculo social, de contactar personas que de otro modo no conocería nunca, de ponerme en contacto con judíos. Creé un perfil —con mi nombre, ubicación y poco más— y comencé mi búsqueda. Quería conocer judíos, ¿dónde estaba el mejor lugar para buscarlos?

En Israel.

Escribí esa palabra en el cuadro de búsqueda y aparecieron varios resultados. Casi me caigo de la silla por la sorpresa. En Yemen, el Gobierno bloqueaba los sitios relacionados con Israel. Esto significaba que yo no tendría acceso a periódicos, medios o a ciudadanos israelíes. Esto significaba también que nunca vería fotos de mujeres israelíes.

Examiné los perfiles, diciéndome a mí mismo que esto era una investigación. Encontré a Nathalie, de Tel Aviv, una mujer hermosa con una foto suya montando a caballo en un arroyo. Le envié una solicitud de amistad. Luego estaba el nombre de Leen, una estudiante de la Universidad de Tel Aviv, y Ruba, su compañera de clase. Pasé unas horas enviando solicitudes. Luego esperé... y esperé... y ni una sola persona (mujer) aceptó mi solicitud de amistad.

Estaba a punto de darme por vencido cuando recibí mi primer mensaje nuevo. Era de un hombre que me había contactado. Me escribió: «Si los musulmanes no siguen los caminos de los sionistas, irán al infierno. Cuando venga el Mesías, todos los gentiles servirán a los judíos».

¿Un judío se había contactado?

Ansioso por participar, escribí, «¿Qué significa el infierno para ti?».

Esperé, mirando el cursor mientras parpadeaba al ritmo de mi corazón. ¿Había bromeado él? ¿Me faltaba un poco de sarcasmo? Me senté con la mano derecha apoyada sobre el teclado, y mi mano mala temblando enroscada en mi regazo. ¿Era esto una prueba? Quería mostrarle el islam verdadero y pacífico, pero él no respondió.

«Es muy interesante», escribí. «Gracias».

Escuché a mi madre decir mi nombre desde algún lugar dentro de la casa. Cerré mi computadora portátil.

Corrí hacia ella —quería saber si había algo especial que yo necesitaba del mercado—, y volví a abrir mi computadora cuando regresé a mi habitación. ¡Tenía una nueva notificación! ¡Una de las chicas israelíes había respondido a mi solicitud de amistad! Empezamos a chatear, y luego comenzó a atacarme por la manera en que las mujeres eran tratadas en Yemen. Yo no podía estar en desacuerdo, pero tampoco podía cargar con la culpa de todo un país, ¿o sí?

Miré mi pantalla. No había más mensajes ni otras notificaciones Lo único que se movía era el reloj en la esquina superior derecha.

Necesitaba adoptar un nuevo enfoque. Escribí un mensaje rápido: «¡Saludos desde Yemen! Mi nombre es Mohammed Al Samawi y soy un musulmán que vive en Yemen. ¿Qué piensas del islam? ¿Qué piensas de los musulmanes? ¿Qué piensas de los yemeníes?». Luego hice clic en enviar, enviar, enviar, una y otra vez.

Nadie respondió. Y, ¿quién podría culparlos? La gente probablemente pensó que se trataba de una estafa, como si fuera un príncipe nigeriano pidiendo un millón de dólares.

La decepción expulsó a la esperanza de mi cuerpo. Yo había estado muy cerca de encontrar a alguien que pudiera responder a mis preguntas acumuladas. ¿Me habían rechazado porque era musulmán? En Yemen, si estaba caminando por la Ciudad Vieja de Saná y pasaba por un salón de té y un hombre mayor estaba solo, me saludaría y me pediría que me sentara con él.

Me invitaría a una taza de té y hablaríamos de la vida. Él no tendría inhibiciones. En el mundo de la Internet, las cosas eran diferentes; la gente no tenía inconveniente en pasar a mi lado, sin importar lo mucho que yo saludara.

¿Tal vez no debería haber dicho que era de Yemen? Pero ese era el objetivo de todo esto. No quería tergiversarme a mí mismo. Sin respuestas a la vista, decidí dormirme. Tenía que estar en el trabajo a la mañana siguiente y era mucho después de medianoche.

Llegó la mañana siguiente, y nada. Esa noche regresé a casa, cené con la mayor compostura posible y luego me retiré a mi habitación para iniciar sesión en Facebook. Nada. Nadie había respondido. Lo mismo sucedió a la mañana siguiente y la noche posterior. Estaba a punto de darme por vencido en Facebook cuando recibí un mensaje de un hombre llamado Nimrod Ben Ze'ev, un israelí. Era judío. Mis dedos temblaron sobre el teclado y luego escribí cuidadosamente mi primera pregunta en inglés: *¿Por qué los árabes y los israelíes se odian tanto?* Miré la pantalla y en cuestión de minutos apareció una respuesta. *Son muchos más los judíos y árabes que se llevan bien que los que no. Simplemente no escuchas o lees nada de ellos. No deberías creer todo lo que lees en las noticias.* Cada frase parecía más ridícula que la anterior. ¿Se suponía que debía creerle a un judío en Israel antes que a los periódicos de Yemen?

Hice una pausa. Y sin embargo... Estas mismas fuentes aprobadas por el Gobierno enseñaban que la Biblia judía era malvada y, sin embargo, era muy similar al Corán. Me habían enseñado que a los occidentales solo les interesaba destruir nuestra forma de vida y, sin embargo, Luke era muy respetuoso con nuestra cultura. Los maestros, los imanes, las noticias, todos se habían equivocado al respecto. ¿Podría ser que ellos también estuvieran equivocados acerca de los judíos?

Hice un acto de fe.

Le pregunté a Nimrod dónde podía encontrar a estos musulmanes y judíos que se llevaban bien, y me respondió en un instante: en YaLa Young Leaders, un nuevo grupo de Facebook donde judíos y árabes se reunían para discutir y promover la paz entre nuestros pueblos. Sin más preguntas, escribí YaLa Young Leaders en el cuadro de búsqueda en la página de mi perfil. Si lo que había dicho Nimrod era cierto, esta sería la clave de mi búsqueda de todo un año. Si no fuera así, demostraría de una vez por todas que los israelíes eran mentirosos y embaucadores. De cualquier manera, yo encontraría mis respuestas.

Una página web tituló en mi pantalla, y mis ojos recorrieron una mezcla de inglés, hebreo y árabe. *Ya ilahi.* Nimrod estaba diciendo la verdad. Este grupo era real.

De repente, una nueva serie de preocupaciones me acechó. ¿Estaba listo para unirme al grupo? Si publicaba en el muro o me gustaba una foto, ¿enviaría una alerta a toda mi red? Sentí que cualquier acción me dejaría completamente expuesto y, como alguien que había pasado toda la vida tratando de ser invisible, no estaba seguro de querer ser público. ¿Qué pasaba si mis hermanas descubrían lo que estaba haciendo y se lo decían a mis padres? ¿Qué pasaba si mis amigos de la escuela leían mis preguntas y comentarios? ¿Qué pensarían de mí? ¿En cuántos problemas me metería?

Eliminé el comentario a medio formar que estaba a punto de publicar en el muro de YaLa en Facebook, y redacté un mensaje privado en su lugar. Había unos 50.000 participantes en el grupo, lo que significaba que tendría muchos mensajes para enviar.

Cuanto más participaba en el grupo, menos abrumador me pareció. Un grupo central de tal vez cuarenta a cincuenta personas tomó forma. Se trataba de hombres y mujeres que publicaban regularmente y eran los más propensos a responder a mis mensajes. Con el tiempo, llegué a comprender que YaLa era más que un lugar donde prácticamente podíamos pasar el rato. Como decía su misión, era un lugar para «Unir la región a través del conocimiento». Comencé a tener una idea de quién estaba allí para debatir cuestiones más amplias relacionadas con el conflicto musulmán/árabe-israelí, y quién para compartir sus puntos de vista sobre música, películas, programas de televisión y libros. También descubrí cuáles mensajes ignorar por completo después de leer un comentario que contenía toda la trama de *Quantum of Solace*, la última película de James Bond, incluyendo el final (las alertas de *spoiler* son una cortesía universal).

Aunque me encantaba tener un lugar para leer sobre cosas como Vladimir Nabokov, estaba más interesado en entender los pasajes de la Torá y por qué los musulmanes y los judíos se odiaban cuando sus religiones eran muy similares en tantos aspectos. Cuando logré reunir el coraje, hice preguntas, seleccionando y ofreciendo con cuidado citas de la Biblia y del Corán. Yo podía ser yemenita, pero quería demostrar que había pasado tiempo en las trincheras, o al menos en la biblioteca. La respuesta fue abrumadoramente positiva. A la gente le gustaban mis publicaciones y escribían comentarios diciendo «muchas gracias» y me enviaban incluso solicitudes de amistad.

Conocí a una joven palestina llamada Ferozah, a quien le habían diagnosticado esclerosis múltiple. Los tratamientos eran extremadamente caros y ella y su familia no podían pagarlos. Estaban a punto de darse por vencidas, pero el Gobierno israelí intervino y le proporcionó medicamentos y supervisión médica sin costo alguno. ¿Cómo podría equilibrar yo semejante generosidad con la violencia de la que había escuchado toda mi vida?

Cualquier reticencia que hubiera sentido por quienes alguna vez habían sido personas desconocidas desapareció con el tiempo. Este era el único lugar en mi vida en el que podía expresar abiertamente mis opiniones, mis confusiones y mis preocupaciones sin temor a reproches. Aunque yo estaba en mi escritorio en la casa de mis padres y en una comunidad musulmana tradicional, tenía acceso al mundo entero. Y lo que vi puso en tela de juicio todo lo que creía saber. Mi enfoque había sido muy restringido, y reducido a un pequeño punto: los judíos eran la causa de nuestros problemas. Pero ahora estaba usando el gran regalo que me había dado Alá: mi capacidad para emitir juicios y analizar pruebas por mi cuenta.

Yo era como Saúl, el personaje del Nuevo Testamento. En un comienzo, él persiguió intensamente a los discípulos de Jesús. Pero luego, mientras viajaba a Damasco, Jesús se apareció ante él y lo dejó ciego. Saúl sufrió tres días, y solo después de aceptar a Jesús le fue restaurada su visión. Yo había pecado al igual que Saúl. Le estaba mintiendo a mi madre, engañando a mi padre, y no sabía si alguna vez superaría lo que le había hecho a Ahlam. Pero ahora, *inshallah*, Dios mediante, mi mundo se estaba expandiendo. Me sentí sin límites y me inscribí en varias clases de construcción de paz en línea ofrecidas a través de YaLa. Estaba listo para ser el cambio en el mundo que quería ver, y no era el único. Era el verano de 2011, y la revolución estaba en el aire.

Los reformistas salieron a las calles en todo el mundo árabe. En diciembre de 2010, Mohammed Bouazizi se prendió fuego y desencadenó protestas en Túnez y más tarde en Argelia. La región árabe parecía preparada para llevar a cabo progresos sociales y políticos legítimos y duraderos. En enero de 2011, las protestas se extendieron a Yemen, Siria, Egipto y Marruecos. Luego cayó el régimen represivo de la vieja línea de Túnez, y después fue Hosni Mubarak en Egipto, quien renunció a la presidencia y entregó el control del Gobierno al Consejo Supremo de las Fuerzas Armadas. Esto fue solo el comienzo.

Ahora, a fines del verano de 2011, nosotros, el pueblo, estábamos usando Facebook y Twitter para unirnos, transformar nuestros países y tomar el control de nuestro destino de una forma pacífica. La violencia ya no parecía justificable. Las comunidades en línea estaban logrando más mediante protestas que mediante ataques de guerrilla personales. Hubo reportes de violencia: un misil antitanque fue disparado desde Gaza y cayó sobre un autobús escolar en Israel; una familia judía de cinco personas fue asesinada en Itmar, una ciudad de Cisjordania; seis civiles murieron y cuarenta más resultaron heridos en un ataque transfronterizo en Eilat, pero le encontré muy poco sentido a eso. Había otra manera de hacer justicia y yo sería parte de ella, al menos a través de mi computadora.

Mientras el otoño pasaba volando, el aire se llenó de jazmín y de una sensación de posibilidades. Un libro, una vez más, cambió el curso de mi vida; solo que esta vez, fue Facebook.

◇◇◇◇◇◇

Cuanto más me adentraba en mi doble vida, más osado me volví. Empecé a entrar a escondidas libros y artículos a mi casa. Pensé que si mi madre había aceptado encontrar una Biblia entre mis medias, aceptaría cualquier cosa. Estaba equivocado.

«¡Mohammmaaad!», escuché tan pronto llegué a casa del trabajo.

Mi madre se dirigió a la puerta con dos libros gruesos. Uno era una crítica del Corán, y el otro era una historia del cristianismo. ¡*Astaghfirullah*!

«Quiero hablar contigo», dijo ella con voz de hierro. «Más tarde, después de que tu padre se haya ido a dormir».

Fui directamente a mi habitación y traté de entretener mi mente con una película. Pero ni siquiera el agente 007 pudo distraerme. Él tenía que luchar contra los rusos, pero no tenía que tratar con mi madre. Unas horas y un puñado de canas después, ella llegó a mi habitación con las manos en la espalda. La miré con mis cejas levantadas. Ella hizo lo mismo, con la cabeza inclinada hacia un lado en una postura de indignación demasiado familiar. Sus fosas nasales eran lo único que se movía.

—¿Y qué es esto? —dijo ella, con voz baja y uniforme. Levantó el libro sobre el Corán, su cara tan dura como la cubierta.

—Puedo explicarlo —espeté.

Y lo hice. Di la mejor explicación en la que pude pensar; pero lo mejor no siempre es lo más preciso.

Le dije que todo lo que yo leía, y todo el tiempo que pasaba estudiando, estaba al servicio de una cosa: tratar de reunir evidencia para mostrar que el Corán era realmente la única palabra inviolable de Alá, el Dios legítimo. Le conté sobre Luke y de mi intento de salvar su alma. Y le dije que aunque el proceso había sido más complicado de lo que pretendía, no me había dado por vencido. Haría lo que fuera necesario para mostrarles a los infieles el camino al *sirat*, el camino recto.

Mi madre me miró de cerca, y después de un minuto aceptó mi verdad de tres cuartos. Su rostro se contrajo en una sonrisa beatífica y se disculpó por dudar de mí. Me lo compensaría, prometió.

Mi madre me preparó un desayuno especial el día siguiente, pero sentí náuseas. ¿Estaba *yo* en el camino recto? Quería compartir la verdad, pero mi madre nunca me perdonaría. Le diría a mi padre y él me echaría de la casa. ¿Qué sentido tenía darme a mí mismo semejante dolor de cabeza y herir tan profundamente a mi madre? Yo no podía hacer eso. Por su bien y por el mío.

◇◇◇◇◇

Sin el estrés de hacer cosas a escondidas en mi propia casa, pude redoblar mis esfuerzos en YaLa. Mi compromiso se materializó en una oleada de publicaciones. Fui implacable. Rebasé a mis compañeros comentaristas y me puse a la vanguardia, pregunta tras pregunta. Me moví del círculo exterior de YaLa al sanctasanctórum interno, y fue solo cuestión de tiempo antes de que me pidieran que asumiera una posición de liderazgo. Me dijeron que era el único yemení entre todo el grupo de cincuenta mil miembros y, por lo tanto, el liderazgo creía que yo podría tener una visión única de los desafíos de vivir en una sociedad musulmana cerrada. La idea era que yo pudiera ayudar a tender puentes y formar defensores de la paz en zonas remotas como la mía. Sería mi trabajo introducir sutilmente las similitudes y diferencias entre el islam y el judeocristianismo, y de allí, pasar a la resolución de conflictos. Antes de darme cuenta, ya era parte del Equipo Principal de YaLa, y una de las personas que ayudaba a administrar el grupo de Facebook y me asociaba con otros para ampliar su alcance.

En teoría, esto era fenomenal; en realidad, yo estaba teniendo algunas dificultades con el aspecto de la «asociación». Nadie en Yemen sabía lo que hacía yo. Iba a trabajar por las mañanas y pasaba mucho tiempo en mi habitación. Mi madre pensaba que yo era un evangelista musulmán, y mis amigos pensaban que permanecía ocupado en la oficina. Nadie sabía que yo estudiaba los materiales que YaLa había preparado y publicado en grupos privados. Me sentía electrizado, pero desenchufado de todas las personas en mi vida real. *El clásico dilema de Clark Kent*, pensé para mis adentros.

Mi comunidad se movía en línea. Debatí sobre los matices de las relaciones internacionales en Facebook y solo me vi acorralado en lo que respecta al siempre acalorado debate sobre quién inventó el *hummus* (nosotros). Construimos nuestro propio ecosistema, y en él, la paz y la comprensión parecían ser los principios más básicos.

Al menos hasta que las hostilidades entre Israel y Palestina se recrudecieron.

En la primavera de 2012, militantes de Gaza lanzaron más de trescientos misiles y granadas de mortero contra el sur de Israel, hiriendo a veintitrés civiles israelíes. El Gobierno de Israel respondió con una demostración de fuerza y veintidós palestinos perdieron la vida en represalias. Un soldado israelí fue asesinado a tiros en septiembre en señal de venganza. La situación se intensificó en noviembre e Israel inició la Operación Pilar de Defensa: se lanzaron mil quinientos misiles en sitios estratégicos de Gaza.

Me enteré de estos hechos a través de Facebook. Lo único que inundó las ondas radiales en Yemen fueron las cifras: 133 palestinos asesinados y 840 heridos. Se informó que Ahmed Jabari, segundo al mando del ejército de Hamás, resultó muerto. Hamás contraatacó disparando misiles en Jerusalén y Tel Aviv por primera vez desde la Guerra del Golfo. Esto sucedió una y otra vez. ¿Quién estaba llevando la cuenta? ¿Había un ganador o un perdedor? ¿Cuáles vidas importaban más?

La Academia YaLa Online estaba sumida en el caos. Las amistades que habíamos hecho se diluyeron a medida que las líneas de lealtad fueron trazadas de nuevo con rapidez. El mundo por fuera de estos bits y *bytes* se estaba desintegrando; no éramos inmunes: ningún cortafuegos podría protegernos. Un joven palestino del grupo me envió un mensaje privado: «Piensas que los judíos y los israelíes son buenas personas, pero es solo porque se esconden detrás de la pantalla de una computadora. Si los conocieras en la vida real, verías la verdad».

Miré la pantalla de mi computadora en estado de *shock*. Me había dedicado a la comunidad en línea de YaLa. Había sido completamente abierto y honesto, y esperaba lo mismo a cambio. Pero ¿y si estuviese equivocado? ¿Por qué esperaba la verdad de un grupo de desconocidos cuando ni siquiera se la concedía a mi madre? ¿Y qué si yo había confundido las interacciones en línea con lo que era real? ¿Y qué si este joven tuviera razón y todo esto fuera solo un truco, un ardid? ¿Y qué si YaLa no fuera más que un videojuego sofisticado y todos nos limitáramos apenas a jugar roles?

Necesitaba conocer a un judío en la vida real para averiguar por mí mismo. Pero la pregunta, una vez más, era, *¿cómo?*

CAPÍTULO 8

✧✧✧

ARRIBA, ARRIBA
Y LEJOS

En la Conferencia Judía Musulmana en Bosnia, donde conocí
a Daniel Pincus

S abía que no podía localizar a un judío en Yemen, lo que significaba que
tendría que salir de mi país. Mi primera oportunidad llegó en marzo
de 2013, con Boehncke Business Information, una compañía con la
que había empezado a trabajar como investigador independiente a fines de
2012. Como uno de los pocos empleados locales con algo que se acercaba
a un inglés fluido, me encontré aceptando cada vez más responsabilidades
y pronto fui dirigido a informar sobre el estado de la atención médica en
Sudán. Esto requería una investigación en el terreno, lo que implicaba tener
que trasladarme a Sudán por tres meses. ¡Esta era mi oportunidad! ¡Sin duda
podría encontrar un judío en Sudán! Solo necesitaba renunciar a Partner Aid
y decirle a mi padre que me iría. Fácil.

La conversación con Lukas salió bien. Dijo que entendía que yo tenía que seguir adelante, y que si alguna vez quería retomar el trabajo humanitario, tendría un puesto para mí. Luego ingerí el equivalente a mi peso corporal en tabletas antiácidas y esperé el momento perfecto para hablar con mi padre. ¿En el desayuno durante el *kebda*? ¿El hígado de cordero me daría las fuerzas que necesitaba para superar su sobreprotección virulenta? ¿Después de las noticias nocturnas en Yemen TV? ¿Un informe sobre la violencia internacional haría que él sintiera más temor de que yo viajara solo? ¿Antes de las oraciones del viernes por la tarde? ¿Vería Dios las cosas a mi manera?

Los días pasaron, al igual que mis oportunidades. Mi jefe me presionó para adquirir un compromiso firme y, finalmente, me obligaron a tomar acciones. Abordé a mi padre en el instante en que regresó a casa de la clínica, y el momento fue lo más alejado posible del ideal. Me planté en mis pies, listo para que me devolviera el golpe, y expuse la situación. Mi padre aspiró aire entre sus dientes y sacudió la cabeza. Y luego me dijo, en los términos más firmes posibles, que yo no podía desperdiciar esta oportunidad.

Mis párpados revolotearon, congelando el momento a una velocidad de obturación de una milésima de segundo. ¡Mi padre realmente *quería* que yo fuera! Tenía muchos amigos en Jartum y Darfur, añadió. Todos eran médicos. Velarían por mi seguridad y me ayudarían con mi investigación. No podía creer mi suerte: iría a Sudán con la bendición de mi padre. Y con eso, me preparé para mi primer viaje internacional desde que era casi un bebé, ya que había hecho un recorrido íntimo por los quirófanos de hospitales tan remotos como India, Egipto, Jordania y Siria.

Llegué a Sudán en una mancha difusa de calor y neblina. Un conductor me llevó a la ciudad de Jartum, donde el tráfico parecía menos caótico que el de Saná, y los autos permanecían más o menos en sus carriles. El aire era seco, y el sol, coronando el horizonte, resplandecía en una ciudad moderna de concreto y cristal. Mientras permanecía sentado bajo el aire acondicionado, vi hombres vestidos con ropa occidental, y otros con *jalabiyas* tradicionales, mujeres cubiertas con *hiyabs* negros, y otras con *tawbs* de colores brillantes. ¿Qué no vi? Un hombre con una kipá. Abrí una ventana en mi teléfono y busqué «judíos» + «Sudán». Un enlace tras otro confirmaba lo peor. La alguna vez vibrante comunidad judía en Sudán había dejado de existir en 1973.

Después de que Sudán declaró su independencia en 1956, la violencia contra los judíos se había vuelto tan extrema que abandonaron todo lo que poseían y huyeron a Estados Unidos, el Reino Unido y, por supuesto, a Israel. *Plop*.

Revisé mi teléfono y vi un nuevo mensaje de Mohamed Abubakr, mi amigo sudanés de YaLa Young Leaders. Me daba la bienvenida a su país y se disculpaba por no poder encontrarse conmigo. Estaba de vacaciones en Etiopía, pero dos amigos cercanos suyos estarían encantados de mostrarme la ciudad y de ayudarme a asistir a las citas y reuniones. Con su ayuda, y con la de los amigos de mi padre, fui un investigador muy eficiente. Pero después de trabajar en una ONG, el trabajo me pareció vacío.

Me di cuenta de que mientras más rápido terminara el trabajo, más pronto podría retomar mi labor humanitaria, y aunque me asignaron doce semanas para esta tarea, terminé mi informe en solo cuatro. Le ahorré a Boehncke dos meses de alojamiento y comida, y reservé un boleto para mi vuelo a casa. A modo de bonificación, me ofrecieron el estipendio completo de doce semanas que me habían dado para gastos diarios. Tomé el dinero y presenté mi renuncia. Quería causar un impacto, y sabía que la investigación que yo hacía no era la manera más inmediata de hacer una diferencia.

Regresé eufórico a Yemen. Había demostrado que podía viajar solo. Había completado mi trabajo, y lo hice con una eficiencia mucho mayor de la que nadie hubiera esperado. Y me habían pagado mejor que nunca en mi vida. Sin embargo, no tuve la oportunidad de conocer a un solo judío. Me senté en mi computadora y pensé... y pensé... Luego hice una nueva búsqueda: «musulmán» + «judío» + «conferencia».

Lo primero que apareció fue algo llamado la Conferencia Judía Musulmana (MJC, por sus siglas en inglés). La lógica había prevalecido. Pero ¿qué era exactamente esta conferencia? Hice clic en el sitio y descubrí que la conferencia estaba patrocinada por una organización de base que promovía el diálogo interreligioso e intercultural. Exactamente lo que yo estaba buscando. Cada año, ellos organizan una conferencia anual para líderes judíos y musulmanes. El primer retiro tuvo lugar en 2010, en Viena, y el siguiente en Kiev. Según el sitio web y su página de Facebook, cubrían temas que incluían: «Transformación de conflictos», «Antisemitismo e islamofobia a través del cine», «Introducción al judaísmo y al islam», «Género y religión», «Discursos de odio y su influencia en la opinión pública», «Educación y los efectos de la narrativa histórica». La próxima conferencia se llevaría a cabo en Sarajevo, Bosnia y Herzegovina, del treinta de junio al cinco de julio de 2013.

Yo tenía que asistir.

Había tratado de sumergirme en un océano de mayor comprensión, pero era más como si me hubiera rociado con una pistola de agua. La mancha de mi educación infantil perduraba todavía como una mancha que se había desvanecido desde tiempo atrás en la tela de una camisa. Esperaba poder deshacerme de ese residuo luego de asistir a la MJC.

Sabía que no podía escapar de mi pasado, ni tampoco quería hacerlo. Pero la idea de ir a algún lado y construir una nueva identidad no dejaba de ser atractiva. El hecho de no tener que estar con el mismo grupo reducido de amigos y familiares que siempre me recordaban como el niño con la discapacidad. El niño que tenía que ser cargado o llevado en su silla de ruedas. Aquel cuya independencia se definía por lo lejos que otros estaban dispuestos a llevarlo. Quería ser entendido al mismo tiempo que era desafiado. Quería encajar con mis compañeros mientras me destacaba.

Yo tenía veintiséis años. El mundo me estaba llamando.

Llené una solicitud y en cuestión de semanas recibí un correo electrónico de la conferencia. Leí la primera oración y salté de mi silla: ¡me habían aceptado! Golpeé el aire a mi alrededor en una especie de baile celebratorio y me hundí en la silla después de sentirme agotado. Luego tuve un momento de pánico. ¿Y qué pasaba si estaba equivocado? ¿Y qué si había malinterpretado las palabras en inglés? Activé la pantalla de mi computadora para ver si había entendido mal, y esta vez leí el mensaje de principio a fin. Yo había sido aceptado realmente y el MJC cubriría mi hotel y mis comidas. Pero se esperaba que yo pagara mi tiquete aéreo y mi visa.

Tuve que preguntarme de un momento a otro: ¿valía la pena? Conseguir una visa a otro país desde Yemen era un campo minado de trámites y tarifas. Boehnke se había ocupado de todo eso en mi viaje a Sudán, pero si yo me encargara de esto, tendría que hacer el proceso por mi cuenta. Antes de tomar cualquier decisión, hice lo que hacía siempre: entré en línea. Busqué «embajada bosnia en Yemen» y descubrí que Bosnia no tenía una embajada en mi país. Esto significaba que tendría que volar a otra nación donde hubiera una embajada de Bosnia, sin ninguna garantía de obtener una visa, y luego solicitar la visa a Bosnia y esperar ser aceptado.

Miré el dinero que había ahorrado a lo largo de los años y vi que tenía que invertir buena parte en esto. Pero era mi oportunidad, y no sabía si tendría otra. Así que sin pensarlo más, respondí a la MJC confirmando que asistiría a la conferencia. Tenía unos dos meses para prepararme, y necesitaría aprovechar cada segundo.

El primer paso era encontrar un país vecino con una embajada de Bosnia. Empecé con Egipto. Yemen tenía una embajada egipcia, por lo que fácilmente podría obtener una visa a este país, y había una embajada bosnia en Egipto, por lo que podía solicitar mi visa allí. Perfecto. Me felicité por mi buena labor hasta que escuché el rumor de que el proceso de la visa egipcia podría tardar una eternidad. ¡Yo no tenía tanto tiempo! Egipto estaba descartado. Luego probé con Turquía. Turquía tenía embajada en Yemen y Bosnia tenía embajada en Turquía. Este sería el plan.

Una vez superado el primer paso, seguí con la fase dos: contarle a mi familia. Si trabajar con la burocracia gubernamental era difícil, no era nada en comparación con los esfuerzos hercúleos de obtener el visto bueno de mi madre y de mi padre. Pensé en un plan tras otro, y después de tres semanas de ansiedad, me aventuré con la solución más simple posible. Les dije a mis padres que asistiría a algo llamado la Conferencia Judía Musulmana. Allí, finalmente tendría la oportunidad de poner mis estudios en acción y convertir judíos al islam. Mi madre me creyó y, con su ayuda, mi padre me dio su consentimiento.

El último mes pasó volando y pronto estaba volando a Estambul. Tomé un taxi a la embajada de Bosnia y solicité una visa. Todos fueron muy amables, pero nadie podía garantizar que me la dieran. Esperé un día, dos días, ocho días... sin suerte. Al cabo de diez días contacté al equipo en MJC, y el fundador intervino y se comunicó con sus contactos en el Gobierno de Bosnia. Ellos se contactaron a su vez con la embajada de Bosnia en Turquía. Gracias a un poco de influencias diplomáticas, me dieron la visa. Siguiente parada, Sarajevo.

Llegué a la zona atestada de entrega de equipaje, estirando el cuello para encontrar a una persona con un cartel de «MJC». Momentos después, una mujer salió de la multitud con el letrero en alto. Su vestido corto revelaba unas piernas largas y oscuras que no podían quedarse quietas. Y su ceño fruncido y ojos veloces la hacían parecer un pájaro enojado. Me acerqué a ella y le di mi nombre. Examinó su portapapeles y levantó la mirada. «De acuerdo».

Empecé a buscar una silla, pero me di vuelta cuando escuché mi nombre y vi a la mujer del portapapeles agitar un exquisito brazo desnudo. «Espera, espera, espera» dijo, y luego se fue. Regresó unos minutos más tarde con un hombre alto con un bronceado profundo y pelo rizado y esponjado. Él me extendió la mano.

Traté de acomodarme mi bolso de mano para intentar un apretón de manos improvisado, pero cuando vio que yo tenía dificultades para hacerlo, me agarró del brazo.

—Corey —dijo con una sonrisa; pronunciando la «ere» como un árabe nativo. Dije mi nombre y él se rio.

—¡Mohammed Al Samawi! ¡Te conozco!

Mi corazón por poco se detuvo. ¿Quién era este hombre? ¿Era una trampa?

—De YaLa Young Leaders —dijo él, como si fuera obvio.

El panorama comenzó a aclararse. ¡Era el mismo Corey de Israel con el que yo había intercambiado mensajes en Facebook por dos años! Empecé a hurgar en mi memoria, tratando de hacer coincidir viejas conversaciones con la persona que tenía delante de mí.

Nos dirigimos al autobús que nos estaba esperando, nos pusimos al día, nos reímos, y después de subir, otro hombre se sentó a mi lado. Me retorcí en mi asiento, esperando sentarme tan erguido como fuera posible.

—Josh Nason —me dijo, ofreciéndome su mano—. Soy de Texas.

—Mohammed —respondí, girando mi mano izquierda para encontrar la suya—. Yemen. Saná, si has oído hablar de ella.

—*Ana uhibb* Yemen —dijo.

La forma en que Josh pronunció cada palabra en árabe —*Amo a Yemen*— era excelente, con un dejo jordano en su acento. De repente, me preocupó que realmente pudiera ser un espía. Me quedé mirando sin saber cómo proceder, y él se rio. Me dijo que amaba a Yemen, que era un estudiante de posgrado en la Escuela de Estudios Internacionales Avanzados de la Universidad Johns

Hopkins y que tenía una maestría en Relaciones Internacionales y Estudios del Medio Oriente. Hablamos intermitentemente durante el resto del trayecto a nuestro hotel en Sarajevo, alternando entre inglés y árabe.

Cuando llegamos, la mujer del aeropuerto se instaló detrás del mostrador de la recepción. «Soy Heba», dijo ella. «Lo siento, olvidé presentarme. Las cosas se vuelven muy locas con las recogidas». Asentí, como si el Aeropuerto Internacional de Sarajevo tuviera algo que ver con el de Saná; Bosnia era decididamente sistemática en comparación. Heba tenía una melodía en su voz y le pregunté de dónde era. De Viena, respondió, aunque sus padres eran de Sudán. Me quedé sin aliento. ¿Heba era musulmana? Las probabilidades geográficas apuntaban al «sí», pero ella no llevaba un *hijab*. Sus ojos se encontraron con los míos y luego se posaron en la pantalla de su computadora. Ella descartó mi revelación como si fuera polvo en una repisa de ventana. Sus dedos tocaron las teclas.

Empecé a hablarle en árabe, con la esperanza de hacer una conexión más profunda, pero me devolvió una mirada en blanco. No entendía una sola palabra.

—Tendrás un compañero de cuarto —dijo, entregándome la llave de la habitación—. Pero no ha llegado todavía.

Le di las gracias en inglés, tratando de ocultar mi confusión. ¿Cómo podría alguien ser musulmán y no hablar árabe? ¿Cómo oraba ella? ¿Cómo leía el Corán? Yo sabía que existían traducciones —había conseguido una para Luke—, pero eran para extranjeros. «Árabe» y «musulmán» eran conceptos inseparables.

Arrastré mi equipaje entre un grupo de hombres y mujeres que estrechaban sus manos, se abrazaban y actuaban como si se hubieran conocido durante todas sus vidas. Había mucha intimidad, toda una muestra pública de afecto. ¿Era yo el único recién llegado, el único extraño? ¿Y quería ser parte de un grupo como este?

Mi habitación estaba ordenada, aunque era un poco pequeña. *Bueno, hay menos lugares para esconder cámaras*, pensé, y comencé a inspeccionar la habitación. Aunque Corey y Josh parecían perfectamente amables, yo no podía borrar la cinta que había sonado en mi cabeza desde que tenía cinco o seis años: *Los judíos son unos zorros. Aunque parezcan buenos, ocultan algo malo.*

Saqué los cajones, miré arriba y abajo del armario e inspeccioné el baño. No había dispositivos de vigilancia. Sin embargo, me sentí inseguro.

Decidí que el mejor curso de acción era la oración. Pero ¿en qué dirección estaba la Kaaba, en La Meca? Tenía problemas para orientarme, pero al no tener ninguna noción del norte, del sur, del este o del oeste, escogí un lugar al azar, desenrollé la alfombra de oración que me había regalado mi madre y me arrodillé, esperando tener la sensación de paz que estaba buscando. Nada. Entonces bajé al vestíbulo.

Había hombres y mujeres blancos y morenos reunidos en grupos. Me decidí por un hombre que parecía ser pakistaní y le pregunté si podía señalarme en qué dirección estaba La Meca. Me preguntó de qué lado del pasillo estaba yo y me dijo que mirara las ventanas al final de mi habitación. Le di las gracias, agradecido de tener una respuesta y de saber que había otras personas allí que eran como yo. Me invitó a unirme a la sesión de oración grupal, pero yo era una persona privada; y aunque mis imanes me enseñaron que era mejor orar en una congregación que solo y en mi casa, creí que lo que guardaba en mi corazón y en mi mente era solo para Alá, y no para los demás.

Cuando salí de mi habitación, sentí una semilla de paz incrustada profundamente en mi pecho; y cuando llegué a la ceremonia de bienvenida oficial, esa semilla había subido por el esternón, a través de mi clavícula, y estaba alojada en mi laringe, cortando el flujo de aire. Mientras la gente entraba, caminé al lado de un grupo de musulmanes, tratando de proyectar una sensación de confianza que no sentía de ninguna manera.

Mi carisma o mi desesperación fueron lo bastante fuertes como para atraer a un hombre que se presentó como Moath. Había nacido en Yemen, pero su familia se había mudado a Noruega. ¡Incapaz de contener mi emoción, le dije que yo también era de Yemen! Él sonrió y dijo: «Impresionante. Pero ¿de dónde eres *realmente*?». Asumió que me había mudado a Europa al igual que él. Esta parecía ser la tendencia. La mayoría de los musulmanes que conocí ya no vivían en Medio Oriente. Ahora tenían doble ciudadanía en Europa o en Estados Unidos. Aún quedaban algunos que vivían en África y Medio Oriente, pero no es sorprendente que yo fuera la única persona en todo el grupo que vivía en Yemen.

Cuando todos llegaron, nos pidieron que tomáramos asiento. Un hombre alto y elegante con ojos azul hielo estaba de pie en la parte delantera del salón, esperando que hiciéramos silencio. Sonrió como un hombre que sabía cómo guardar un secreto y se presentó como Ilja Sichrovsky, el fundador y secretario general de la MJC. Impuso el orden en el salón con una mezcla apabullante de pasión y temeridad. Y después de una breve serie de comentarios de apertura, presentó a los miembros del equipo principal de la MJC. *Heba Hazira, Daniel Pincus, Ben Rosen...* Traté de recordar cada uno de los nombres, pero había poco más de treinta personas y perdí la cuenta.

Después de los comentarios formales, nos invitaron a conocernos. Salí para aclarar mis pensamientos. La temperatura había bajado a mediados de los sesenta grados, pero me encontré sudando en medio de escalofríos. Miré a mi alrededor y vi gente, claramente musulmanes, tomando alcohol abiertamente, y comencé a preguntarme si estaba en el lugar adecuado. Se suponía que la MJC era para líderes musulmanes y judíos, lo mejor de nuestros pueblos. Pero estos hombres y mujeres estaban profanando el islam, y nada menos que delante de los judíos. ¿Invitaban a cualquiera a venir acá?

El día siguiente fue un torbellino. Nos apresuramos de un seminario a otro. La información llegaba de todos lados y las lecciones no siempre eran lo que los presentadores habían planeado. En un momento del día, me encontré al lado de una mujer que había visto la noche anterior. Me dijo que era judía y lesbiana, de manera tan casual como si hubiera comentado, «Esta mañana he comido cereal para el desayuno». No entendí.

—¿El judaísmo acepta la homosexualidad? —le pregunté. Yo sabía que había homosexuales en Yemen, pero nadie lo admitiría abiertamente.

Ella sonrió con ironía, pero antes de que pudiera responder, añadí:

—¿Puedes ser lesbiana *y* judía?

—Bueno, ¡eso espero! —se rio ella—. Ni siquiera creo en Dios, y sin embargo soy judía.

Esto estaba más allá de mi comprensión.

—¿Qué? ¡Espera! ¿Cómo puedes explicarme eso? ¿Cómo puedes llamarte judía pero no creer en Dios?

—Escucha, Mohammed de Yemen —dijo ella—. El judaísmo es más una identidad para mí que una religión. Es algo así como lo que soy. Lo que mis padres soportaron y lo que mis abuelos sufrieron durante el Holocausto, eso es parte de mí. Eso es lo que soy. Pero no se trata de la religión para mí.

Comencé a esforzarme en busca de palabras para decirle que sentía que el judaísmo era una gran religión y que yo leía incluso la Torá. Pero me detuve. ¿Le estaba haciendo un mal servicio al islam al admitir esto?

La cabeza me dio vueltas por la noche. Esta era mi primera incursión en el trabajo interreligioso cara a cara, y una cosa era más loca que la siguiente: había judíos que ni siquiera creían en el judaísmo, y hombres y mujeres abiertamente homosexuales de todas las religiones. Yo ya no estaba en Yemen. Me senté a la mesa tratando de trinchar la lechuga con un tenedor romo, preguntándome si las cosas volverían a tener sentido, cuando una carcajada llamó mi atención. Miré hacia arriba para ver a un hombre alto y larguirucho que se parecía notablemente a una versión más joven del actor Jeff Goldblum. Se acercó a mi mesa y entonces lo reconocí de la ceremonia de apertura, cuando el fundador de la MJC lo elogió por su arduo trabajo. Delgado y en forma, con unos lentes de montura metálica que resaltaban su rostro anguloso, Daniel Pincus parecía muy cómodo frente a la multitud. Y ahora, de pie frente a mí, entendí por qué: la gente se sentía atraída a él.

¡Uno de los hombres en mi mesa se puso de pie y lo saludó con la mano, «Daniel, *habbibi*! Mi amigo. Te amo, viejo».

Daniel abrió los ojos de par en par y se acercó para aplaudir al hombre que tenía a su espalda. Hablaron durante un rato antes de volverse hacia mí, sus ojos azul grisáceos brillando en la luz fluorescente.

—¿Eres de Yemen?

Asentí, honrado de que uno de los líderes de la conferencia recordara quién era yo.

—Así es —dije.

—Estamos muy contentos de que estés aquí.

—Estoy feliz de estar acá.

—¿Estás disfrutando? ¿De esta noche? ¿De la conferencia?

—Sí...

Antes de que pudiera seguir hablando, un coro de personas comenzó a gritar: «¡Baila! ¡Baila! ¡Baila!».

Daniel levantó la vista, sorprendido por la atención, aunque parecía muy natural en él. Sus cejas se movieron mientras se miraba los pies. ¿Cuál era la expresión que tenía en su rostro? Duda, vergüenza, orgullo y luego una especie de «¿por qué no?» temerario que admiré. Unos segundos después, él estaba en el piso, girando sobre su cabeza, bailando *breakdance*. Yo solo había visto estos movimientos en videos.

La mesa se tambaleó, los vasos de cerveza se inclinaron precariamente, y permanecí sentado allí, pensando, *Así es como deben ser las cosas cuando la gente dice que su mundo ha sido sacudido.* ¿Quién era este Daniel Pincus?

◇◇◇◇◇◇

Como yo era la única persona de Yemen, sentí una presión intensa para representar bien a mi país, y demostrar que no era solo una sociedad cerrada. La responsabilidad descansó directamente en mi lengua, y no pude reunir el valor para hablar con nadie. Comencé a relajarme a mediados de la semana. Empecé a participar en las sesiones y traté de adoptar una actitud de temeridad desenfadada que había visto en Daniel Pincus.

Antes de darme cuenta, había visitado una sinagoga, me había puesto una kipá y visto orar a judíos. Empecé a hacer nuevas amistades. Una mujer que parecía recién salida de un anuncio de champú vino y se presentó como Tina Steinmetz, de Austria. Me preguntó qué hacía y empecé a contarle sobre mis actividades de paz. Le dije que quería hacer algo con los musulmanes y judíos en Yemen, y ella me dijo que estaba investigando para un libro sobre un clérigo musulmán que ayudaba a los judíos. ¿Podría ayudarla? Claro, le dije. Yo podía hacer eso.

Poco después de este encuentro, Tina me presentó a una amiga suya llamada Alexis Frankel. Trabajaba para el Comité Judío Estadounidense y fue supremamente amable en todo sentido. Me invitó a tomar una copa, y cuando llegamos al bar y pidió una, me preguntó: «¿Bebes alcohol?». Le dije que no. Mortificada, le devolvió su bebida al mesero y se disculpó profusamente. Le dije que no era necesario, pero agradecí la consideración del gesto.

Pedí agua, y ella me dijo que había crecido en una familia que trabajaba en el Servicio Exterior y se dedicaba a ayudar a los judíos soviéticos. En consecuencia, había viajado y vivido en muchos lugares del mundo, principalmente en África. Había desarrollado una visión global, conocía a personas de diversas religiones y orígenes, y se había casado incluso con un hombre bosnio. Esto nos condujo a una conversación sobre Bosnia y los muchos pueblos que huían de la persecución, incluyendo a los judíos.

También conocí a Corey como un individuo, y no solo como un avatar en línea. Era un activista por la paz que trabajaba con una mujer palestina, con quien entrevistaba personas usando una cámara de video y les hacía algunas de las mismas preguntas que yo había formulado en Facebook. *¿Qué piensas de los judíos? ¿Qué piensas de los musulmanes?* Filmaban las respuestas y las subían a YouTube. Algunos *clips* eran tristes. Algunos eran tontos. Otros destilaban enojo. Pero todos eran innegablemente humanos.

Cuando nos conocimos más, Corey me dijo que era homosexual, y le dije que era mi primer tres en uno: ¡judío, israelí y gay! Manejó mi idiotez torpe con una facilidad que deseé poseer, y habló de su compañero con tanta calidez que me sonrojé interiormente.

Conocí a una mujer húngara, llamada Ruth, quien me preguntó si alguna vez había comido *jachnun*. La miré con los ojos como platos y le dije:

—¿Cómo sabes eso?

—Lo como todo el tiempo en Israel cuando voy de visita. Me encanta.

—Asombroso.

—¿Y ustedes mastican *qat* en Yemen? —preguntó otra mujer.

—Sí; lo hacemos. ¿Cómo supiste?

—La gente también mastica *qat* en Israel.

Era un milagro: los israelíes sabían mucho sobre mi cultura y mi religión. Yo llevaba más de un año involucrado en actividades interreligiosas, pero sabía muy poco de Israel. Sabía que había una ciudad llamada Tel Aviv, pero no tenía ningún concepto de la vida cotidiana allí, aparte de una vaga idea de los sionistas que tramaban destruir el mundo árabe y de asesinar bebés palestinos mientras estos dormían.

En la sesión del comité de MJC sobre «Islamofobia y antisemistismo», me enteré de lo restrictivos que eran realmente nuestros medios en Yemen. Hasta que empecé a buscar en Facebook, todo lo que oía era cómo los israelíes habían matado o herido a los palestinos. Había escuchado que los judíos no permitían que sus hijos interactuaran con los palestinos, que todo lo que hacían era enseñarles a odiarnos. Descubrí que Hamás restringía a los palestinos de una manera similar.

Yovav Kalifon, un israelí que había creado un programa llamado Walk for Peace (Caminando por la paz), en el que israelíes y palestinos literalmente se toman de la mano y caminan juntos por las calles, explicó que esperaba desvirtuar este mensaje. Hamás reclutaba a niños y adolescentes, explicó, adoctrinándolos antes de que fueran lo suficientemente mayores como para pensar con claridad. Pensé en la manera en que yo había sido influenciado por el asesinato de niños palestinos como Muhammad al-Durrah y que había fantaseado con la venganza. Yo era joven. Era impresionable. Había creído en lo que mis líderes y los medios me mostraban.

Pero yo tenía preguntas ahora. Le pregunté entonces por la respuesta que había recibido en Facebook sobre la creencia de que los no judíos terminarían siendo siervos del pueblo elegido de Dios. Me dijo que había una breve mención de esto en el Talmud, pero nadie que él conociera creía realmente que esas palabras fueran la verdad literal. Eran solo unas pocas palabras entre miles. Podrías elegir enfocarte en ellas y emitir un juicio, o podrías ver el panorama más amplio. Asentí. Yo podía decir exactamente lo mismo sobre el Corán y los hadices.

Tuve una conversación con una pareja de fe mixta. Aprendí sobre las leyes dietarias y las similitudes y diferencias entre *kosher* y *halal*. Reflexioné sobre la transformación de Walter White, quien pasó de ser un maestro de escuela apacible para convertirse en un asesino, me pregunté cómo Don Draper podía dar por sentado sus votos matrimoniales, y debatí también los méritos de Miley Cyrus, Lady Gaga y Katy Perry.

Cerca del final de la conferencia, un hombre llamado Mohammed (somos muchos los llamados así) me invitó a caminar con él cerca del hotel. Dijo que era musulmán, había nacido en India y se había mudado a Sudáfrica. A pesar de su larga y poblada barba de imán, me trató como a un igual. Cuando hablamos de asuntos interreligiosos, pareció no tomar partido. Ambos habíamos leído la Biblia. Ambos habíamos leído la Torá. Los dos queríamos entender ambas perspectivas. Vivíamos a miles de millas el uno del otro, pero estábamos en el mismo camino de maneras muy reales.

Me pregunté si podría tener conversaciones honestas como esta con algún conocido en Yemen, e incluso con un desconocido. ¿Qué me pasaría? ¿Qué dirían si los animara a hablar con los israelíes? ¿Me callarían, o me harían algo o peor? O alguien podría decir «Está bien» y ver lo mismo que había visto yo.

Todos posamos para una foto en grupo la última noche de la conferencia. Luego reunimos nuestros equipajes, nos apretujamos en los autobuses y nos dirigimos al aeropuerto. Abordé un avión a Turquía y vi que alguien había publicado la foto de despedida en Facebook. Todos tenían sus brazos alrededor de los hombros de otras personas, sus sonrisas libres y naturales. Yo aparecía de pie, rígido y posado, a unas pulgadas de la persona más cercana. Era como si alguien hubiera tomado dos fotos y me hubiera cortado y pegado en la primera.

Pero aun así, yo estaba ahí.

Y estaba más cerca de convertirme en el tipo de persona que realmente quería ser.

CAPÍTULO 9

✧✧✧

CONSECUENCIAS

Trabajando con World Relief

Volé a casa en las alas de un sueño. Había un mundo en el que las personas usaban *niqabs*, burkas, *chadors* y *hijabs* y otras andaban en *jeans*, pantalones cortos, camisetas y faldas de cualquier longitud y estilo. Donde las mujeres y los hombres podían vestirse del mismo modo, actuar del mismo modo y amar del mismo modo, o no. Donde las fronteras eran tan fluidas como el Bósforo, el estrecho que dividía a Europa y a Asia. Algún día, esas líneas imaginarias tal vez no serían muy importantes. Pero ese futuro utópico no sucedería por sí solo.

Mi madre me dio la bienvenida con pollo y cordero. Preparó todos mis platos favoritos y me preguntó a cuántos no creyentes había logrado convertir a la Palabra única y verdadera. Pude sentir que mi tráquea se cerraba; la comida en mi tenedor colgaba impotente. Mi voz chilló un junco delgado de explicación. Mientras hablaba, el rostro de mi madre esbozó una imagen de paciencia, pero cuando mencioné a Israel, se llenó de una serie de arrugas. Apretó los labios con más fuerza, y cuando su boca no pudo encogerse más, se abrió con un arrebato de indignación.

Podría haber permanecido callado y retirarme a mi habitación. Pero la curiosidad se impuso a la cobardía. ¿Por qué, pregunté, era que los yemeníes, que nunca habían sufrido ningún ataque de Israel, odiaban tanto a los israelíes? «Por nuestros hermanos palestinos», gritó ella. «¿Te has olvidado de ellos?».

Pero esa respuesta ya no era suficiente. Insistí. Yo entendía que los palestinos estaban sufriendo. Sentía dolor por ellos. Pero ¿por qué eran ellos nuestros únicos hermanos importantes? ¿Por qué no nos uníamos contra los sauditas cuando decapitaban a su propia gente? ¿O a los sirios, cuando Bashar al-Assad masacraba a hombres y mujeres inocentes? ¿Por qué *solo* nos preocupábamos por Palestina a expensas de todo lo demás?

Ella negó con la cabeza tristemente y expulsó aire. «Si tienes que preguntar, nunca lo entenderás», dijo y se alejó.

Luego intenté con Ahmed. Irradiaba energía, lo invité a mi casa, y le hablé de mis experiencias en Sarajevo. Pero mi entusiasmo se encontró con una mirada en blanco y un encogimiento de hombros en señal de indiferencia. No quería saber nada sobre la conferencia o la resolución de conflictos. Cuando le expliqué que los medios de comunicación nos habían lavado el cerebro, que eran unilaterales y parciales, jugueteó con la radio. La única vez que se animó fue cuando mencioné el nombre de una mujer: ¿Era guapa? ¿Hablaste con ella? ¿Tienes fotos?

—Fotos? —retomé el hilo—. ¿Por qué solo tener fotos? Tú mismo podrías hablar con estas mujeres. Puedo arreglar eso.

Su atención se desinfló como un globo pinchado.

—¿Por qué habría de hacer eso yo? ¿Cuál era el punto? Mirar sería bueno, pero nada más que eso.

Una vez que regresó a su casa, yo estaba más convencido que nunca de que necesitaba tender puentes entre los musulmanes yemeníes y los judíos. Pero una vez más, me sentí abrumado por la vieja pregunta: ¿*cómo*? Miré mi computadora. Apareció una notificación: una nueva solicitud de amistad.

Tuve una idea.

Creé un nuevo grupo de Facebook llamado «Amistad judío-musulmana». Luego revisé mis contactos e invité a la gente a unirse al grupo. Elegí a cinco de mis amigos yemeníes, a mi hermano Hussain, a mis hermanas Lial y Nuha, y a una lista más larga de judíos que conocí en la MJC. Esto sería agradable. Un nuevo comienzo. Un nuevo enfoque.

Mi teléfono sonó. Era Ahmed.

—¿Cómo pudiste hacer eso? ¿Estás loco? ¿Pusiste mi nombre así no más? Si hubieras mantenido esto entre nosotros, podría estar bien. Pero ahora todo el mundo lo sabe.

Siguió hablando por unos minutos, echando humo, diciendo más de lo mismo, puntuando su furia con la misma pregunta, una y otra vez: *¿Estás loco?*

Finalmente lo interrumpí.

—Lo siento —dije—. Tienes razón. Fui un estúpido.

Volví a mirar la pantalla. Varios judíos habían aceptado la invitación, pero ninguno de los yemeníes lo había hecho. La llamada de Ahmed me había hecho recapacitar. Tal vez Yemen no era el mejor lugar para hacer incursiones interreligiosas. Si algo tan inocente como un grupo de Facebook podía inspirar una reacción tan extrema de uno de mis amigos más cercanos, ¿qué pasaría si ensayara con algo más? No tuve que pensarlo mucho.

—¡MOHAMMED! ¡Ven acá!

Me estremecí cuando la voz de mi padre tronó desde el piso sobre mí.

¡Ana hemar!

Mi padre había sufrido recientemente un ataque cardíaco leve, y todos en la casa habían tenido mucho cuidado, tratando de que estuviera calmado. Esto no era bueno. Subí las escaleras lo más rápido que pude, y cuando lo encontré, ambos estábamos casi sin aliento, yo por el esfuerzo y él por la ira.

—¿Qué estás haciendo con esta porquería, con este Facebook?

—¿Qué quieres decir?

—¡No me cuestiones! Hussain me dijo que estás formando un grupo allí. Algo con judíos y musulmanes. ¡Estás loco! ¿Qué estás tratando de hacer? ¡Tengo un hijo! ¡Tengo un hombre! No eres un niño de cinco años dedicado a los juegos. ¡No más! ¡No más Facebook!

Contuve mi enojo en mis puños. Llegué de Bosnia y Herzegovina sintiendo que finalmente me estaba convirtiendo en lo que quería ser, que tenía una dirección en mi vida. Y ahora era un niño otra vez: un niño de veintiséis años cuyo padre lo estaba castigando al quitarle su juguete favorito.

No podía discutir con él; hasta donde yo sabía, eso podría llevar el corazón de mi padre al límite. Su enojo era como el fluido eléctrico en Yemen, impredecible en sus sobrecargas e interrupciones. Sacudí mi cabeza una vez y salí en silencio de su habitación.

Soy un niño, pensé, mientras pasaba junto a mis hermanas y mi madre como un prisionero en la larga marcha hacia el confinamiento solitario. Eliminé mi grupo de Facebook mientras estaba sentado en mi cama; ni siquiera llegó a veinticuatro horas completas. Tal vez comenzar con mi familia y amigos no había sido la mejor idea.

Le envié un mensaje a Mohamed Abubakr de YaLa Young Leaders. Le dije que después de regresar de la Conferencia Judía Musulmana, me sentía muy inspirado para hacer trabajo interreligioso, pero que no sabía cómo comenzar. Él mencionó una organización con la que trabajaba, que estaba asociada con importantes compañías tecnológicas y organizaciones de enseñanza para ayudar a los estudiantes de noveno y décimo grado en el Medio Oriente y el norte de África con el fin de prepararse para el mundo profesional, a la vez que promovía la tolerancia y la comprensión. La organización estaba buscando expandirse, dijo él; ¿por qué no intentarlo? Mohamed me presentó a uno de sus empleados y dijo: «Trabajamos principalmente con organizaciones palestinas e israelíes. ¿Es seguro para ti hacer este trabajo en Yemen?». Le aseguré que sí, y añadí que eso me apasionaba profundamente. Y tras la insistencia de Mohamed Abubakr y yo, finalmente cedió.

◇◇◇◇◇◇

Yo sabía que no tenía permiso para usar Facebook, pero mi padre no había dicho nada sobre Skype. Esbocé un plan. ¿Qué pasaría si en lugar de abordar frontalmente el asunto de la consolidación de la paz, utilizaba un enfoque indirecto y me asociaba con esta nueva organización? ¿Qué pasaría si utilizaba el mismo método que habían utilizado conmigo? Había intentado destacarme aprendiendo inglés cuando era más joven. El inglés me condujo a Luke, a mi trabajo en Partner Aid, y a la MJC. Una vez más, el inglés podría ser mi clave.

Encerrado en mi habitación, llamé a un amigo mío que había empezado a admirarme a lo largo de los años. Cuando trabajé en una ONG, él quería trabajar en una ONG. Cuando trabajé como investigador, decidió que también quería trabajar como investigador. Entonces, cuando le hablé de mi idea de reunir un grupo de adolescentes para practicar su inglés a través de Skype, me dijo que haría todo lo posible para ayudar. Habló con su primo de dieciséis años, quien invitó a dos parientes que trajeron consigo a un par de amigos.

Como todo el grupo estaba conformado por parientes o amigos cercanos, no había ningún problema en que se reunieran en un sitio público. Así que los invité a un cibercafé con el pretexto de practicar su inglés con hablantes fluidos del idioma. Nos reunimos alrededor de mi computadora portátil y abrí Skype. Vimos la conexión aparecer y desaparecer y escuchamos mientras los tonos de marcado semejantes a burbujas sonaban de manera repetitiva. Traté de mantener la calma, pero con cada intento fallido, estuve un paso más cerca de abandonar el plan por completo.

Finalmente me conecté con la directora del programa, que había reunido a un grupo de adolescentes judíos. Ella había acordado establecer esta serie de conversaciones por Skype, pero yo no había compartido el contexto. No quería implicar a nadie más en mi plan.

La conversación comenzó con presentaciones forzadas. Los adolescentes yemeníes solo tenían una comprensión básica del inglés, por lo que todas sus preguntas eran inocentes. «¿Cuántos años tienes?», «¿Cuál es tu color favorito?», «¿Tienes un perro?». ¡Las cosas iban bien! Hasta que una de las chicas preguntó: «¿Dónde vives?».

Una chica del otro lado respondió: «En Hebrón. En Israel».

Cerré los ojos y deseé que la conexión se cortara, o que la pantalla se congelara, pero cuando abrí los ojos, lo único que se había congelado eran las expresiones en los rostros de los niños.

«Entonces», preguntó una niña llamada Muna, «¿cuántos palestinos mataron hoy?». Su voz destilaba veneno.

La línea permaneció en silencio. No supe qué decir. Pensé en dejar que la conversación siguiera su curso natural, pero sabía que probablemente esto no era nada inteligente. Así que terminé la llamada rápidamente y miré a Muna, que se estaba riendo con sus amigas, inclinando su silla hacia atrás y extendiendo su mano para chocar palmas. La primera y última sesión terminó en menos de cinco minutos.

Me escabullí a casa, mantuve la cabeza baja —literalmente—, y me retiré a mi cuarto para recobrar la compostura. La tensión subió desde mis hombros hasta mi cuello y mis sienes. Presioné la palma de mi mano en cada ojo con la esperanza de borrar las imágenes de este último fracaso. ¿Qué iba a hacer ahora?

El día siguiente transcurrió sin incidentes. Permanecí solo y alejado de mi computadora. No podía arriesgarme a otro fracaso. Me acosté en mi cama pensando en un Plan C, cuando mi padre irrumpió por la puerta principal.

«¿Dónde está ese perro? ¿Dónde está ese perro estúpido?». Su voz tronó por las paredes. Salí disparado como un rayo. Sabía que era la bestia en cuestión. *Ana hemar*, pensé, pellizcándome el puente de mi nariz. Realmente yo era un burro.

Avancé por el pasillo. Cuando llegué a la entrada, mi padre seguía gritando y mi madre trataba de calmarlo. Se paró frente a él, inclinándose hacia delante como si luchara contra un viento fuerte. Una mano estaba en el pecho de mi padre, deteniéndolo, y la otra me hacía gestos con furia, señalándome que debía retirarme.

—¡Ahí está! —Su voz vibró a través de mi cuerpo—. Te doy todas las libertades, todas las oportunidades en el mundo, y escupes en ellas. Me escupiste. ¿Esto es lo que haces? —La furia de mi padre había hecho que su cara tuviera el color de una berenjena.

—¿Qué ha hecho? ¿Qué podría ser tan malo para que actúes así? —resopló mi madre, casi sin aliento—. ¿Por qué no hablas con él? Déjalo explicar.

—No explicará nada. Lo mataré...

Me retiré a mi cuarto tan rápido como pude. Me senté en el borde de mi cama, demasiado asustado para moverme, y me mordí los labios. Cuando mi madre se acercó finalmente, las lágrimas resbalaban por su rostro. Me levanté y extendí los brazos para abrazarla, pero ella golpeó mi pecho y mis brazos con sus puños. El dolor que sentí no fue por los golpes, sino por ver a mi madre impotente, confundida, asustada y lívida.

—¿Qué has hecho? —dijo a tiempo con sus golpes. Repitió estas palabras una y otra vez. Permanecí con los brazos a los lados, mi cabeza inclinada como si pudiera hacer que mis lágrimas regresaran a mis ojos.

—No lo sé —le dije—. Honestamente, no lo sé.

Pensé en mis esfuerzos en los últimos días, me pregunté qué habría escuchado mi padre. Ella colapsó en mi cama como una batería sin carga. Me senté junto a ella con cautela. Transcurrieron unos minutos en silencio mientras los gritos de mi padre se disipaban en un furioso clamor de cubiertos contra las cerámicas.

—Iré —dijo ella con determinación—. Hablaré con él. Aclararemos esto, *inshaallah*.

—*Inshaallah* —susurré.

La última vez que hubo tanto malestar en nuestra casa fue cuando mi madre me sorprendió hablando por teléfono con Ahlam. Me pareció que había sucedido hacía una eternidad. ¿Quién hubiera pensado que yo habría considerado esa época como una agradable?

Un gruñido subió por las escaleras mientras mi padre y mi madre hablaban. Reconocí las palabras «Israel» y «Mossad». Fui de puntillas a la puerta para escuchar, pero cuando mi padre profirió unos cuantos «perros» más, supe que pronto volvería a saber de mi madre. Apareció unos minutos después, con aspecto encogido y encorvado, más parecida a su madre Shafika que a su yo habitual. Cuando se sentó a mi lado, noté los pliegues que se habían extendido por los bordes de sus ojos. Deseé poder alisarlos.

—Escucha atentamente —comenzó a decir—. Tu padre dice que estaba en el hospital. Un colega se le acercó, el padre de Muna. Dijo que trataste de reclutar a su hija para el Mossad. Que eres un agente israelí.

Al igual que James Bond en *Otro día para morir*, yo había confiado en la chica equivocada. Casi me río de la ridiculez de la acusación, pero luego me di cuenta de que la acusación no era ridícula en absoluto. Este crimen se castigaba con la pena de muerte. Si había incluso la apariencia de que esta acusación tenía mérito, yo estaría en un grave problema. Y no solo yo. Las consecuencias de esta imputación afectarían a todos los que me rodeaban. La simple afirmación, ya fuera verdadera o no, podría traer un gran deshonor a la familia Al Samawi. Para mi padre, ese era un destino peor que la muerte. Sin importar lo que me sucediera, mis acciones esencialmente habían asesinado a toda mi familia.

Mi madre ya no podía contener su enojo. Las palabras brotaron de ella; palabras que probablemente había retenido durante años. Habló de mi ingratitud, de sus sacrificios, de mi traición, de mis mentiras, de mi estupidez, de mi egoísmo. Había renunciado a su trabajo como médica para cuidarme, y ¿cómo le pagué? Desperdiciando cada oportunidad que me dieron. Me senté y pensé en eso, bajando mi cabeza con cada acusación. Todo lo que ella dijo era cierto. Mi deseo de correr nunca ha sido mayor, pero no podía hacerlo.

—¿Hiciste eso? ¿Trabajas con el Mossad?

—No, *wallah*. Lo juro por Dios. —La firmeza de mi respuesta fue igual a mi miedo. Por ahora, todos sabían que yo había ido a Sarajevo para asistir a una reunión judía musulmana. Podría esgrimirse fácilmente un caso en mi contra—. Tienes que creerme —mi determinación se desmoronó—. Por favor. Por favor. Por favor. —No me costó mucho imaginar las balas entrando en mi cuerpo, ardiendo en las llamas eternas del infierno.

Mi madre juntó sus manos como si orara.

—No te acerques a tu padre. Temo que te matará, o que tú lo matarás. No está bien del corazón. Necesita curarse. Déjalo. No pienses tanto en ti y en lo que quieres. Prométemelo.

Ni siquiera quería usar la palabra «yo», así que solo dije «sí».

Escasamente noté salir a mi madre. Permanecí como un zombi, y cuando volví a mirar, vi a mis hermanas Lial y Nuha. Las miré a los ojos, la una después de la otra.

—Hussain cree que no estás en nada bueno —comenzó a decir Lial.

—No estoy sorprendido —le dije y aclaré mi garganta—. Toda mi vida he sido una carga para él.

Lial exhaló bruscamente.

—No te compadezcas. Esto no se trata únicamente de ti. Nos has puesto a todos en peligro.

Nuha se sentó a mi lado.

—Estoy preocupada por ti.

Su ternura traspasó lo que quedaba de mi voluntad.

—Lo siento —murmuré—. No quiero preocuparlas. No quiero preocupar a ninguno de ustedes...

—No te acerques a Baba —me interrumpió Lial—. Lo digo en serio. —Su tono no dejaba alternativa.

—Baba te ama —dijo Nuha—. No quiere verte lastimado. Ninguno de nosotros quiere eso.

Mi melancolía se calcificó hasta que ni siquiera pude mover la boca. Yo quería cambiar el mundo como si quisiera andar en bicicleta. Ninguna de las dos cosas sucedería jamás; ambas eran fantasías. En el mejor de los casos, yo perdería el tiempo; en el peor, me lastimaría junto con cualquier persona lo bastante ignorante como para acercarse a mí. Había sido ingenuo y estúpido. Había estado publicando cosas en Facebook, en un perfil público. Les había contado a mis amigos sobre mis actividades interreligiosas y los alenté a hablar con los israelíes. Yo confiaba en ellos; pero al endosarles mis secretos también los impliqué. Si hicieran algún comentario casual y alguien lo oyera, yo podría estar en problemas, y ellos también. «Mohammed habló con israelíes» podría convertirse en «Mohammed habló con *los* israelíes». ¿Y quiénes eran *los* israelíes? El Mossad, por supuesto, los cocos, el zorro alfa, el diablo empeñado en destruirnos.

Necesitaba encontrar una manera de proteger a mi familia sin sacrificar mi conciencia. A la mañana siguiente, restringí mi perfil de Facebook y eliminé a todos los amigos que pudieran identificarse como israelíes o judíos. Le pedí a Nuha que les diera esa noticia a mis hermanos, de modo que sirviera como una especie de embajadora de buena voluntad. Permanecí en mi habitación y esperé contra toda esperanza haber hecho lo suficiente para salvarnos a todos.

Esa noche inicié sesión en Facebook y sentí una punzada momentánea de pesar por mi reducido número de amigos. *Ah, bueno*, pensé para mis adentros cuando abrí mi único mensaje nuevo.

Sabemos lo que estás haciendo y vamos a matarte.

◇◇◇◇◇◇

Corrí al baño y vomité por el inodoro. El dolor me atravesó el cuerpo, pero mi estómago, mi pecho y mi corazón estaban vacíos. Sentí que mi garganta se atoraba mientras mis músculos se contraían, expulsando aire y poco más. ¿Era esto lo que se sentía al estar asfixiado? ¿Era así como me sentiría mientras me arrodillaba en el piso y oía una espada que cortaba el aire antes de que el primer golpe contundente diera paso a la oscuridad? Me arrodillé en una oración profana frente al baño. El agua me devolvió la mirada con indiferencia.

Oí los sonidos de nuestra casa desde algún lugar arriba de mí. Pensé en mi madre. No podía decirle nada. No solo me había puesto en riesgo, sino que también había puesto en peligro su bienestar. Había puesto en peligro a la pequeña y dulce Nuha. Toda la culpa era mía.

Una sacudida de ira reemplazó mi autocompasión incapacitante y me levanté. ¿Por qué me habían amenazado estas personas? ¿Qué había hecho yo que fuera tan malo? ¿Qué tipo de personas responderían a la paz y al entendimiento con odio y violencia?

Regresé a mi habitación y llamé a la única persona que podía entenderme: Mohamed Abubakr. Pasó toda su vida comprometido con la construcción de la paz en una zona de conflicto. Había roto repetidamente con la tradición y la ley al organizar intercambios secretos de libros prohibidos, y en años recientes, defendiendo los derechos de las mujeres y de la comunidad LGBT en un país que, como Yemen, castigaba la sodomía con la muerte. Había estado en la cárcel. Seguramente sabía cómo manejar las amenazas de muerte.

Él vio de inmediato detrás de mi pretensión de calma y me preguntó qué era lo que me había angustiado tanto. Dejé que toda mi ansiedad saliera de mí, agradecido de poder ser completamente honesto.

—He recibido esas cosas —dijo él con la voz medida, como una prescripción—. Muchas veces. No tengas miedo. Así es la Internet. La gente se siente segura haciendo que los demás se sientan inseguros. Piensan que al incluir fotos de Osama bin Laden en su perfil y publicar amenazas, son mártires.

Su lógica invariable, el tono relajado de su voz, fueron como medicinas. Con cada respiración que inhalaba, me decía a mí mismo que él tenía razón.

Él entendía la situación; fue capaz incluso de intuir que la amenaza provenía de un miembro de Facebook que usaba una foto de bin Laden como su imagen de perfil. Mi amigo había experimentado exactamente este mismo escenario y aún estaba vivo. Eso era un buen augurio para mí.

—No son serios —concluyó—. Simplemente estúpidos.

Le di las gracias y me sentí más descansado. No compartí las noticias de esta amenaza de muerte —o las que recibí después— con nadie de mi familia. No había necesidad de preocuparlos. En cambio, me ocupé de la situación. Dejé de publicar en Facebook o en YaLa Young Leaders. No respondí cuando los judíos se contactaron conmigo.

Llamé a Lukas, mi antiguo jefe en Partner Aid, le dije que había pensado en su oferta, y que realmente me gustaría volver a trabajar en el campo humanitario. Le pregunté si Partner Aid podría tener una vacante, y me dijo que esta organización ya no existía. De hecho, él se había mudado a Alemania y comenzado a trabajar en una nueva organización llamada World Relief, una ONG que se asociaba con iglesias locales para brindar ayuda a los necesitados y construir comunidades sostenibles. Me ofreció un trabajo de inmediato, y acepté el puesto de oficial superior de logística y adquisiciones.

Día tras día, me centré en mi trabajo, me mantuve alejado de las controversias y pronto volví a ser una persona normal, que me preocupaba por mí mismo y por poco más. Mi familia parecía segura, y yo dormía bien por las noches. Pero me sentía vacío, como una caña por la que el viento silbó alguna vez, tocando algo sin melodía y que no llegaba a una canción.

En árabe, tenemos una expresión que describe en qué me convertiría. Yo era un cero a la izquierda. No era nada. Quería ser un cero a la derecha, un número real —un número entero—, pero ese no era mi destino. Como siempre, vivía a la izquierda y soñaba con estar a la derecha.

CAPÍTULO 10

SI AL PRINCIPIO NO TIENES ÉXITO...

Con Megan Hallahan, a quien conocí
personalmente en el programa de liderazgo de YaLa

Había una nueva normalidad en casa. Mi madre oraba por mí, pero mi padre no hablaba en vano. Él creía que yo estaba condenado. Yo comía en su mesa. Le besaba la cabeza cada vez que lo veía.

Pero él me ignoraba por completo o decía una sola cosa: *Khalik rejal*, sé un hombre. Asume la responsabilidad por ti y por tu familia.

Quería hacerlo sentir orgulloso, pero cada vez me sentía menos hombre al seguir su consejo. Me refugié en mi caparazón y dejé que los correos electrónicos y las solicitudes rebotaran en mi espalda. Pero todo eso cambió cuando recibí un correo electrónico de YaLa MENA Leaders for Change (MLC, por sus siglas en inglés). Megan Hallahan una estadounidense que vivía en Israel, y que era una de las consultoras de YaLa, me había recomendado para el programa de liderazgo de YaLa, y la primera conferencia se iba a celebrar en Jordania en octubre de 2013.

Esta era mi oportunidad de continuar con mi misión. Habían pasado más de dos meses desde el incidente por Skype. Seguramente la gente estaba a la espera del próximo escándalo. Sin duda, yo podría seguir promoviendo mi causa sin poner en peligro a mi familia. Y, además, yo no había buscado esta oportunidad. No me había lanzado al mundo ni había instigado nuevas relaciones. ¿Qué mal había en trabajar dentro de la red que ya había creado?

Finalmente, puse a funcionar mi lógica. Me contacté con Megan y Mohamed Abubakr para informarles que asistiría a la conferencia. Me acerqué a mi madre seguro de que esta era la decisión correcta. Le dije que asistiría a una conferencia de dos días, lo cual era cierto, y que iba a establecer contactos con otros líderes jóvenes que trabajaban en el mismo campo que yo. Técnicamente, esto también era cierto. Le expliqué que la conferencia no me costaría nada, salvo tiempo —el pasaje aéreo, los hoteles e incluso un estipendio diario estarían cubiertos—, y tampoco tendría que enredarme con cuestiones de visas. Sencillo.

—*T'me jak al* —dijo ella, dirigiéndome una mirada con la que yo estaba demasiado familiarizado. *Piensa con claridad.*

—Lo estoy haciendo —respondí.

—No. ¿Por qué estás haciendo esto de nuevo?

—Es diferente.

Ella no dijo que sí, pero tampoco dijo que no.

Luego fui a hablar con mi padre. Lo encontré en su lugar habitual, sentado frente al televisor, viendo Yemen TV. Aunque apenas habíamos hablado en varias semanas, incliné la cabeza, un hombre reducido a temores de colegial. Expuse mi caso, y sin perder un momento en suspenso dramático, él pronunció su veredicto. No me dejaría viajar. Le expliqué que necesitaba este viaje, que era indispensable para mi avance profesional.

—Tienes bigote —dijo—. Ya has tomado una decisión. Vete.

Me dio un golpecito como si se tratara de la ceniza en la punta de un cigarrillo.

◇◇◇◇◇◇

Había superado el primer obstáculo, pero el segundo me tomó desprevenido. Cuando llegué al aeropuerto, vi que todos los documentos que tenía conmigo eran materiales para la conferencia y estaban escritos en inglés y en hebreo. Peor aún, mi boleto había sido comprado por YaLa, una organización israelí. Cualquier cosa que tuviera que ver con Israel pondría a la seguridad yemení en máxima alerta. Si alguien me paraba, yo no tendría una estrategia de salida. Traté de actuar con normalidad, pero apenas pensé en *hacerlo*, me di cuenta de que no sabía qué era lo «normal» o por qué necesitaba «actuar» de esa manera en primer lugar. Sin saber qué hacer, metí las manos en los bolsillos y caminé lo más rápido posible hacia el escritorio delantero. Le entregué mi pasaporte al hombre. Me preguntó qué iba a hacer en Jordania y le dije: «una conferencia». Me dejó pasar sin hacerme preguntas.

Pero cuando llegué a Jordania, un guardia de seguridad me detuvo en inmigración. «Espera aquí», dijo. Regresó un minuto después y me indicó que lo siguiera. Traté de acordarme de respirar y de tragar saliva cuando entré a una pequeña habitación donde esperaba un oficial de policía.

«Eres un hombre soltero de Yemen», comenzó a decir. «¿Por qué vienes a Jordania?». Una pregunta siguió a otra. *¿Por qué viajas solo? ¿Qué te trae aquí? ¿Tienes conexiones con los militares? ¿Conoces a Al Qaeda?*

Por un lado, me sentí aliviado. Este hombre no sabía nada sobre mi trabajo interreligioso. Por el otro, yo estaba furioso. Estos hombres sospechaban que yo era un criminal inútil solo porque venía de Yemen. Era humillante. Degradante. Quería sentarme y darles una lección de historia. Yemen no era una nación atrasada llena de terroristas; era una de las civilizaciones más antiguas de la tierra.

Quise gritar: *Mi pueblo no está definido por hombres pequeños con bombas en la espalda. ¡Yemen ha construido y destruido imperios!*

Pero no dije eso. Más bien, respondí las preguntas del policía con tanta humildad y dignidad como pude. Pero ni siquiera bastó con eso. Después de quince minutos, el policía no me dejaba ir. Apretando los dientes, envié un mensaje de texto a Megan Hallahan y Mohamed Abubakr preguntando si alguno de ellos podía ayudarme. Megan hizo algunas llamadas y me liberaron. *Es increíble*, pensé, mirando hacia atrás mientras caminaba. *Una llamada de un estadounidense puede tener tanto poder.*

Vi a un conductor con un cartel de YaLa Young Leaders en la zona de reclamo de equipajes. Me llevó directamente al hotel, y antes de que pudiera dirigirme a mi habitación, un hombre extremadamente alto entró por la puerta principal al vestíbulo. Solo podía ser Mohamed Abubakr. Aunque no nos conocíamos personalmente, había visto sus fotos en Facebook, y pude ver el mismo espíritu relajado que había llegado a conocer por teléfono y a través de correos electrónicos. Cuando extendió la mano y me abrazó, me sentí como si estuviera envuelto en los brazos de un gigante amable.

Me preguntó si había aclarado todo en el aeropuerto, y le resté importancia a su preocupación. Quería causar una buena impresión. En cambio, comencé a preocuparme por él, sugiriéndole que hiciera una siesta, pues debía estar cansado por el largo vuelo; le ofrecí agua o cualquier otra cosa que necesitara para estar cómodo.

Mohamed se rio con una calidez y tranquilidad que deseé poder compartir. «Qué amable de tu parte. Relájate. Siéntate. Hablemos. ¿Cómo estuvo la MJC?».

Megan entró por la puerta unos minutos después. Cualquier rastro de preocupación que yo tuviera se dispersó en una nube de partículas de polvo. Megan, mi contacto en YaLa Young Leaders, se movió con la gracia y solidez de una exatleta, y cuando le mencioné eso, ella se rio y dijo: «Es porque lo soy». Había pasado su infancia queriendo ser como la gimnasta estadounidense Mary Lou Retton, y se había hecho el mismo corte de pelo para demostrarlo, pero las lesiones terminaron con su sueño. Así que practicó el voleibol y el fútbol (¡una mujer futbolista!) Y fue lo bastante buena como para obtener algunas ofertas de becas en varias universidades. Pero nunca fue lo bastante buena como para convertirse en una atleta profesional, dijo, y, además, no había querido esa vida. Su corazón estaba en la acción social.

Corey llegó mientras hablábamos, su sonrisa con la boca torcida animando toda su cara. Más tarde, todos comimos juntos y les di a Megan y Rahama pequeños frascos de perfume, y camisetas a Corey y a Abubakr. Abubakr sostuvo la suya y todos nos reímos; apenas le llegaba a la cintura. Le expliqué que esto era lo mínimo que podía hacer para mostrar todo el impacto que habían tenido en mi vida, que verlos valía la pena por toda la ira y el resentimiento que había enfrentado por parte de mi familia.

Megan me agradeció calurosamente por el regalo y la conversación pasó pronto al activismo. Mencionó una organización llamada Seeds of Peace (Semillas de paz), y me sugirió que le echara un vistazo. Trabajaban para fomentar el cambio económico, social y político, dijo ella, con un énfasis particular en las relaciones con el Medio Oriente. Habían organizado incluso un campamento de verano en Estados Unidos, donde reunían a niños de todo el mundo y trataban de derribar barreras. El programa había sido diseñado para educar a los jóvenes para convertirse en líderes. Pero también necesitaban líderes para ayudar a enseñar y dirigir los talleres y seminarios.

—Parece ser algo que me gustaría hacer en Yemen.

—Eso sería increíble —respondió ella—, pero no estoy segura de que Yemen esté listo para Seeds of Peace. ¿Tal vez podrías administrar un grupo de Facebook o algo así?

—He estado pensando que quiero estar más involucrado en hacer cosas más allá de la Internet.

—Eso es maravilloso, Mo. Pero tengo que ser honesta. Estoy preocupada por ti. Las cosas son difíciles en Yemen, ¿verdad?

—No más de lo habitual —dije, y sonreí tanto para convencerme a mí mismo como a ella—. Además, tengo fe de que cambiaremos las cosas. Es por eso que estamos aquí, ¿no es así? Porque creemos que las cosas pueden ser mejores.

◇◇◇

DICES QUE QUIERES
UNA REVOLUCIÓN

Manifestantes en Saná como parte de la Revolución Juvenil

Regresé a Yemen después de la conferencia y seguí manteniendo un perfil bajo por el resto de 2013. Continué siendo cauteloso en relación con mis actividades y me sentí (relativamente) protegido por el Gobierno (relativamente) funcional, hasta que comencé a recibir amenazas de muerte en mi teléfono celular personal.

En enero de 2014, los hutís, la milicia zaidí-chiita en el norte de Yemen, comenzaron a movilizarse. Se dirigieron a Saná y en agosto ya estaban en la capital, protestando en las calles y presionando al presidente sunita

Abdrabbuh Mansour Hadi para que dimitiera. Los rebeldes presionaron cada vez más y los eventos alcanzaron un punto de quiebre en septiembre. Los militares dispararon contra los manifestantes, matando a un puñado de ellos, y en represalia, los hutís irrumpieron en la ciudad. En cuestión de días, los combatientes rebeldes habían ocupado los cuarteles militares, los edificios gubernamentales y la estación de televisión.

A pesar de los disturbios, mi propia vida no cambió mucho. Los enfrentamientos ocurrieron entre las líneas religiosas sectarias, y mi familia era chiita, al igual que los hutís. Además, el presidente Hadi —que aún conservaba el poder—, llegó a un acuerdo con los hutís y declaró un cese al fuego. Las cosas se calmaron y la vida siguió su curso. Mi padre iba todos los días al hospital, yo iba a World Relief y los mercados estaban abiertos. Pero, aunque las calles parecían tranquilas, los viejos resentimientos entre el norte y el sur acechaban como sombras.

Después de la caída del Imperio otomano, surgieron filosofías contrapuestas de gobierno en el mundo árabe: lealtad tribal, teocracia, y dictadura militar. Por ejemplo, el reino de Egipto, un Estado títere de Gran Bretaña, fue derrocado en 1953 por un golpe militar; y en 1956, Gamal Abdel Nasser, un oficial del ejército egipcio, asumió la presidencia. Era un autócrata secular y un panarabista, y buscaba unir de nuevo al mundo árabe contra sus antiguos enemigos; especialmente, Europa.

Inmediatamente después de asumir el poder, Nasser nacionalizó el canal de Suez y expulsó a Gran Bretaña y a Francia, sus dueños mayoritarios. Pero Nasser no se sintió satisfecho con esto; quería tener todo el control de la ruta marítima que conectaba al mar Mediterráneo con el Océano Índico y el golfo Pérsico, y que era la fuente principal de petróleo para Europa. Esta ruta incluía el estrecho de Bab el Mandeb, el cuello de botella hacia el mar Rojo, parte del cual estaba en Yemen, territorio que aún estaba dividido entre el reino Mutawakkilita en el norte, y el protectorado de Adén —controlado por los británicos— en el sur. La estrategia económica de Nasser se alineó con su ideología panarabista, antieuropea y antimonárquica, y en 1962 patrocinó una revolución en Yemen, ayudando a los rebeldes del norte a derrocar al nuevo rey e imán del reino Mutawakkilita. En consecuencia, el norte se convirtió en la República Árabe de Yemen, y los antimonárquicos derrocados huyeron al sur, al protectorado de Adén.

Aunque la era del colonialismo europeo se estaba enfriando, la guerra fría se estaba calentando. Estados Unidos y la Unión Soviética suplantaron a los europeos como los principales actores externos en Medio Oriente, y ambos países se inmiscuyeron en asuntos regionales para perseguir sus propias agendas, incluyendo el acceso al petróleo y la difusión de la ideología política (capitalismo *vs.* comunismo). Los actores en el Medio Oriente también eligieron sus bandos. Una red compleja de alianzas se formó a lo largo de unas líneas religiosas, políticas y económicas que a veces eran incompatibles. Por ejemplo, Estados Unidos tenía intereses petroleros en Arabia Saudita, mientras que los soviéticos compartían intereses con los egipcios. En 1967, Egipto respaldó a los nacionalistas yemenitas que se habían rebelado contra los británicos, derrocando así al protectorado de Adén. El sur formó su propio país, posteriormente llamado la República Democrática Popular de Yemen, que fue respaldada por los soviéticos.

Durante los treinta años siguientes, la República Árabe de Yemen en el norte y la República Democrática Popular de Yemen en el sur vivieron en una paz relativa, a pesar de las conflagraciones ocasionales y de la consiguiente politiquería. El siguiente cambio significativo en el poder ocurrió en 1990. Con la inminente caída de la URSS, Yemen del Sur perdió un aliado crucial y se encontró en una posición vulnerable. Yemen del Norte aprovechó su ventaja y obligó a un debilitado Yemen del Sur a la unificación. Ali Abdullah Saleh, un musulmán chiita zaidí que había dirigido el norte de Yemen desde 1978, se convirtió en el presidente de la recién establecida República de Yemen.

Muy poco cambió para los habitantes del norte, donde vivían tres cuartas partes de la población. Pero la furia creció en el sur. Mientras los norteños se habían industrializado en los últimos años, los sureños seguían dependiendo de la agricultura y el petróleo. Bajo el régimen comunista, los recursos habían sido propiedad del Estado y las ganancias se habían compartido con los ciudadanos. Pero ahora, bajo el presidente de Saleh, la privatización era el nombre del juego, y las élites del norte —incluida la familia Al Samawi—, acaparaban la tierra y las ganancias que la acompañaban. Éramos los barones ladrones de Yemen. Y para echar sal en la herida, éramos chiitas, mientras que la mayoría del sur eran sunitas.

La desigualdad era insostenible y en 1994 estalló otra guerra civil, aunque no logró dividir al país. Yemen permaneció unido, y durante los siete años siguientes fue uno de los países árabes menos influyentes y prósperos. Mientras el resto del Medio Oriente se estaba desmoronando, Yemen rechazó las divisiones sectarias formalizadas y permaneció en gran parte libre de los conflictos que tenían a sus vecinos combatiendo entre sí y tomando partido. Pero a pesar de que teníamos un clima político estable, y aunque teníamos la única república con elecciones libres en el mundo árabe, pronto nos dimos a conocer por otra cosa. Un grupo de rebeldes había comenzado a formarse en el sur. Muchos de ellos habían regresado a casa después de luchar contra la ocupación soviética en Afganistán, y rechazaron la unificación y el Gobierno chiita. Podrían haber desaparecido, pero juraron lealtad a otra organización militante extendida por todo el mar Rojo, en Sudán. Este grupo se llamaba Al Qaeda.

Al Qaeda perpetró un fuerte ataque terrorista contra militares estadounidenses en el Hotel Gold Mohur en Adén, en 1992, y en el año 2000 bombardearon al barco *USS Cole* en el puerto de Adén. Pero fue después del 11 de septiembre de 2001 cuando Al Qaeda se convirtió en el enemigo público número uno. Estados Unidos, que tenía un historial de suministrar ayuda financiera a Yemen, propuso un acuerdo. Continuarían apoyando al presidente Saleh y a su Gobierno, siempre y cuando Yemen se abriera a las Fuerzas Especiales de EE. UU., y a agentes de inteligencia para combatir y recabar información sobre Al Qaeda. El presidente Saleh aceptó los términos; no tenía muchas opciones. Yemen, que ya era uno de los países más pobres del mundo, había comenzado a sufrir una nueva crisis económica: la disminución de los ingresos del petróleo. La ayuda extranjera era esencial.

La línea divisoria entre las medidas antiterroristas de Saleh y el autoritarismo se hizo cada vez más delgada. Estados Unidos le dio básicamente licencia para ejercer su poder al máximo. En los años siguientes, Saleh comenzó a tomar medidas drásticas en todos los frentes. Lo cual, como diría Newton, produjo una reacción equivalente y opuesta. Al sur, Al Qaeda; al norte, focos insurgentes chiitas zaidíes.

La verdadera rebelión hutí comenzó en 2004, con la muerte del clérigo zaidí Hussain Badreddin al-Houthi. Como su nombre lo indica, Hussain provenía de los clanes hutís, un grupo que vivía en Sa'ada, una ciudad remota en la frontera con Arabia Saudita, y que el Gobierno de Yemen había casi olvidado. Los clanes hutís podían haber estado sufriendo económicamente, pero se estaban fortaleciendo ideológicamente. Sus antecesores, el antiguo imanato zaidí, habían gobernado Yemen por más de un milenio y expulsado incluso a los otomanos en la década de 1630 (antes de que fueran desterrados de nuevo). Y ahora, los hutís tenían la misión de recobrar su antigua gloria. Afirmaron su derecho a su legado y volvieron a agudizar las tensiones locales insistiendo en los puntos de presión que existían desde la guerra civil de los años sesenta y criticando al Gobierno de Saleh por confabularse con Estados Unidos.

En el lado opuesto del país, en el sur, la gente también estaba presionando de manera abierta y fuerte contra el *statu quo,* cuestionando si la unificación era necesaria o deseable. Unos años después, en 2007, el Movimiento Sureño (al-Hirak-al-Janubi) adquirió fuertes connotaciones secesionistas. Organizaron demostraciones diarias para oponerse pacíficamente al régimen de Saleh. Al mismo tiempo, las facciones sureñas de Al Qaeda estaban intensificando sus ataques al Gobierno. Declararon como objetivos al Estado, a sus fuerzas de seguridad, a los llamados intereses extranjeros y a las minorías, en particular a la zaidí. El Gobierno había promulgado medidas y compromisos para mantener la violencia al mínimo, pero con nuevos hombres ambos grupos estaban ganando poder. Saleh vio la amenaza creciente y en 2008 trazó una línea en la arena. No más condescendencia con la oposición.

Mientras los dos bandos chocaban entre sí, otro grupo afloró a la superficie. En enero de 2011, la juventud yemení salió «repentinamente» —al menos de acuerdo con los tres minutos de cobertura de noticias internacionales de televisión asignadas a la historia— a las calles para manifestarse a favor de la democracia.

Anteriormente, los jóvenes habían confinado su discurso político a los salones de té y cafés donde tomaban bebidas o masticaban *qat*. Pero después de ver lo que había sucedido en Túnez, hubo un cambio en la marea y las personas se sintieron facultadas para expresar sus opiniones en lugares públicos. Quince mil estudiantes de la Universidad de Saná llevaron corbatas rosas y formaron una pared humana para simbolizar su compromiso con una solución no violenta. Pidieron la dimisión del presidente Saleh, una nueva Constitución y desarrollo económico, entre otras cosas, para que la sociedad fuera más equitativa, y para derrocar también a las estructuras de poder tribales y familiares. Esto fue lo que se llegó a conocer en algunos círculos como nuestra Revolución Jazmín, también conocida como la Revolución Juvenil, un remanente de los acontecimientos en Túnez y Egipto.

El movimiento tenía la intención de desmantelar el aparato que sostenía el *statu quo*. En lugar de la tradición y la herencia, queríamos crear más políticos «profesionales» que obtuvieran un poder representativo basado en habilidades y destrezas, y no en la familia ni en las finanzas para permitir que la verdadera democracia se afianzara en nuestra república. Creíamos en la acción social y en las herramientas pacíficas de resolución de conflictos: diálogo abierto, una prensa verdaderamente libre y elecciones independientes. Estos conceptos eran muy nuevos y radicales.

Durante siglos, el aparato tradicional había sido principalmente religioso. Si un imán nos decía que Dios quería que las cosas fueran tal como eran, le creíamos. Sin embargo, durante esos meses en 2011, comenzó a abrirse una grieta en ese tipo de pensamiento y de obediencia ciega. Empezó con unos pocos estudiantes en la Universidad de Saná, pero involucró eventualmente a muchos partidos políticos y a cientos de miles de yemeníes de todas las edades y afiliaciones. No tenían nada que perder.

En 2011, el Banco Mundial estimó que más de ocho millones de habitantes de los veinticuatro que vivían en Yemen eran pobres. Las estimaciones de la tasa de desempleo oscilaban entre el veinte y el cuarenta por ciento. El sesenta y uno por ciento de la población tenía menos de veinticinco años en ese momento. Si se combinan todos esos factores, los disturbios no eran nada sorprendentes.

El presidente Saleh trató de neutralizar la amenaza, y el 2 de febrero de 2011, ante la perspectiva de los disturbios civiles en curso, anunció que no buscaría la reelección, pero que serviría el resto de su mandato, el cual terminaría en 2013. Dos años más de opresión no dejaron satisfechos a los manifestantes. Las vigilias, las marchas y las protestas continuaron del 3 al 19 de febrero de 2011. El lenguaje de la resistencia cambió de la reforma (*al-islah*) al cambio (*taghyir*) y al derrocamiento (*isqat*). Hombres y mujeres señalaron a los padres fundadores del Yemen moderno —Numan y Mahmud Az-Zubayri, héroes de la revolución de 1962 que derrocó al imanato—, como ejemplos de líderes liberales y progresistas. La gente llevaba carteles de Mahatma Gandhi y Nelson Mandela, mientras que se refirieron al presidente como al imán Ali.

Los manifestantes se habían organizado a finales de febrero. Crearon zonas seguras para quienes protestaban y registraron a cada transeúnte para asegurarse de que nadie llevara armas o explosivos. Pusieron letreros y pancartas que decían cosas como: «Bienvenido al Primer Kilómetro de Dignidad» y «Bienvenido a la Tierra de la Libertad». Este era su territorio ahora, y las personas que vivían en él tenían que operar de acuerdo con sus reglas y normas sociales, la más importante de las cuales era el pacifismo. La restricción de armas no solo se aplicó a personas de afuera, sino también a quienes se encontraban dentro de los límites.

Familias enteras acamparon en zonas seguras y erigieron áreas de recreación para los niños. Se instaló un escenario para oradores y para asuntos de entretenimiento. Familias, amigos, hombres, mujeres; todos ellos se mezclaron y caminaron por el campamento, comprando y tomando «Té de la libertad». Las sesiones de oración del viernes, en el apogeo de las protestas de marzo y abril, supuestamente tuvieron cientos de miles de asistentes.

El movimiento ya no estaba conformado únicamente por estudiantes. Desempleados, miembros de tribus, mujeres, niños, activistas de los derechos humanos y artistas se unieron. No había una sola ideología o afiliación sectaria que uniera a la gente; todos protestaron bajo el manto de la Revolución Juvenil independientemente de su edad, género, diferencias geográficas, políticas y sociales.

Además de asignar estos espacios, el comité organizador también estableció y distribuyó un programa diario, organizó conferencias públicas en el escenario principal y en otros lugares, y proporcionó infraestructura para apoyar otros eventos. El comité de seguridad se mantuvo vigilante, realizando tareas de detención y búsqueda, mientras que el comité de medios envió comunicados de prensa y distribuyó otro tipo de información. Incluso organizaron días de limpieza, clases de desobediencia civil, crearon conciencia sobre los derechos civiles y pregonaron continuamente un mensaje de respeto mutuo y de cooperación.

Este era el tipo de mundo con el que yo soñaba. Este era el tipo de mundo en el que quería vivir. El Movimiento Juvenil estaba trabajando para lograr lo mismo que yo. La esperanza y el cambio perfumaban el aire. Y luego la esperanza se convirtió en horror.

Saleh no estaba satisfecho y respondió con la fuerza: balas de caucho, gas lacrimógeno, garrotes, pistolas eléctricas, rifles automáticos y *jambiya*. Más de cincuenta y siete personas murieron, y más de doscientas resultaron heridas el 18 de marzo, en un horrible ataque militar conocido ahora como el Viernes de la Masacre de la Dignidad. La reacción fue fenomenal. Trece miembros parlamentarios del partido de Saleh renunciaron indignados, incluyendo a Ali Mushin al-Ahmer, un general prominente y amigo de infancia de Saleh. La traición de Ali Mushin podría haber sido un gran punto de inflexión, pero él estaba lejos de ser un héroe. En lugar de apoyar los derechos humanos, tenía el historial de ser uno de los esbirros y traficantes de armas del presidente. Era un tipo tan malo que su imagen estaba entre las exhibidas por los manifestantes que identificaban a los culpables corruptos que necesitaban ser expulsados. Aun así, el ejército estaba claramente dividido.

En consecuencia, la posición de Saleh se debilitó, y los partidos políticos de oposición entraron en acción. Ya no era una protesta estudiantil por el cambio; el futuro político del país, y quién lo lideraría, era lo que estaba en juego. Era como si los jóvenes fueran apartados y los adultos se hicieran cargo. La Revolución Juvenil y toda la esperanza que esta representaba sería reemplazada pronto por la guerra.

El 22 de marzo, el Consejo de Cooperación del Golfo (CCG) intervino para mediar. Esta coalición de seis monarquías árabes —Bahréin, Kuwait, Omán, Qatar, Emiratos Árabes Unidos y Arabia Saudita— redactó un acuerdo que esbozaría una transferencia del poder entre Saleh y los partidos de la oposición. Saleh se negó a firmar. El 25 de marzo, cien mil personas se reunieron en la universidad para exigir la renuncia de Saleh. Este pronunció un discurso acusando a los manifestantes de coludir con Israel. Afirmó que el Mossad israelí buscaba dividir a la nación. Y que las mujeres que estaban contra él eran «libertinas».

Nadie dijo nada sobre las acusaciones contra Israel, pero miles de mujeres marcharon por las calles para promover los derechos femeninos.

Pero los islamistas —incluida la Hermandad Musulmana—, también habían alzado su voz y comenzaron a ejercer un mayor control sobre la dirección y el enfoque del movimiento. Predicadores radicales de al-Islah hablaron regularmente en el escenario principal en la Plaza del Cambio y dirigieron sesiones de oración los viernes. Rechazaron la lucha por la igualdad de género e insistieron en separar a las mujeres de los hombres. Al principio, una sola cuerda separaba a los hombres de las mujeres frente al escenario central; este fue reemplazado por una lona de plástico, y luego por una valla de madera. Y no fueron solo los islamistas quienes presionaron por esto. Los miembros de las tribus y de la milicia hutí —todos ellos manifestantes—, apoyaron los esfuerzos para restaurar el orden en términos de género en el campamento. Las restricciones religiosas prevalecieron sobre las libertades políticas y sociales. Fueron muchas las personas que no vieron cómo estas cosas estaban entrelazadas.

◇◇◇◇◇◇

El 23 de abril de 2011, bajo la presión creciente del CCG y de Estados Unidos, Saleh acordó finalmente renunciar luego de un período de transición de treinta días. Bajo los términos de su acuerdo, no sería procesado penalmente y elegiría a su sucesor (su cuñado). Los manifestantes se indignaron. Insistieron en que se juzgara a Saleh por más de 140 cargos de asesinato, por cada uno de los manifestantes que habían matado sus hombres. Exigieron anular el acuerdo. Para bien o para mal, se salieron con la suya, porque Saleh se negó a firmar este acuerdo. El GCC perdió la paciencia y se negó a seguir mediando. Las protestas continuaron, y la situación se volvió cada vez más violenta.

Trescientos cincuenta yemeníes fueron asesinados en una semana. Como represalia, se presentó una explosión el 3 de junio en la mezquita donde oraban el presidente y varios miembros de su séquito. En total, siete personas murieron y ochenta y siete resultaron heridas en el ataque. El presidente sufrió heridas graves y fue trasladado en avión a un hospital en Arabia Saudita. Saleh culpó a la Hermandad Musulmana por el ataque, así como a los desertores de su ejército.

En su ausencia, el vicepresidente Abdrabbuh Mansour Hadi fue nombrado presidente interino. A fines de junio, trescientos soldados desertaron a la oposición.

Saleh apareció en la televisión con los brazos envueltos en vendas y se dirigió al país. Los informes indicaron que la explosión había colapsado uno de sus pulmones y el fuego resultante había quemado más del cuarenta por ciento de su cuerpo. En su discurso, prometió compartir el poder con los grupos opositores. También indicó que lo haría únicamente dentro del marco legítimo de la constitución y las leyes existentes. En lugar de restablecer la paz, el discurso fue visto como prueba de un vacío de poder, y los militantes, especialmente los del sur, tomaron las ciudades clave.

A fines de septiembre, Saleh ya había regresado a Yemen. Ochocientas mil personas se reunieron para manifestarse en su contra, la inestabilidad en el sur aumentó, y la presión se intensificó para que dimitiera. Saleh parecía mantenerse desafiante y decidido, pero el 23 de noviembre voló a Riad para reunirse con el CCG, que había acordado reanudar sus esfuerzos de mediación. Él dijo que firmaría el acuerdo. Saleh transferiría el poder a Hadi, pero retendría su cargo y recibiría inmunidad para no ser enjuiciado. Las elecciones para elegir a un nuevo presidente se llevarían a cabo dentro de los noventa días siguientes. La posición de Hadi no era nada segura.

El Movimiento Juvenil quedó devastado: ¡se trataba de un acuerdo entre élites políticas! No se había hecho nada para abordar sus preocupaciones. Mientras tanto, el Partido Islamista al-Islah no podría haberse sentido más feliz, y el expresidente Saleh partió a Estados Unidos, donde recibiría atención médica especializada por sus lesiones.

Las elecciones se llevaron a cabo el 21 de febrero de 2012. El ex vicepresidente Hadi era el «candidato consensual» —el único permitido en la boleta electoral—, por lo que, obviamente, resultó victorioso. El presidente Barack Obama elogió la primera transferencia de poder «legítima» y «pacífica» de Yemen y dio 500 millones de dólares en armas para fortalecer los esfuerzos antiterroristas del país contra la milicia sunita en el sur, Al

Qaeda en la península Arábiga (AQPA). En retrospectiva, estaba claro a dónde iba todo esto, pero todos cerramos los ojos y compramos otra entrada para ver una nueva versión de la misma vieja película: *Guerra Civil III: El regreso de los hutís.*

Hadi, que era sureño, tenía el apoyo de Arabia Saudita, nuestra hermana mayor, pero ahora se opuso abiertamente a los hutís del norte y a sus partidarios iraníes.

Los meses transcurrieron, pero trajeron pocos cambios. Parecían ser el resultado de una renovación prometida pero mal ejecutada. Después de meses de anticipación, todo parecía igual. Se habían movido algunos cajones y armarios; tazas, platillos, platos y tazones habían sido puestos en varios estantes. Pero no había nuevos planos de la planta ni innovaciones estructurales. Las cosas parecían haber regresado a su rutina normal.

Mientras todo esto sucedía, yo estaba atrincherado en mi habitación, concentrándome en las relaciones entre musulmanes, judíos y cristianos. Mientras otros intentaban cambiar a Yemen de arriba hacia abajo, yo intentaba trabajar de abajo hacia arriba. No estaba prestando demasiada atención a las fuentes de noticias occidentales, y por lo tanto, no tenía idea de que los nacionalistas chiitas estaban planeando su venganza, al menos hasta el 18 de septiembre de 2014, cuando los hutís asaltaron Saná y tomaron el control de la ciudad. Las Naciones Unidas intervinieron y negociaron un cese al fuego, lo que no evitó que los hutís se apoderaran de Hodeidah, una ciudad portuaria clave en el mar Rojo, segunda en importancia después de Adén.

Pero ese estaba lejos de ser el final. Menos de un puñado de meses más tarde, los hutís estaban listos para un cambio más drástico. En enero de 2015, rodearon el palacio del presidente Hadi y lo mantuvieron bajo arresto domiciliario. El cese al fuego había terminado.

CAPÍTULO 12

✧✧✧

¿ESTÁS EN CASA?

La conferencia GATHER + 962 en Jordania, donde conocí a Natasha Westheimer y a Justin Hefter (a mi izquierda).

El presidente Hadi anunció su renuncia el 22 de enero de 2015. El Gobierno estaba sumido en el caos; la fuerza policial se dispersó. Nadie sabía lo que sucedería a continuación. Todo lo que podíamos hacer era seguir adelante con nuestras vidas. Para mí, eso significaba organizaciones como World Relief, YaLa Young Leaders, Seeds of Peace... Yo administraba a My Face For Peace; estaba involucrado con una organización llamada MasterPeace, que unía a las personas a través de la música, los deportes y el arte; y ayudaba a Tina Steinmetz, de la MJC, con el proyecto de su libro. Era demasiado peligroso discutir cualquiera de estas cosas con alguien en Yemen, pero desde mi habitación y mi computadora, me comunicaba con personas en Egipto, Jordania, Sudán, Australia, Estados Unidos, e incluso Israel. Utilizaba ventanas de incógnito y salía de todas las cuentas cuando terminaba de usarlas. Pensé que yo era inteligente y que estaba a salvo.

Estaba en mi oficina cuando recibí la primera llamada.

—*Salaam alaikum* —dijo un hombre, cordialmente—. ¿Hablo con Mohammed Al Samawi?

—Sí —respondí.

—Sabemos que usted es un agente del Mossad que convierte a los musulmanes en judíos y cristianos —dijo—. Sabemos dónde vive y lo mataremos hoy.

—¿Quién es usted? —exigí.

—Sabrá quiénes somos —respondió.

Escuché un clic.

Un escalofrío me recorrió por completo. Miré fijamente la pantalla en blanco de mi teléfono e intenté encogerme de hombros. Debería tratarse de una broma por parte de algún amigo mío. Ahmed sabía que yo estaba nervioso por esos días; sería muy propio de él. Miré alrededor de la oficina, preguntándome si alguien saldría de detrás de uno de los tabiques de poca altura. Respiré profundamente, me aclaré la garganta y fui al baño. Me lavé las manos y me puse una toalla de papel mojado en la cara. *No es nada*, me dije. *Es solo una broma.* Mis ojos se encontraron con mi cara en el espejo; tenía un aspecto escéptico.

Cuando regresé a casa esa noche, fui directamente a mi habitación. Agarré mi computadora portátil, borré mi historial de búsqueda y revisé toda mi actividad reciente en Facebook. Mi teléfono sonó de nuevo con el repique al ritmo de El Far3i.

—¿Estás en casa? —preguntó una voz. Sin saludo; sin rastro de cortesía.

—¿Quién habla? —pregunté.

—*¿Estás en casa?* —repitió gritando.

Colgué. Esta llamada estaba a un mundo de distancia de las amenazas anónimas y sin rostro de Facebook; esto era real. Puede que una llamada no significara nada; pero ¿dos? ¿Cómo habían conseguido mi número de celular? ¿Por qué les había importado si estaba en casa o no? ¿Ya sabían en dónde vivía yo?

Cené, usando un pedazo de pan plano para empujar un trozo de cordero del *fasha* que había preparado mi hermana Lial. Estaba pensando en mi actividad reciente en Facebook. Comenté sobre la guerra en Siria. Dije que me sentía animado al ver que los hospitales en Israel estaban tratando a las víctimas. Ahmed me preguntó por qué había publicado esa información. ¿Estaba diciendo yo que Israel era un buen lugar, que los israelíes eran buenas personas? Tal vez esto había cruzado una línea. Seguí reproduciendo la llamada en mi mente. Una cosa era ver palabras en una pantalla; era mucho más preocupante sentir casi el aliento de alguien en mi oído.

Mi madre me preguntó si todo estaba bien y le resté importancia, aduciendo un dolor de cabeza. Lavamos los platos y me retiré a mi habitación. No podía contarle a mi familia; hacerlo significaba confesar mis actividades. No podía acudir a la policía; sin un gobierno adecuado, la policía era insignificante en el mejor de los casos. Los hutís se habían apoderado de todo. Y qué les diría yo cuando hicieran las preguntas inevitables de seguimiento. Imaginé que el escenario se desarrollaría así:

¿Por qué alguien querría hacerte daño?

Porque me hice amigo de los judíos; porque creo que los musulmanes y los judíos deberían llevarse bien.

Sígueme.

¿A dónde vamos?

A esta celda.

Dormí a ratos esa noche. Desperté en posición fetal, envuelto alrededor de mí mismo, rígido y adolorido. Mi madre notó mi angustia de inmediato. Puso su mano en mi frente y me echó el pelo hacia atrás.

—Tienes un poco de fiebre. Deberías quedarte en casa hoy.

La palabra «casa» envió un *shock* a través de mi sistema. ¿Mi casa era segura? ¿Había puesto yo en riesgo a toda mi familia?

—Estoy bien —dije, y salí por la puerta.

Esa mañana, le pedí al conductor que tomara una ruta diferente al trabajo y que me dejara a unas calles de la oficina. Se trataba de un curso básico de supervivencia al estilo Hollywood. Interrumpe la rutina normal; no dejes que te tomen por sorpresa. Cada día sentía un miedo creciente a medida que el reloj avanzaba y yo tenía que regresar a casa. No quería salir después del anochecer. No quería estar en casa. Si ellos, los sin nombre, los sin rostro, venían a buscarme a casa, no solo me matarían a mí, sino también a mi familia. No podía hacerles esto. No había ningún recurso. La ciudad estaba tensa; la violencia estaba en aumento. La muerte se explicaba con facilidad y luego era descartada.

Rebeldes.

Milicias.

Solo otro cuerpo, atrapado en el fuego cruzado.

◇◇◇◇◇◇

Mantener el secreto de estas amenazas de muerte no fue fácil. Quería acudir a los demás, pero no me atrevía. ¿Y qué si mi teléfono había sido intervenido? ¿Y qué si me estaban observando?

Incapaz de comer, dormir o funcionar adecuadamente en el trabajo, resolví hacer algo. Decidí pedirle a World Relief si podían trasladarme a su oficina en Adén. Eso lo resolvería todo. Adén, una ciudad portuaria del sur, estaba cerca del sitio natal de mi madre. Tenía parientes allí que podrían ayudarme. Podría decirles a todos en casa que me habían transferido temporalmente para supervisar un proyecto; que yo era tan respetado y tan necesario que tenía que irme. Extrañaría a mi familia y a mis amigos, pero volvería en un par de meses, después de que el peligro pasara. Y luego, estaría lejos de la sombra de la espada que colgaba sobre mí.

Llamé a mi jefe, Nate Harper, que vivía en Jordania debido a asuntos de visa. No le expliqué sobre las amenazas de muerte. Más bien, le dije que estaba buscando un cambio de ritmo. Con todos los disturbios en Saná, esperaba escapar por un tiempo, ver otra parte del país y adquirir más experiencia con la organización trabajando en una oficina diferente. No era nada personal; me gustaba estar aquí y trabajar para él. Pero era el movimiento adecuado para mí.

Hizo una pausa antes de rechazar mi petición. Nate era un jefe y un amigo increíble. Pero los cambios de personal como estos no eran fáciles en el mejor de los casos. Y menos cuando él estaba fuera del país. Yo era, en un sentido muy real, el único encargado de todas nuestras operaciones en Saná. Era yo quien firmaba los cheques y aprobaba los informes. Si yo no estuviera allí, la oficina podría paralizarse, y él no estaba seguro de poder encontrar a alguien que me reemplazara, aunque fuera temporalmente. Me sentí halagado en un sentido, pero se trataba de un cumplido que nunca había sido tan áspero.

Desesperado, le hablé de las amenazas. Podía oír el dolor en su voz, pero dijo que no podía transferirme todavía a Adén. Prometió que me ayudaría de cualquier manera que pudiera y dijo que volvería a llamar en breve con el consejo de un experto. Una hora después, me hizo cuatro recomendaciones: cambiar mi número telefónico, tomar diferentes rutas a la oficina, no socializar en público y evitar salir por la noche. Yo ya había hecho esos cambios. Aprecié su preocupación, pero no bastaba para hacerme sentir seguro.

Me apresuré a buscar otra salida. Busqué bolsas de trabajo y envié todos los correos electrónicos que pude. Seguramente había algún hilo perdido que yo podría seguir... Y entonces lo encontré. Oculto en mi bandeja de entrada, tenía un correo electrónico de Megan Hallahan sobre una conferencia que tendría lugar en Jordania entre el 26 de febrero y el 1 de marzo de 2015. Se llamaba GATHER+962, y era organizada por Seeds of Peace. ¿Me gustaría asistir como uno de los tres representantes de YaLa? Mis dedos se enredaron mientras me apresuraba a responder el correo electrónico: Sí, me gustaría.

Me contacté rápidamente con Megan y ella me dijo que también asistiría. Qué alivio. En el tiempo transcurrido desde que nos conocimos personalmente, Megan y yo nos habíamos vuelto cercanos. Ella me había contactado regularmente para ver cómo estaba, y cómo iban mis actividades interreligiosas. Tenía una buena comprensión de la situación en Yemen y quería estar segura de que yo estuviera bien. Estaba ansioso por verla en persona. Hamze, a quien conocí igualmente en Jordania en 2013, también asistiría. GATHER+962 era exactamente lo que yo necesitaba.

En esa época, mi familia se había acostumbrado al hecho de que yo viajaba por razones de trabajo. Les dije que la conferencia me ayudaría a progresar en términos profesionales, y tomé su silencio como un consentimiento. Luego hice mi equipaje, teniendo cuidado de eliminar cualquier documentación escrita en hebreo, y volé a Jordania.

Cuando llegué, Megan corrió hacia mí. Estaba radiante, como una pequeña bola de luz. Le dije que parecía estar muy feliz, como si se hubiera quitado una gran cantidad de estrés de sus hombros.

—No es una broma —se rio.

—Lo siento. Tal vez no estoy expresando esto muy bien.

—No, no, es cierto —dijo, y se acomodó un mechón de pelo detrás de la oreja—. Vine como participante a esta conferencia. Al igual que tú. La mayoría de las veces estoy ocupada dirigiendo cosas, así que se siente bien estar aquí para disfrutar y no tener que pensar en eso como trabajo-trabajo. —Inclinó la cabeza hacia un lado y levantó una ceja—. ¿Sabes a qué me refiero?

—Sí —dije, confiando en que así era realmente. Los meses que pasé moderando grupos interreligiosos en línea habían mejorado enormemente mi inglés.

Ella vio a alguien al otro lado de la habitación y saludó con la mano como una niña que acabara de encontrar a su amiga perdida desde mucho tiempo atrás.

—Estoy jugando a escaparme —explicó—, dejando de asistir a la escuela.

—¿Ah? —exclamé.

Ella sonrió con complicidad.

—Mi jefe está ausente y no pude contactarlo para pedirle permiso. Vine de todos modos. ¡Creo que me lo he ganado!

—Guau —dije en voz baja—. No creo tener ese tipo de libertad.

En el transcurso de la semana, y en medio de cafés y de tés aguados, Megan y yo empezamos a conocernos como personas, y no solo como activistas. Supe que su familia era católica, y que la caridad siempre había estado presente en su vida. Su padre trabajaba como organizador del Sindicato Internacional de Obreros de Norteamérica, y después de la escuela, ella lo ayudaba a llenar sobres y asistía con él a los mítines. Fue entonces cuando descubrió que este tipo de trabajo era su vocación. Su oficina estaba en un sector pobre de la ciudad, y no era raro ver personas sin hogar que permanecían en las calles con carritos de compras y bolsas de basura, tratando de ganarse la vida con latas redimibles. En la televisión, vio víctimas de la hambruna de 1984-85 en Etiopía, imágenes de niños pequeños con vientres distendidos, y se preguntó por qué las personas que ella conocía tenían tanto mientras que a otras les faltaba tanto. Había algo fundamentalmente injusto en las condiciones de Estados Unidos, explicó ella. Los que tienen y los que no tienen.

La Universidad de California en Santa Bárbara amplió su visión más allá de las fronteras de su país, y con un título en Ciencias Políticas y Relaciones Internacionales, exploró varias organizaciones y lugares, pero encontró un hogar en Israel trabajando con YaLa Young Leaders.

Sentía una verdadera afinidad con Megan; era como si fuéramos compañeros que hubieran asistido a clases juntos durante muchos años, pero nunca habláramos de otra cosa que no fueran los deberes escolares. Pensé en hablarle de mi situación difícil, en devolverle su franqueza con la mía, pero cuando la miré, sentí que ella se estaba alejando, con la cabeza en otra parte.

—¿Estás bien? —pregunté—. Es decir, ¿todo está bien en tu vida?

Ella suspiró.

—Han sido un par de meses difíciles. Perdí a mi abuelo... He estado en una relación que no es muy buena para mí... Pero estoy empezando a sentir que todo eso ya está quedando atrás. Ahora estoy con algunas personas agradables.

Sonreí ante el cumplido.

—Lo siento, no sabía acerca de tus problemas.

Ella se encogió de hombros.

—¿Cómo podrías saberlo? No te he dicho nada.

◇◇◇◇◇◇

A la mañana siguiente me encontré solo en el comedor. Se habían formado pequeñas constelaciones de hombres y mujeres, pero yo no había descubierto la ciencia de relajarme en la órbita de otra persona. Vi un asiento vacío junto a un joven que parecía tener más o menos mi edad. Iba vestido con ropa occidental y parecía accesible, así que me acerqué y le pregunté si le gustaba el fútbol. Inclinó la cabeza de una manera divertida, y me di cuenta de que debería haber hecho un comentario sobre el clima, o preguntarle si había dormido bien anoche. Pero luego sonrió, se inclinó más cerca y susurró:

—¿Eres fanático?

Asentí.

—Eso es genial. Sí. Yo también. —Observó la habitación—. Probablemente no seamos muchos aquí. No sé por qué, pero los deportes parecen ser un placer culpable o un poco de tortura para estas personas. Por cierto, me llamo Justin.

Hablamos de la Premier League, y él parecía saber algo acerca de cada equipo que mencioné. Decidí ponerlo un poco a prueba y le pregunté sobre La Liga, si pensaba que alguien tenía alguna posibilidad contra el Barça o el Real Madrid. Su respuesta fue detallada, llena de nombres y estadísticas. No hace falta decir que pasó la prueba.

Resultó que Justin había jugado fútbol (soccer, como lo llamaba él) en la escuela secundaria, y soñaba con una carrera en el fútbol profesional, al igual que yo. Pero no la tuvo fácil. Era el único judío de su equipo y se destacó. Trató de hacerse pasar por hispano debido a su piel oscura y a su pelo castaño y rizado, pero sus compañeros le pusieron apodos como «el chico de la Torá» y «*Heil* Hitler». Tomó los golpes con calma y los esquivó, al igual que los placajes fuertes.

—No valen la pena el sudor de mi espalda —dijo.

Yo sabía a qué se refería.

—Por estos días —continuó— estoy centrado en otros tipos de juegos. En videojuegos que promueven la paz.

Dijo que había fundado una compañía de tecnología, y uno de los juegos que había desarrollado implicaba hacer que palestinos e israelíes trabajaran juntos. La única forma en que cualquiera de los jugadores podía avanzar al siguiente nivel era a través de la cooperación. Me enseñó uno de ellos en su teléfono. Era increíble. Nunca había conocido a alguien que pudiera crear algo semejante. Así se lo dije, y él se encogió de hombros y me dio una tarjeta de negocios.

Juegos Bandura. Justin Hefter. CEO.

Le di mi tarjeta de World Relief y prometimos permanecer en contacto. Mientras guardaba su tarjeta, pensé en decirle que la palabra *bandura* significa «tomate» en árabe. Pero antes de que pudiera decirle algo, él se había alejado de la mesa y estaba enfrascado en otra conversación.

Yo no tenía posibilidades. Ni siquiera me había ido de la casa de mis padres y Justin ya había iniciado una empresa. Pero no había tiempo para la autocompasión. Estaba retrasado. Así que agarré mi bolso y me dirigí a mi primera discusión grupal programada.

Cada uno de nosotros había recibido la misma tarea: elegir un problema en el mundo que quisiéramos abordar. Elegí el agua. Los expertos habían pronosticado que Yemen se quedaría sin agua potable en 2020, lo que provocaría una catástrofe en todo el país, lo cual haría que las escaramuzas hutís parecieran un simple acto de calentamiento. El problema era extremadamente urgente y evitaba temas contenciosos de religión y de política. Lo último que yo necesitaba eran más enemigos.

Mientras esperaba mi turno para hablar, una mujer joven con una abundante cabellera roja y gafas se levantó para hacer su presentación. Se llamaba Natasha Westhelmer y su tema era el agua. *¿Qué?* ¡Ese era mi tema! Estaba a punto de decir algo cuando Natasha explicó sus orígenes...

Nacida en Australia y criada en Estados Unidos, ella asistió a la Universidad de Maryland, donde cofundó una organización de educación nutricional llamada SNAK: Spreading Nutrition Awareness to Kids (Difundiendo la conciencia nutricional a los niños). Esto la llevó eventualmente a la Iniciativa Global Clinton, lo cual la condujo a un trimestre de estudios en Israel. Al igual que yo, le habían enseñado a organizar el mundo a través de una ecuación simple, solo que la suya era la inversa de la mía: palestinos = malos, israelíes = buenos. Mientras estaba en Israel, comprendió que la realidad era mucho más compleja.

Al regresar a Maryland, se decidió por una especialización doble en Estudios judíos (con énfasis en el conflicto israelí-palestino) y en Desarrollo internacional y gestión de conflictos (especializada en la gestión transfronteriza del agua en el Medio Oriente). Estaba decidida a hacer la diferencia. Hasta esa fecha, había hecho un internado en el Departamento de Estado, trabajado con el Instituto Arava de Estudios Ambientales, y posteriormente con EcoPeace Middle East. El siguiente paso sería asistir a la Universidad de Oxford en el otoño para obtener una maestría en Ciencias del agua.

Me mordí la lengua. El agua era ciertamente lo *suyo*.

Escuché a Natasha explicar la importancia del agua (algo que yo sabía), y las estrategias que ha empleado Israel para hacer frente a su escasez de agua (algo que no sabía). Aparentemente, Israel tenía plantas de desalinización que convertían el agua del mar en agua potable. Mientras existiera el mar, Israel nunca tendría que preocuparse por la sequía. Mi mente estaba bullendo con varias posibilidades; ¿podríamos adoptar un programa similar en Yemen? Estaba tan absorto en mis propias fantasías que creí escuchar a Natasha criticar al Gobierno israelí y a sus posturas sobre los palestinos y los derechos del agua. Me concentré bien. Eso era exactamente lo que había dicho ella. Llamaba a su propio Gobierno a replantearse el tratamiento que les daba a los palestinos. La falta de censura era impactante. Pero su lealtad no era hacia una parte sobre otra; era hacia la humanidad.

Cuando llegó mi turno, cambié rápidamente mi tema y hablé sobre el pueblo Akhdam, una minoría en Yemen. La forma singular de la palabra *khadem* significa «siervo» en árabe, y estas personas eran tratadas exactamente así. Estaba trabajando para ayudar al pueblo Akhdam como parte de mi labor en World Relief. Ocupaban el peldaño más bajo de la sociedad yemení, hacían trabajos de baja categoría, no asistían a la escuela y luchaban por sobrevivir. Sin una educación, sus hijos tenían pocas posibilidades de avanzar en términos sociales o económicos. Yo no había resuelto todos los detalles, pero creía que podría existir una oportunidad para mejorar las condiciones de vida del pueblo Akhdam a través de alguna forma de microfinanciamiento. Si yo pudiera ayudarlos a establecer una empresa que vendiera un producto básico de bajo costo —como café, por ejemplo—, ellos podrían enviar a sus hijos a la escuela con el dinero producto de la venta. La mayoría de las personas en el grupo nunca habían oído hablar de los Akhdam, pero me animaron a seguir con la idea, y me sentí energizado por la recepción y el apoyo.

Los dos días siguientes transcurrieron con una serie de discusiones y debates. Supe de otras organizaciones y de sus esfuerzos en todo el mundo, y hablé con Natasha sobre los sistemas de conservación del agua. Le pregunté cómo se había convertido en una activista tan resuelta, y me dijo que siempre se había sentido atraída por los marginados y por los que tenían poca representación, algo que, según ella, se remontaba al legado del Holocausto. Mientras la familia de su madre había vivido en Australia durante cuatro generaciones, su abuela paterna nació en un campo de concentración europeo y escapó a Australia cuando tenía cinco años. Criada entre sobrevivientes, a Natasha le quedó grabado un sentido de la obligación social. Esta era la primera vez que yo hablaba realmente con alguien sobre el Holocausto. Tomé nota para aprender más al respecto.

La única conversación desalentadora fue la de la crisis siria. Todos podemos estar de acuerdo en que Bashar al-Assad es un hombre horrible. Compartía el hecho de que Yemen había abierto sus brazos para recibir a los refugiados, pero no llegaron muchos. En World Relief nos enteramos de que muchos sirios creían que estaban mejor en su país devastado por la guerra que en Yemen. Recordé lo que había dicho Megan sobre los que tienen y los que no, y pensé en Arabia Saudita. Era uno de los países más ricos del mundo y, sin embargo, ¿estaban acogiendo a los sirios? ¿Qué tipo de ayuda les estaban brindando?

Este era un punto de presión para mí. Mientras más pensaba en ello, más me daba cuenta de que Arabia era más como un matón que como la hermana mayor de Yemen. A lo largo de los años, Arabia había presionado a Yemen para tener acceso a sus puertos marítimos, ofreciendo poco a cambio.

Pero el reino saudita no se detuvo ahí. Además de usar nuestros recursos, trataba de controlar nuestras mentes. El wahabismo, que lleva el nombre del primer líder político y espiritual, al-Wahab, había surgido en Arabia Saudita y era aún la principal secta del islam. A comienzos del siglo diecisiete, y en reacción a la difusión y popularización de las prácticas místicas sunitas, al-Wahab decidió devolver el islam a una especie de puritanismo. Los musulmanes que se habían integrado al mundo secular, dijo él, no eran musulmanes en absoluto. Rechazó la práctica de venerar santos y visitar santuarios, y creía que solo Dios en el cielo debía ser honrado, y únicamente a través de una interpretación estricta del Corán. Les dijo a sus seguidores que el «mejor de los tiempos» era el período que el profeta pasó en Medina, y que todos los musulmanes de bien debían esforzarse por replicar ese estado del ser. Extremista e intransigente, imaginaba el regreso a un antiguo estado islámico, libre de corrupción; a un islam puro.

Al-Wahab, y Muhammad Ibn Saud, fundador del Estado saudita, trabajaron juntos —Saud en términos políticos y al-Wahad en términos espirituales— para unir a lo que por mucho tiempo habían sido tribus dispares con intereses individuales. La casa de Saud entró y salió del poder hasta el siglo veinte, cuando consolidó el control con la ayuda de las autoridades religiosas. A partir de entonces, la influencia occidental fue, a su vez, rechazada y abrazada, y particularmente cuando se trataba de moneda a cambio de derechos de perforación petrolera, la familia Saud no lo pensó dos veces. Y así, la bendición y la maldición del territorio rico en petróleo creó una división con la que Arabia sigue viviendo en la actualidad: la tensión entre la riqueza espiritual y la riqueza material.

Por mucho que la familia real saudita predicara una forma estricta del islam, disfrutaba de un estilo de vida descaradamente lujoso. Pero su propia extravagancia atenuó en modo alguno su apoyo al wahabismo. Se establecieron leyes religiosas estrictas a medida que bandadas de maestros e imanes moldeaban el país y los de todo el mundo árabe. Establecieron escuelas en áreas económicamente deprimidas con poco acceso a la educación, y se instalaron en las zonas rurales de Yemen. El Gobierno era demasiado pobre para supervisar las zonas rurales remotas y sus escuelas, por lo que los maestros y los imanes sauditas intervinieron para llenar el vacío. Aprovecharon esta ventaja, acecharon a la gran cantidad de yemeníes analfabetos y los «convirtieron» a las costumbres wahabíes.

El wahabismo se extendió a tal grado que infiltró la política, lo que agregó otro grupo a la mezcla. Ahora la división no era solo entre sunitas y chiitas, sino también entre wahabíes, quizás el más radical de todos los grupos.

Yo había escuchado durante mucho tiempo que en el mundo árabe todos teníamos una sola sangre. Que pelearíamos juntos contra el enemigo. Pero cada vez se hacía más evidente que éramos nuestro propio enemigo.

◇◇◇◇◇

Llegó la noche final de la conferencia y todos nos reunimos en el comedor para una cena de despedida. Después de tres días de conferencias y conversaciones, finalmente reuní el valor para preguntarle a Megan aquello que me había dado vueltas en el fondo de mi mente.

—Me gusta que haya personas aquí del Departamento de Estado de EE. UU. Tienen ideas interesantes.

—Así es. Es muy fácil desestimar a nuestros gobiernos. Pero ayudan realmente.

—¿Conoces personalmente a alguno de esos individuos?

—No a los que están aquí, pero tengo algunos contactos... ¿Por qué?

—Solo estoy pensando en cosas. Pensando en el futuro. —Me recliné en mi asiento y crucé los brazos sobre mi pecho.

—¿Estás pensando en irte de Yemen?

Era la primera vez que alguien decía las palabras que yo había estado luchando para decir.

—No. No lo sé. Podría serlo.

Megan hizo un cálculo rápido con sus ojos.

—Sabes —dijo con una mirada de compasión—. He estado preocupada por ti. No sé si sea una buena idea que regreses ahora mismo. Si puedo ayudar, Mohammed, simplemente pídemelo.

—Gracias —dije—. Espero que no llegue a eso.

Ella asintió.

—De todos modos, haré algunas averiguaciones. Veré qué se me ocurre.

Antes de poder pasar a un tema más intrascendente, una compañía de danza beduina jordana subió al escenario. Bailaron una canción, vestidos con sus tradicionales túnicas blancas y sus pañuelos de cuadros rojos, y con cinturones del mismo color en sus pechos. Un hombre tocaba un instrumento de cuerda, otro tenía una especie de instrumento tipo gaita, y otro llevaba el ritmo con sus tambores. El ritmo atrajo a las cien o más personas a la pista de baile, y sentí mi pie golpear el suelo involuntariamente.

Miré a mi derecha y vi a Megan sonriendo, con los ojos cerrados y asintiendo. Sonreí, y sentí un empujón en mi otro lado. Natasha estaba allí, con los brazos levantados, chasqueando alternativamente los dedos y aplaudiendo. Una amplia sonrisa surcó su rostro que miraba hacia arriba.

«¿Por qué no estás bailando?», me dijo.

Me encogí de hombros y sonreí. ¿Cómo podía explicarle sobre mi pierna y lo torpe que me hacía sentir? ¿Cómo podía decirle que al pueblo yemení le encantaba bailar, pero que solo lo hacía en las bodas, con los hombres en un salón y las mujeres en otro, siguiendo un procedimiento estricto? ¿Cómo podía revelar yo que la cultura, la tradición y el sentido del bien y del mal me habían contenido tanto que nunca había bailado en mi vida?

Esos pensamientos pasaron por mi mente mientras veía a una mujer que había conocido apenas durante setenta y dos horas hacerme señas para que me uniera a ella, bailando con un abandono feliz, una expresión espontánea de alegría, de estar viva.

Di unos pasos tentativos. Y luego cerré los ojos. Sentí la música, me olvidé de todo lo demás y dejé ir mi cuerpo. Una sensación extraña me invadió.

Me sentí libre.

◇◇◇◇◇◇

Todos se marcharon al día siguiente, prometiendo mantenerse en contacto; pero yo tenía un día más para estar en Jordania. En World Relief estaban tan felices de que yo hubiera asistido a la conferencia como su representante que Nate Harper me invitó a sacar un día extra para conocer el país. Podía elegir cualquier actividad que quisiera, y Nate se uniría a mí.

Elegí ir al río Jordán, el sitio donde la Biblia nos dice que Jesús fue bautizado. En la orilla este del río estaba *Al-Maghtas*, la palabra árabe para «inmersión» que también era conocida como Betania, posiblemente derivada de las palabras hebreas *beth-aniniah* o «casa de los pobres». Yo entendía en términos racionales que los antiguos judíos, cristianos y musulmanes habían estado aquí, pero el peso de esa historia compartida estaba más allá de mi imaginación.

Caminé por senderos serpenteantes a través del desierto, los arbustos y las flores silvestres entremezcladas con las rocas y la tierra reseca. Unas cuantas acacias se alineaban en un arroyo, el Wadi Kharrar, que conducía desde Jabal Mar-Elias (la colina de Elías) hasta los estanques de bautismo cerca del río. Este era el sitio donde los judíos habían cruzado el río Jordán y entrado a la Tierra Prometida. También era el lugar de la ascensión del profeta Elías al cielo, así como de la antigua iglesia de San Juan Bautista.

El lugar quedó infestado de minas antipersonas durante la Guerra de los Seis Días de 1967, pero después del tratado de paz entre Israel y Jordania en 1994, la familia real jordana se encargó de despejar el área y de restaurarla como un lugar de peregrinación. Me conmovió el gesto de cómo un país islámico podía ayudar a curar viejas heridas y preservar la historia sagrada para judíos y cristianos.

En un lado del agua se encontraba Jordania, y en el otro, Israel. El lado jordano parecía haber cambiado poco desde la antigüedad. El lado israelí casi me cegó con su blancura y su modernidad reluciente. Había escuchado a la gente decir que uno de los problemas con el mundo árabe era que con demasiada frecuencia se centraba en el pasado, mientras que Israel miraba hacia el futuro.

Me senté en el suelo duro durante mucho tiempo, viendo pasar las aguas del río Jordán. Si pudiera nadar, podría haber entrado a Israel. No había puestos de control. No había guardias armados. No había disputas acerca de qué era de quién. Mucho antes de esto, yo había leído acerca de un hotel en Europa que se extendía a ambos lados de una frontera internacional. Si te quedabas en una habitación en un lado del hotel, estabas en los Países Bajos; si te quedabas en el otro, estabas en Bélgica. Podías estar fácilmente en un país o en ambos. Pensé en Marruecos y Argelia; en Egipto y Arabia Saudita. Los límites, esos constructos artificiales, eran la causa de mucha agitación.

Si pudiera nadar, no necesitaría que nadie viniera y dividiera las aguas. Podría recorrer la corta distancia por mi cuenta.

Nate se acercó y me dijo que teníamos que dirigirnos al aeropuerto.

—No querrás perder tu vuelo —dijo, suponiendo lo peor.

—Tienes razón —le dije—. Solo unos minutos más. —Utilicé mi mano buena para levantarme, mi palma abollada y marcada por las rocas, un mapa en relieve de la historia antigua.

Justo antes de abordar el avión, Nate me dio un reloj, un gesto de gratitud por todo el trabajo que había hecho yo. Era una de las cosas más bellas que había tenido. Observé la manecilla de los segundos moverse hacia adelante, casi vacilante, como si quisiera invertir las direcciones en cada tic. Entendí ese impulso.

◇◇◇

CAPÍTULO 13

UN HOMBRE DE PALABRA

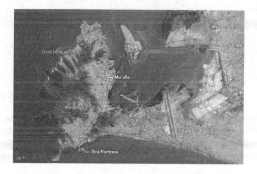

Vista aérea de Adén, la ciudad yemenita
más grande del sur, y su puerto principal

Bajarme del avión fue un choque con la realidad. Un hutí se me acercó, pidió ver mi boleto y me preguntó por qué había estado en Jordania. Dije que había asistido a una conferencia y me dejó pasar sin más preguntas.

El camino a casa no estaba obstruido con el tráfico habitual. En lugar de automóviles, vi camionetas con ametralladoras instaladas en los platones. Los milicianos hutís estaban junto a ellos, observando en todas las direcciones. Hombres armados con rifles se agrupaban a un lado de la carretera, en las aceras y fuera de los cafés. Unos pocos vehículos militares camuflados —blindados, y que transportaban personal— se disputaban el espacio en las calles polvorientas. Hombres hutís con ropas andrajosas caminaban con sus *jambiya*, sus dagas tradicionales, colgando de sus cinturones. Otros llevaban lanzacohetes sobre sus hombros. De vez en cuando, alguien levantaba un cuchillo en el aire y gritaba. El resto de la muchedumbre respondía, los cuchillos y rifles subiendo y bajando como pistones.

A lo largo de toda la vía colgaban letreros de los edificios: «¡Dios es grande! ¡Muerte a Estados Unidos! ¡Muerte a Israel! ¡Malditos judíos! ¡Victoria al islam!».

Mi garganta se atragantó, mi pecho desesperado en busca de aire. *Así es como debe sentirse un ataque de asma*, pensé para mis adentros, sintiendo que la cabeza me daba vueltas. Aunque los combatientes hutís eran de la misma secta religiosa que yo, no tenía dudas de que si se enteraban de mi trabajo interreligioso o si pensaban que yo era un espía israelí, me matarían, si es que contaba con suerte.

Llegué a casa y el salón principal parecía un depósito. Los alimentos estaban en hileras ordenadas de cajas y bolsas, y plantas de hojas verdes brotaban de algunas de ellas. Mi madre parecía una granjera entre hileras de productos agrícolas, inspeccionando cajas con su cara arrugada por la concentración y la preocupación.

—¿A qué se debe todo esto? —le pregunté después de intercambiar saludos.

—Tenemos que estar preparados —dijo ella, frunciendo el ceño frente a una bolsa de cebollas. Levantó una, y la capa exterior cayó al suelo—. En caso de que haya una guerra. Tendremos algo para comer.

—De verdad piensas...

—No tenemos tiempo para pensar —dijo ella bruscamente, poniendo fin a mi pregunta—. Tenemos que actuar. Nadie puede predecir lo que harán los hutís.

Sentí como si mis piernas estuvieran a punto de ceder. Traté de atribuirlo al viaje en avión, a mi agotamiento luego de la conferencia.

—Tal vez sería buena idea permanecer mañana en casa. Unos pocos días. Ver lo que sucede —dijo ella.

Todos lo hicimos. Los hutís no eran un ejército entrenado y disciplinado; eran un grupo variopinto de milicianos de las montañas, lo que hacía que fueran aún más aterradores por su imprevisibilidad. Al igual que el presidente Hadi, todos nos sentimos como si estuviéramos bajo arresto domiciliario. Comimos nuestras comidas sazonadas con tensión e intentamos adaptarnos a nuestra nueva realidad. Trabajé desde mi casa tanto como pude, al igual que mi padre. Sin un gobierno establecido, no había fondos destinados a las instituciones militares, lo que significaba que no había salarios para el personal del hospital. Finalmente, mi padre también dejó de ir a su clínica. Pocas personas ingresaban a ella; menos aún podían pagar. Tal vez los sirios tenían razón. Tal vez Yemen no era un buen lugar para los refugiados ni para sus ciudadanos.

Antes de mi viaje a Jordania, los hutís anunciaron que habían formado un gobierno de transición. Un consejo presidencial de cinco hombres estaría a cargo. El Consejo de Seguridad de la ONU condenó el golpe e instó en los términos más enérgicos posibles a que los hutís participaran en un acuerdo para compartir poder, mediado por el CCG. Los rebeldes se negaron a aceptar.

Pronto, las pancartas hutís estuvieron en todas partes: «¡Dios es grande!, Muerte a Israel, Muerte a Estados Unidos, Malditos judíos, Victoria al islam». Cubrieron las fachadas de los edificios y desfiguraron las hermosas murallas antiguas de la Ciudad Vieja. Los sonidos de las bocinas de los autos y los llamados a la oración fueron reemplazados por el grito de batalla y el fuego de artillería hutí.

La tensión en casa estaba en un punto de ruptura. Mi padre dormía todo el tiempo; y cuando no lo hacía se sentía agitado. Mi madre estaba intranquila por su salud. Le preocupaba que cualquier perturbación fuera perjudicial. Ella ni siquiera limpiaba mientras él estaba en casa.

Una noche a mediados de febrero, ella mencionó durante la cena que había oído hablar de ciertas personas que habían desaparecido en circunstancias misteriosas. ¿Habían huido por su cuenta, o habían sido detenidas por los insurgentes? ¿Y por qué habían desaparecido? Habían hecho mucho menos que yo en mis esfuerzos interreligiosos y en favor de la paz. Yo tenía que hacer algo. No podía vivir poniendo a mi familia en peligro.

Cuando le dije que tenía que irme, que estaba poniendo a la familia en peligro, ella lo entendió. Yo no necesitaba decir más. Estuve unos días en un hotel en Saná. Trabajé un poco a distancia y rastreé los últimos desarrollos en Yemen a través de blogueros y amigos de Facebook. Hice todo lo que pude para mantener mi mente ocupada.

Me puse en contacto con Megan y ella comenzó a trabajar en mi nombre, tratando de encontrar un empleo para mí fuera de Yemen; cualquier trabajo temporal, cualquier cosa dentro del alcance de mi experiencia previa. Me sentiría mejor si regresaba cuando los enfrentamientos se calmaran en Yemen. Como era de esperarse, nadie estaba buscando contratar a alguien que solo estaría disponible por un tiempo indeterminado.

Me desperté la mañana del 22 de febrero y examiné los titulares en línea. Al Jazeera informaba que Hadi había logrado escapar del arresto domiciliario. Había viajado a Adén y se había retractado de su posición. Dijo que era el líder legítimo del país. Solo había renunciado bajo presión para apaciguar a los hutís y evitar el derramamiento de sangre. Iba a establecer Adén como la nueva capital, formar un gobierno provisional y reanudar su liderazgo.

Encendí la radio. Esta confirmó los reportes. Adén sería la nueva capital, y el Gobierno y la policía se unirían a Hadi en el sur. Lo sabía: ¡Adén era la respuesta! Mientras mi madre almacenaba víveres, conseguí oportunidades de trabajo. Tuve una entrevista en Oxfam, la ONG de larga data que trabajaba para aliviar la pobreza y la injusticia en todo el mundo. También fui a una entrevista en Save the Children. Afortunadamente, yo ya era conocido por mi trabajo en World Relief. Yemen no era un lugar particularmente deseable o acogedor para que los extranjeros trabajaran, y el hecho de que yo hablara inglés era una ventaja adicional. Recibí ofertas de ambas organizaciones y elegí Oxfam. Tenían una oficina en Adén y podía comenzar tan pronto como yo pudiera. Presenté mi renuncia en World Relief, y Nate se disculpó de nuevo por no haber podido atender mi petición. Entendió que me iría lo antes posible en vista de las condiciones que imperaban en Saná.

Con todas las piezas en su lugar, hablé con mi padre y mi madre después de la oración del viernes. Les dije que tenía una mejor oferta en una nueva organización, y que, por supuesto, Saná no era segura para mí, ya que los hutís empezaban a declarar como blanco a cualquiera que trabajara en una ONG. Mi madre se alegró. Yo estaría lejos de los disturbios y cerca de su familia. Mi padre estaba disgustado; me dijo que no podía irme. Yo no había considerado su oposición. No tenía un plan de respaldo. Permanecí allí, sintiéndome tan impotente como él. Con la toma hutí, él ya no podía mantener a la familia. No podía cumplir con sus obligaciones. Yo podía recoger mis cosas e irme en cualquier momento; pero él no. Lo que él no sabía, lo que mi madre no sabía, era que si no me iba, yo podría poner en peligro a toda nuestra familia.

Mi madre habló con mi padre mientras yo abría y cerraba la boca. Le dijo que su hermano me había encontrado un apartamento agradable. Dijo que yo tendría un trabajo muy respetable y que honraría a la familia. Él cedió finalmente. Afortunadamente, yo no le había dicho a mi madre que, en términos de avance profesional, mi cargo en Oxfam equivalía a retroceder dos pasos. Mi nuevo título sería oficial de logística. En la actualidad, yo tomaba decisiones, era el representante del país, y pronto sería un asistente administrativo glorificado. Pero ¿qué importaba eso? Yo estaría vivo.

Empaqué algunas de mis ropas la última noche que pasé en casa de mis padres. Esto solo era temporal, me dije a mí mismo y a mis hermanos. Estaría de vuelta. *No se preocupen por mí, cuídense. Los veré pronto.*

Soy un hombre de palabra.

◇◇◇◇◇◇

Revisé mi teléfono por última vez antes de guardarlo. Eran las 2:00 p. m., del 15 de marzo, y el avión estaba en la pista. Mientras esperábamos para despegar, oí un ruido de pasos y un crujido de voces. Los asistentes de vuelo se apresuraron a la escotilla, y los rebeldes hutís abordaron. Caminaron por el pasillo, exigiendo tarjetas de identificación y preguntaron por la naturaleza de nuestros asuntos en Adén. Con Hadi ahora en Adén, la ciudad era considerada territorio enemigo, y cualquiera que viajara allí era sospechoso. Entregué mi tarjeta de identificación, con una capa de humedad donde mi pulgar e índice la habían sujetado. Dije que me estaba reportando para un nuevo trabajo. Siguieron de largo; respiré.

Tan pronto puse los pies en Adén, busqué las boinas azules de la policía. Pero en lugar de ello, vi a dos hombres con camisas a cuadros y chalecos con municiones portando rifles Kalashnikov mientras observaban a los pasajeros que salían. Los camiones estaban cubiertos con la bandera negra de

AQPA. Los combatientes se paseaban de un lado al otro. Traté de mezclarme entre la multitud, pero era muy consciente de que mi piel más clara me marcaba como un norteño en un bastión sureño.

Presioné mi cabeza contra el respaldo del asiento mientras mi tío Kamal se alejaba del Aeropuerto Internacional de Adén. Todo lo que habían informado los medios era una mentira. La situación era un poco mejor que la de Saná, pero ahora yo era un intruso, un extraño.

Pasamos por un bloque de apartamentos. Más estandartes negros, letras blancas que deletreaban varios eslóganes, salpicando las losas de piedra soleadas. Este —el sur—, era su territorio. Yo había escapado de las mandíbulas de los hutís solo para terminar en el vientre de la bestia AQPA. Hadi, un sunita, podía estar en su elemento. Pero yo no.

Cuando la Revolución Juvenil comenzó en enero de 2011, los verdaderos depredadores políticos eran los hutís, Saleh, y los países del Consejo del Golfo. AQPA era un actor menor, aunque letal. Con apenas trescientos miembros tal vez, dirigía sus esfuerzos a la violencia contra los occidentales. Contaba con el apoyo local entre las tribus y ciertos funcionarios gubernamentales, pero no era más que una molestia menor, un mosquito que zumbaba alrededor. Poco sabíamos que ese mosquito resultaría ser portador de malaria, dengue y el virus del Nilo Occidental. AQPA utilizaba el reclutamiento de base con un efecto enorme. Se había movido hacia el sur y alineado con otros grupos locales sunitas. Ahora había un ejército formidable, listo para luchar contra la alianza hutí-Saleh (chiita).

Pasé el resto de ese día con mi tío Kamal y mi primo Yasin en su apartamento. Eran bastante estrictos en sus creencias, por lo que los hombres cenamos solos, sin mi tía Dinah y mis primas Dalia y Lulu. Me pregunté si Dinah sabía que su nombre era tan prominente en la Torá. Definitivamente no, decidí. Les conté a Kamal y a Yasin sobre mi nuevo trabajo, haciéndoles saber que era un paso atrás en términos de salario y responsabilidad. Yo era cauteloso cuando hablaba de dinero. La disparidad entre la familia de mi padre y de mi madre seguía siendo un tema sensible, y era reticente ser visto como un banquero familiar.

Después de una comida agradable, Kamal y Yasin me llevaron a mi nuevo apartamento, que estaba cerca del banco central de la ciudad. Se fueron luego de cumplir con su deber. Cualquier emoción que yo sintiera al vivir solo por primera vez en mi vida estuvo algo más que atenuadao por las circunstancias. Me senté en el sofá y miré la pared frente a mí. No me atreví a abrir las cortinas blancas de las ventanas, y la luz filtrada mostraba todo con un aspecto diáfano y desenfocado. Supuse que era el único norteño en todo el edificio. Las personas que habíamos visto en el pasillo y en los cuatro tramos de escaleras que conducían a mi apartamento tenían acentos fuertes, fácilmente distinguibles del mío. Lo único que me separaba ahora de ellos eran unos pequeños paneles de yeso.

El 16 de marzo, el sol matinal me despertó para mi primer día en mi nuevo trabajo. La oficina de Oxfam estaba a quince minutos en auto. El sudanés que dirigía el equipo estaba de vacaciones fuera de la ciudad, así que conocí a otro oficial de logística, a un contador, tres conductores y a la mujer de la limpieza. Los conductores fueron especialmente amables y me dijeron «Señor Mohammed» en señal de respeto. Como oficial de logística, yo estaba a cargo de ellos, pero no por ello tenían que ser tan amistosos y respetuosos como lo fueron conmigo. Tras la ausencia del director, el ambiente en la oficina era informal. No parecía haber mucho qué hacer, y entonces revisé algunos archivos, leí la lista de procedimientos operativos estándar para comprender mejor cómo se manejarían las solicitudes de bienes y pasé unas horas en la computadora portátil que me habían dado, tratando de familiarizarme con los próximos proyectos de salud, saneamiento y educación en África.

Al final del día, Aidroos, uno de los conductores, condujo por quince minutos para llevarme a mi apartamento, aunque se suponía que no debía hacerlo. Nadie había mencionado que yo era de Saná o que era zaidí, y respiré un poco más aliviado. Tal vez yo había exagerado. Adén era una importante ciudad portuaria de casi novecientas mil personas de diferentes partes del mundo. Nadie estaba buscando apresarme. La ciudad parecía completamente funcional a pesar de los militantes en las calles.

El mismo horario se repitió al día siguiente. Aidroos me invitó a comer después del trabajo. Acepté. Como un hombre yemenita, yo no había aprendido a cocinar, y vivir solo me había dejado con hambre. Cuando entramos al restaurante y nos sentamos, Aidroos notó que mis ojos iban de un lado al otro. Hombres con sombreros negros, túnicas blancas y bandoleras comían y reían.

«No te preocupes», dijo. «Las cosas se calmarán. Los integrantes de Al Qaeda solo te atacarán si tú los atacas. No tienes nada que temer». Me tragué la ansiedad con la comida y pasé ambos con té. Quizá él tenía razón. Tal vez todos podíamos entendernos. A fin de cuentas, estos hombres parecían personas normales; solo otro grupo político que se ocupaba de sus asuntos. Pero, sin embargo, no había ninguna razón para arriesgarme. Hice planes para mantener la cabeza agachada, ir a trabajar y regresar a casa; eso era todo.

Me cansé de mi rutina al tercer día. Y tan pronto me preocupé de que mi nueva vida sería monótona, encontré una nueva oportunidad para salir de mi piel. Después de un día ajetreado en la oficina, me instalé en mi cama, ansioso por leer las noticias, pero un golpe en la puerta llamó mi atención. Al principio, me quedé quieto, esperando poder fingir que no estaba en casa. Pero luego me di cuenta de que las luces estaban encendidas y que mi música estaba sonando. Esto delataba mi presencia. Me arrastré hacia la puerta y la abrí. Allí, frente a mí, se encontraba un hombre bajo y calvo que sostenía un plato de comida; la amenaza había sido neutralizada. Se presentó como mi nuevo vecino y me ofreció jugo y *zalābiya*, masa frita, tal como la preparaba mi madre especialmente para mí. Le agradecí, le di las buenas noches y cerré la puerta, demasiado ansioso para hacer cualquier otra cosa. Mientras estaba en la cama mirando la oscuridad, me di cuenta de que ni siquiera lo había invitado a tomar el té. *Ana hemar*, pensé. *Qué vergüenza*. Mientras me quedaba dormido, me prometí a mí mismo que la próxima vez lo invitaría a pasar.

CAPÍTULO 14

◇◇◇

PELIGRO CLARO
Y MANIFIESTO

La comunidad internacional toma nota
mientras las condiciones se deterioran

L a mañana del 19 de marzo trajo noticias sorprendentes: los partidarios de Saleh, aliados con los hutís contra Hadi, habían asaltado el
Aeropuerto Internacional de Adén. Los combates comenzaron temprano en la mañana cuando la policía especial de Saleh atacó a las fuerzas
leales a Hadi. Los aviones comerciales recibieron numerosos disparos y al
menos dos proyectiles fueron arrojados, matando a tres personas. Sin embargo, al final, los partidarios de los hutís y de Saleh tomaron el aeropuerto.

Me sentí enfermo. Los combates ocurrían a varias millas de mi apartamento, pero no pude dejar de pensar en las personas que habían sido heridas
y asesinadas. Tres muertos: ¿era este el comienzo o el final? Escuché un avión
de combate en lo alto y supe que el duelo y la muerte no habían terminado.

Y, ¿para qué? ¿Se trataba únicamente del liderazgo del norte o del sur,
o había otras fuerzas más grandes operando? Si los iraníes intervenían en
nombre de los hutís, lo más probable es que lo hicieran por orden del expresidente Saleh. ¿Todo esto era por Saleh, o se trataba de una disputa entre
Arabia Saudita e Irán? ¿Y qué intereses tenían Rusia, Estados Unidos y China
en el desenlace?

¿Era esto una batalla militar, o una guerra contra civiles? Saná tenía importancia estratégica. ¿Qué pasaría con mis padres y hermanos si los combates se intensificaban allá? Casi dos millones de personas vivían en el área.
Una bomba o un proyectil podría eliminar a familias enteras.

Y, ¿para qué?

◇◇◇◇◇◇

Contacté a mi administrador de programas en Oxfam para averiguar cuál
era la situación en la oficina. Él había estado de vacaciones durante mis tres
días en el cargo, pero pensé que debería aceptar su oferta anterior para hacerle saber si podría ayudarle en algo.

«Las cosas están bien aquí. Los hutís vendrán, pero no es motivo para
preocuparse», dijo con una actitud de "muévete, aquí no hay nada para ver".
«Tomarán la ciudad en veinticuatro horas. Las cosas volverán a calmarse».

Yo no sabía si él estaba de vuelta en Adén. ¿Cómo podía evaluar la situación él con claridad? Pero no quería presionarlo demasiado y causar una
mala impresión, así que colgué sin pedirle una actualización. Yo había estado
tan poco tiempo en Oxfam y aceptado el trabajo en circunstancias tan apre-
suradas, que no sabía cuánto tiempo llevaba él en Yemen. Por lo que yo sabía,
él acababa de llegar aquí desde Sudán, su país natal. Teniendo en cuenta lo
que yo sabía sobre Sudán y sus luchas y revueltas, la indiferencia del hombre
había sido duramente ganada y era una herramienta de supervivencia necesaria, pero yo quería una mejor visión de la situación en el terreno.

Entonces llamé a Aidroos, el conductor que me había mostrado la ciudad.

«Señor Mohammed, lo siento mucho, pero no podré ir para llevarlo a la oficina. No puedo salir de mi casa. Estoy en Al-Ma'ala; hay combates aquí».

Le di las gracias y dudé antes de desearle lo mejor. No quería que pensara que estaba asustado por él.

Las llamadas a los otros dos conductores produjeron el mismo resultado. También vivían en el barrio de Al- Ma'ala. Querían estar con sus familias para asegurarse de que estuvieran a salvo. Les di las gracias por haberme confirmado los informes de algunos medios. Los enfrentamientos habían estallado en toda la ciudad.

Apenas colgué, sonó mi teléfono celular. Era mi padre.

Nunca me llamaba.

—¿Puedes venir a Saná? —me preguntó. No había tiempo para formalidades.

—¿Qué quieres decir?

—¿Puedes venir a casa? Queremos que estés a salvo.

Su tono era tranquilo y calmado. Era la primera vez que no estaba enojado conmigo en... varios años. Sentí que la boca se me secaba. Las cosas debían estar realmente mal. Pero no podía ir a casa; no había pasado el tiempo suficiente. Yo había sido declarado como un objetivo y no podía comprometer a mi madre, a mis hermanas, a mi padre...

—Estoy bien —dije, haciendo mi mejor esfuerzo por parecer un Al Samawi—. No es necesario que regrese a casa. Las cosas están bien aquí. No sé lo que estás escuchando, pero por favor no te molestes en creerlo. Si necesito algo, puedo llamar al tío Kamal.

Hubo una larga pausa y luego dijo:

—Está bien —sonando satisfecho.

Mi madre llamó unos minutos después; sus palabras eran rápidas y cortadas.

—¿Qué está pasando allá? —preguntó—. ¿Estás bien? He estado tratando de contactarme con Kamal, pero no contesta el teléfono. ¿Está en peligro?

La tranquilicé al igual que a mi padre.

—Todo está bien. Estoy bien. No hay necesidad de preocuparse.

—¿Estás comiendo? —preguntó ella.

—Lo estoy intentando —respondí sinceramente.

—Ve al mercado. Tendrán alimentos preparados. Ve antes de que cierren. Compra todo lo que puedas.

Le prometí que lo haría. Tenía veintiocho años y no me gustaba que se preocuparan por mí como si fuera un niño. Pero ella tenía razón. Había un motivo por el cual estaba preocupada por mi capacidad de cuidarme a mí mismo, incluso en las mejores circunstancias.

Salí de mi edificio y fui directo al mercado. Pensé que estaría bullicioso como siempre, al estilo yemení; pero en cambio, encontré que las puertas de entrada estaban cerradas. Pasé la mano por el metal y palpé su superficie oxidada como si fuera braille.

Esto no está bien, pensé.

Me alejé de la puerta y vi a unos pocos hombres que se dirigían rápidamente a sus casas, sus túnicas flotando como las velas de un barco. Me encogí de hombros con mi mochila vacía sobre mi hombro bueno; nunca pensé que me quejaría de que era demasiado liviana. Tenía una pequeña botella de leche en casa, un paquete de galletas y una caja de hojuelas de maíz. Tendría que arreglármelas con eso. Caminé a casa lo más rápido que pude, consciente de la fricción que producía mi pie derecho, de los remolinos de polvo que se amontonaban a mi paso. Mantuve los ojos enfocados frente a mí, lejos de las sombras cada vez más profundas de las últimas horas de la tarde. *Tengo bigote*, pensé. *Tengo que cuidarme.*

Tras llegar a mi apartamento sin incidentes, llamé a una mujer que yo sabía que trabajaba en la oficina de Oxfam en Saná.

—Hola, Rehab, ¿cómo estás?

—Todo está loco aquí. Escuché que las cosas están mal allá, y que los hutís están llegando. Me han dicho que Oxfam está tratando de elaborar un plan para sacar a su gente de Adén. Ya lo han hecho aquí.

—¿Qué quieres decir?

—Todo el personal internacional ha sido evacuado.

—¿Todo? —exclamé, preguntándome por qué no había oído hablar de esto en mi propia oficina.

—Sí. Los representantes de otros países también. Estoy en Saná. Muchos de ellos están conmigo. Estamos tratando de hacer lo que podamos, pero es difícil desde aquí. ¿Cómo podemos sacarte?

Rehab estaba al borde de las lágrimas. Yo no quería empeorar las cosas para ella.

—No te preocupes por favor. Estoy bien aquí. No estoy asustado. Es una ciudad grande. No hay nada importante que puedan querer de mí.

Quise creer en las palabras que estaba diciendo, pero no quería que Rehab lo hiciera. Yo necesitaba que ella me enviara algún tipo de ayuda. Entendí por qué Oxfam evacuaría a los trabajadores extranjeros. Estas personas habían venido voluntariamente al país para ayudarnos. Pero ¿y nosotros los yemeníes? ¿Qué se puede hacer por alguien como Rehab, por alguien como Aidroos, por alguien como yo, un yemení, un activista por la paz con vínculos con los judíos? ¿Qué podría hacer Oxfam, o qué haría?

Una explosión débil retumbó en la distancia. Luego se oyeron los ruidos sordos de los proyectiles de artillería. Se estaban haciendo más rápidos y fuertes. Venían en mi dirección.

Marqué el número de mi tío, con la esperanza de hablar con él y que pudiera darme una orientación. Mi teléfono sonó... y sonó... y emitió un pitido, pero la única respuesta fue el crujido y el chasquido de una ciudad en llamas. Mi teléfono resbaló de mi mano. Me agaché para recogerlo; necesitaba hablar con alguien que me diera consejos. Llamé a Ahmed.

—No sé qué hacer.

—Sí, lo sabes —dijo, renunciando a su humor habitual—. Quédate donde estás y mantén la calma.

—Me estoy volviendo loco —continué, agradecido de tener a alguien con quien yo podía ser honesto.

—Eso es natural —dijo—. Está bien. Enloquécete un poco y luego cálmate de nuevo.

Le conté lo que había sabido de Rehab y de los conductores en Adén.

—Uno de ellos parecía muy preocupado, Ahmed. Me siento mal por él. Tiene familia.

—Creo que deberías llamarlo de nuevo y ver cómo está. Eso te ayudará a pensar en otra cosa.

—Lo haré. Debería. Tal vez.

—¿Puedes ir a casa de alguien? Estar solo empeora las cosas. No puedes cocinar. Tienes muy poca comida. Nadie con quién hablar.

—Estoy hablando contigo.

—Sabes a qué me refiero. Conozco tu forma de ser. Demasiada soledad te volverá loco.

Estaba a punto de protestar, pero él me interrumpió.

—Sé que no te gusta pedir ayuda, pero eso está bien. No estás siendo débil; estás siendo práctico. Cualquiera necesitaría ayuda en este momento.

Me sentí mejor después de hablar con Ahmed, pero eso no significaba que yo le hiciera caso. En lugar de buscar ayuda, me senté en el sofá y vi las noticias. Subí el volumen lo más alto que pude para ahogar los sonidos del bombardeo y para estar seguro de captar cada palabra, cada detalle. Permanecí sentado, parpadeando como si las ondas de sonido chocaran contra mi cara. Deseé, y no por primera vez, saber conducir. Los autos circulaban por las calles. Los observé con la esperanza de ver un taxi, pero no apareció ninguno. Caminé por el apartamento, pensé en las hojuelas de maíz, pero decidí no comer. Sabía que si empezaba a hacerlo, no podría parar.

Volví a llamar a mi tío; de nuevo sin respuesta. Entonces le envié un mensaje de texto. «Tío, tengo un poco de miedo. No he tenido noticias tuyas. ¿Estás bien? Responde por favor». Quise poder presionar Cancelar cuando lo envié. Sonaba muy necesitado. ¿Tal vez debía enviarle otro mensaje?

Mi madre me llamó por última vez. Volvió a preguntar por su hermano. Me dijo que tenía amigos a los que podía llamar.

«Sí», dije, tratando de consolarla. «También tengo un amigo aquí. Lo llamaré si es necesario».

Las sombras se alargaron, y escuché los gritos de *Allahu akbar* reverberar afuera del edificio mientras anochecía, enviando metrallas de preocupación a través de mi columna vertebral. Miré por la ventana. Eran combatientes de Al Qaeda.

«¡Salgan de sus casas y únanse a la yihad!» gritaban, disparando sus armas al aire. Una explosión marcó la noche y la luz eléctrica se fue unos segundos después.

A diferencia de Saná, donde los apagones eran comunes, la red eléctrica en Adén era legendaria por su calidad. El hecho de que se hubiera interrumpido hizo que mi miedo subiera otro nivel. No se trataba de una escaramuza habitual. En Internet, la discusión se centró en Irán y Arabia Saudita.

Corrieron rumores de que los hutís del norte habían recibido una inyección importante de suministros de Irán, su hermano país chiita, y que Arabia Saudita, su archirrival, estaba brindando un gran apoyo militar a AQPA, sus hermanos sunitas. Ambos países estaban igualmente empeñados en que «su» gente conquistara Adén, una ubicación estratégica que controlaba el puerto marítimo y el aeropuerto. ¿Era así como Yemen usaría los millones de dólares en equipamiento militar que el Gobierno estadounidense le había dado en 2012?

Agarré mi computadora portátil, mi teléfono, una manta y una almohada y me acurruqué en el baño. Me recosté contra la bañera, mi peso contra la porcelana. Pronto, no fue más fresco que la cerámica de un horno. La ausencia de electricidad significaba que no había aire acondicionado, y la temperatura en mi búnker estaba comenzando a aumentar. Estaba deshidratado. Lo que sea que saliera de mí se secó de inmediato, dejando una costra fina de sal en mi piel.

La luz de mi teléfono emitió un brillo espeluznante. Revisé Facebook:

Adén está bajo ataque.

Oren por Adén.

Los hutís se han descontrolado.

Leí las noticias con mis ojos legañosos. Los titulares llamaron a esto una guerra entre sunitas y chiitas. Pero ¿cómo podría ser eso? Antes de la guerra, y por el tiempo que yo podía recordar, no había ninguna diferencia entre sunitas y chiitas. Un musulmán era un musulmán.

Traté de ponerme en pie, tieso y adolorido, pero la cabeza me daba vueltas debido a la sed y al hambre. Esperé a que mi visión se aclarara mientras me apoyaba en la puerta. Me sentiría mejor si pudiera llegar hasta el sofá. Una única lámpara de cuello de ganso colgaba impotente en la sala. Me recordó a un signo gigante de interrogación.

◇◇◇◇◇◇

Dormí toda la mañana del día veinte, mientras la ciudad estaba sorprendentemente silenciosa. Entendí por qué cuando vi las noticias en mi teléfono. Se habían presentado una serie de ataques terroristas en Saná. Dos pares de terroristas suicidas atacaron las mezquitas al-Badr y al-Hashoosh durante las oraciones del mediodía del viernes, y el número de muertos ascendió a 142, y a más de 350 heridos. Era el ataque terrorista más letal en la historia de Yemen. El Estado Islámico de Irak en el Levante (ISIL, por sus siglas en inglés), una rama de Al Qaeda, se atribuyó la responsabilidad eventualmente. Atacaron a fieles chiitas hutís, con la esperanza de hacer una declaración en contra del respaldo de Irán a los norteños.

Llamé a casa de inmediato. No conocía a nadie que adorara en esas mezquitas, pero necesitaba saber que mi familia estaba bien. La destrucción era incomprensible. Mi madre respondió y me aseguró que todos estaban bien, pero el temblor en su voz contaba una historia diferente.

«Estamos contentos de que hayas tomado la decisión que tomaste». Hizo una pausa por algunos instantes y pude oír su respiración. «Creo que tu padre entiende mejor por qué tenías tanta prisa por irte a Adén».

No dijimos nada más sobre el tema, pero hubo un entendimiento tácito entre mi madre y yo. De alguna manera, ella había intuido la situación de un modo que mi padre no podía hacerlo. Cada uno le prometió al otro estar bien, a salvo, ser cauteloso, y luego presioné «Fin de la llamada».

◇◇◇◇◇

El sábado 21 de marzo, Estados Unidos evacuó a sus tropas y fuerzas especiales que quedaban de Yemen. La amenaza era demasiado grande, entre los hutís y la creciente presencia de Al Qaeda en Adén y sus alrededores.

El Departamento de Estado emitió una declaración de apoyo al presidente Hadi. «Hacemos un llamamiento a los hutís, al expresidente Ali Abdallah Saleh, y a sus aliados para que detengan su incitación violenta que amenaza al presidente Hadi, a los funcionarios del Gobierno yemenita y a civiles inocentes».

Al mismo tiempo, Hadi, que había estado ausente desde su llegada a Adén, hizo su primera aparición. También exigió que los hutís sacaran sus fuerzas de Saná, devolvieran sus armas y desistieran de sus intenciones con Adén. «Entregaremos al país a salvo y se izará la bandera de Yemen en el monte Marran en Saadeh en lugar de la bandera iraní». Era la primera acusación pública de que Irán estaba coludiendo activamente con los hutís.

Envalentonado, el equipo de Hadi aprovechó su ventaja. Los sauditas lanzaron ataques aéreos contra Saná (ahora un bastión hutí), y se informó que los combatientes de Al Qaeda se vengarían de cualquier chiita que viviera en Adén. Los hutís reaccionaron lanzando su propia declaración en la que llamaban a la «movilización» contra Hadi y cualquiera de sus seguidores sunitas.

Aproveché la luz eléctrica, que había llegado temporalmente, para hacer clic en busca de actualizaciones. Una imagen apareció en mi computadora portátil. Una cabellera descuidada y enredada. Unas cejas pobladas. Luego una delgada cinta roja desde el pómulo hasta los labios y el hueso blanco de la barbilla. Una rebanada a través de un pedazo de carne. Salí a la ventana y escribí mi propia actualización de estado: «Al Qaeda propina un castigo a los chiitas del norte. La violencia se intensifica a medida que los bastiones clave penden de un hilo».

El tiempo para fingir había terminado. Ya no tranquilizaría a los demás. Ya no trataría de hacer que mi padre se sintiera orgulloso. Ya no compensaría mi discapacidad tratando de ser más o mejor que otros. Era hora de la verdad. Yo necesitaba ayuda.

Pasé el resto del día enviando mensajes a todas las personas que conocía. Comencé con mis amigos y colegas en Yemen. El mensaje era simple: *No tengo mucha comida. No tengo cómo ir de un lugar a otro. Necesito un lugar adónde ir para poder estar a salvo. ¿Me pueden ayudar?* Nadie podía ofrecer ninguna ayuda. No puedes salvar a un hombre que se está ahogando si tú también te estás ahogando. Expandí mi red, enviando mensajes a cualquier persona que hubiera conocido en todo el Medio Oriente. La mayoría no respondió; una pareja se ofreció a orar por mí.

Cuando caía la noche, la carga de la batería de mi teléfono había bajado al seis por ciento. Agarré mi cable y conecté mi teléfono y mi computadora portátil. No podía permitirme quedarme dormido. No podía arriesgarme a que el teléfono se descargara. Me sentiría absolutamente solo sin conectividad. Es cierto, tenía un teléfono fijo; pero quién sabía por cuánto tiempo más funcionarían las líneas telefónicas. Sentí que si mis baterías se quedaban sin vida, yo moriría junto con ellas.

Me retiré al baño, donde caminé en círculos estrechos a mi alrededor. Cuando la ansiedad se hizo excesivamente abrumadora, me apresuré a la ventana de la sala. Fui gateando hasta mi computadora portátil y me agaché para abrir otra ventana, atrapado entre el impulso de verlo todo y de apagarlo todo.

Un pitido me sacó de mis pensamientos. Tina, la mujer que había conocido en la conferencia de la MJC en 2013, respondió a mi pedido de ayuda. Me escribió para decirme que estaba dispuesta a hacer todo lo que pudiera. Se pondría en contacto con todos sus conocidos. Pondría toda su vida en espera.

No supe qué decir. Ella tenía un plazo apretado para su libro y, adicionalmente, se mudaría pronto.

Luego me preguntó si recordaba a Daniel Pincus, un estadounidense.

Sí, respondí. *Lo conocí en Sarajevo. El hombre que se paró en la cabeza.*

Contáctalo, dijo ella. *Creo que podrá ayudarte.*

✧✧✧

CAPÍTULO 15

LLAMADO A LA ORACIÓN

Foto de una explosión en Adén
tomada por mi tío

Pasé el día siguiente escribiendo y reescribiendo un mensaje hasta que las letras perdieron su significado. Presioné enviar poco antes de la medianoche.

22 de marzo de 2015

Hola Daniel,

¡Espero que todo esté bien de tu parte!

Espero que aún me recuerdes. Estaba hablando con Tina, y pensamos que sería una buena idea si te preguntara si puedes ayudarme. Si ves las noticias, es posible que hayas oído sobre lo que está sucediendo últimamente en Yemen. Es por eso que estoy escribiendo la siguiente petición. Si conoces a alguien que pueda ayudarme, por favor házmelo saber.

Esperé. Y oré. Y diez minutos después, recibí un mensaje. Era de Daniel.

Me preguntó si podíamos pasar de Facebook a Skype, y cuando me contestó, escuché música de fondo, gente hablando y riendo. Eran siete horas antes en Nueva York.

—¿Es un mal momento? —pregunté, esperando contra toda esperanza que no fuera así.

—En absoluto —dijo—. Estoy en una boda. ¿Cómo puedo ayudarte?

Hablamos de manera intermitente, mi conexión se detenía cada minuto más o menos. Daniel dijo que haría todo lo posible para ayudar, y antes de cerrar la sesión, me pidió que le enviara mi hoja de vida. Prometí que lo haría y le di las gracias por su tiempo. Luego apagué mi computadora portátil y me retiré al baño, donde me derrumbé en el piso y me quedé dormido.

El lunes 23 de marzo me levanté con una misión: examinar y actualizar mi hoja de vida. Era un ejercicio extraño en un momento como este, pero no me importó. Por fin tenía algo que *hacer*. Recibí consejos y buenos deseos durante tres días, pero esta era mi primera acción concreta. Daniel me había dado una tarea que cumplir, lo que significaba que yo tenía algo en lo que centrarme además de la incertidumbre de esperar.

Mientras yo trabajaba en la tarde tratando de pensar en tantos «verbos activos» como fuera posible, Daniel se estaba despertando en su *loft* en Manhattan construido antes de la guerra, listo para comenzar su semana. Su apartamento, cubierto con lonas y una gruesa capa de polvo, estaba en proceso de renovación. Avanzó a través de las lonas de plástico para ir por su mochila, y luego fue a su oficina. Era ingeniero biomédico, y trabajaba en una empresa de consultoría, algo completamente alejado de la Conferencia Judía Musulmana. Llegó a su oficina —decorada apenas con una fotografía de su familia— y encendió su computadora portátil. Leyó sobre la situación en Yemen sentado en su silla ergonómica.

Los hutís, un grupo de combatientes rebeldes chiitas del norte, habían tomado la capital de Saná. Se aliaron con el expresidente Saleh y recibieron apoyo de Irán, una nación chiita. Mientras tanto, Al Qaeda, los combatientes sunitas del sur, se había apoderado de Adén. Apoyaban al recientemente derrocado presidente Hadi, un hermano sunita, y recibían respaldo de Arabia Saudita, una nación sunita que era también el archienemigo regional de Irán. Los combates terrestres se estaban concentrando en Adén, un sitio estratégico, ya que quien controlara la ciudad, controlaría el puerto marítimo y el aeropuerto.

Sonaba mal, pero mientras todo esto sucedía, Daniel sabía que Irán estaba en negociaciones con el P5+1, los cinco miembros permanentes del Consejo de Seguridad de la ONU: China, Francia, Rusia, Estados Unidos y el Reino Unido, además de Alemania. El acuerdo propuesto instaba a Irán a reducir su arsenal de uranio y limitar sus actividades nucleares por más de diez años, y a cambio, muchos países del mundo prometían levantar las sanciones en su contra. Si todo salía de acuerdo con el plan, ese sería un gran impulso para Irán, algo que amenazaba con inclinar la balanza del poder entre sauditas e iraníes a favor de Irán. Sin duda, este país no pondría en peligro las negociaciones del Plan de acción integral conjunto para enfrascarse en una guerra absurda con Arabia Saudita en torno a Yemen.

La relación costo-beneficio parecía clara. En opinión de Daniel, los combates en Yemen cesarían, pero en caso de que no fuera así, comenzó a buscar un país africano que pudiera dejarme entrar. Envió mi hoja de vida a una serie de amigos: a un activista egipcio por los derechos humanos, a un amigo de una ONG en Uganda y Ruanda, a un activista interreligioso egipcio-estadounidense, y al director del Instituto de África en el Comité Judío Estadounidense.

Luego me envió un mensaje: No estás solo.

◇◇◇◇◇◇

Casi a cinco mil seiscientas millas de Nueva York, Megan Hallahan y Natasha Westheimer estaban reunidas en un bar. No estaban hablando de las elecciones presidenciales de Estados Unidos ni las nuevas exhibiciones de arte. Estaban hablando de mí.

Cinco minutos después de abrir el correo electrónico de Megan, Natasha respondió: «¿Te has contactado con el Departamento de Estado?».

Natasha, que había pasado el verano de 2013 haciendo una pasantía en la división de Programación global del Departamento de Estado, creía en el sistema. El Gobierno estadounidense trabajaba por esta causa; algunos programas concedían incluso subvenciones a activistas que necesitaban apoyo urgente para asesoría legal o reubicación.

No, respondió Megan cuando se despertó. No lo había hecho. ¿Natasha quería seguir adelante con la información?

Las dos mujeres decidieron reunirse para tomar una copa esa noche, razón por la cual las dos mujeres estaban sentadas en la sección florentina de Tel Aviv a las seis de la tarde del lunes 23 de marzo. Mientras tomaban sus cocteles, ambas admitieron que no sabían casi nada sobre Yemen. Yo era el único yemení que habían conocido. El primer paso, entonces, sería investigar.

A diez zonas horarias de Tel Aviv, Justin Hefter bajaba de un avión en San Francisco. Acababa de regresar de un fin de semana de esquiar con amigos en Utah y necesitaba dormir a toda costa; pero aún más urgente, necesitaba nuevos inversionistas para Juegos Bandura, la compañía que había iniciado tan pronto se graduó de la universidad. El mundo de las empresas emergentes era implacable, y era hora de insistir o rendirse.

Justin se arrastró a la cama después de pasar ocho horas seguidas en su computadora. Normalmente permanecía despierto hasta el amanecer, pero el fin de semana lo dejó extenuado. Se había olvidado completamente del correo electrónico que le había enviado a Megan a primera hora de esa mañana, hasta que tanteó alrededor de su mesita de noche y sacó el libro que había estado leyendo —*En el jardín de las bestias*—, de Erik Larson, la historia de Alemania en 1933 y de los hombres en el poder que no hicieron absolutamente nada para cambiar el destino de millones de personas. Hubiera sido fácil descartar esto como una coincidencia, pero Justin estaba muy acostumbrado a encontrar conexiones y patrones. ¿Estaba en posición de ayudar a cambiar el destino de alguien? ¿Iba a sentarse y no hacer nada? Durmió poco, pero cuando se levantó a la mañana siguiente, las preguntas se habían consolidado. Trató de enfocarse en metas para conseguir fondos, pero su mente estuvo todo el día en otra parte.

Criado en una familia judía observante de Highland Park, Illinois, Justin creció escuchando historias sobre el activismo de sus padres. En la década de 1980, ayudaron a una familia judía a escapar de la persecución religiosa en la URSS. Su madre marchó en Washington en apoyo al movimiento judío soviético; su padre ayudó a un musulmán de Bangladesh a emigrar a Canadá. Animaron a Justin a involucrarse con la filantropía y el servicio comunitario. En preparación para su propio *bar mitzvah*, intercambió cartas con un musulmán de setenta y tantos años de Croacia, quien le contó que su familia ayudó a salvar a otra judía durante la Segunda Guerra Mundial. De hecho, fue incluido como uno de los 34 Gentiles Virtuosos en la sinagoga de Zagreb. Si su familia hubiera sido descubierta, los habrían ejecutado. La abnegación y el activismo eran alucinantes. Pero tal vez si hubiera habido más personas como esta, la abuela paterna de Justin no habría perdido setenta y seis parientes en el Holocausto.

Tikkun Olam, pensó él. *Repara el mundo.*

Eran las 5:37 a. m. del miércoles 25 de marzo cuando un nuevo mensaje de Facebook sonó en mi teléfono. Era Justin Hefter. «Oye, me enteré de tu situación. Envíame un correo electrónico para saber cómo puedo ayudarte. ¿Necesitas una invitación fuera del país? ¿Un trabajo? ¿Un lugar para quedarte?». Me preguntó cuál era mi religión, y si tenía doble ciudadanía. Ignoré lo primero y respondí a lo segundo: «No. Solo soy yemení».

Entonces, Justin examinó sus contactos y le envió un correo electrónico a un antiguo profesor suyo en Stanford, que había trabajado como comandante de un submarino naval y luego se desempeñó como asistente del secretario de la Marina. Preguntó si era posible evacuar a un yemení a uno de los portaaviones de la Marina de EE. UU. en el golfo de Adén. Minutos después, Justin recibió una llamada. Era de su profesor.

—Justin —dijo una voz profunda—. Necesitas cambiar tus contraseñas de inmediato. Alguien está tratando de usar tu cuenta de correo electrónico para determinar la ubicación de los buques de guerra de EE. UU.

¡Uy! Justin retrocedió. Después de una explicación apresurada de la situación, el profesor dejó escapar un largo suspiro.

—Justin, ¿qué tan bien conoces a este tipo? —le preguntó.

—No muy bien —dijo Justin.

—Entonces, ¿cómo sabes que él es quien dice ser?

—No lo sé —dijo Justin.

—¿Y cómo puedes confiar en que los mensajes provienen de él? Es decir, incluso si él es quien dice ser, ¿no es posible que alguien haya pirateado su cuenta y esté tratando de obtener información confidencial?

Justin no había pensado en eso.

—Creo que, en lugar de tratar de buscar una solución militar, debes tratar de buscar una de carácter diplomático. Ponte en contacto con los funcionarios de las embajadas que siguen abiertas en Yemen. Podría tomar algún tiempo, pero el cuerpo diplomático tiene más experiencia en tratar asuntos como este. ¿Por qué usar un martillo cuando un bisturí podría ser la mejor herramienta?

Y luego colgaron.

◇◇◇◇◇◇

Incapaz de dormir nuevamente, me levanté y estiré mis músculos encalambrados. Había un silencio en el aire; el sonido de una ciudad que aún dormía. Solo unos pocos estallidos aislados perturbaban la ilusión de paz. Yo estaba pegado al Facebook. En la tarde, vi publicaciones informando que Al Qaeda había emitido un ultimátum:

«Cualquier persona que sea chiita o del norte tiene veinticuatro horas para abandonar Adén o nos encargaremos de ella». Las calles se llenaron de un olor a madera quemada. Yo quería irme, pero no podía. Había un puesto de control justo al pie de mi edificio. Si Al Qaeda me atrapaba, sería identificado como un enemigo de inmediato. Era un yemení del norte, y tenía la piel más clara, rasgos faciales distintivos y un acento y dialecto igualmente característicos. Sin mencionar que mi apellido, tal como figura en mi documento de identidad expedido por el gobierno, era muy reconocido entre los chiitas. Yo me destacaba por mi apariencia, mi voz y mi nombre.

Pero incluso si me las arreglaba para escabullirme, ¿qué sucedería a continuación? Adén se encuentra en una península volcánica y las únicas dos vías hacia el continente pasan justo alrededor del aeropuerto en el istmo. El problema era que la milicia hutí y el ejército aliado ya habían tomado el Aeropuerto Internacional de Adén, y esta mañana habían asegurado el control de la base aérea cerca de Lahij, donde hasta el sábado pasado tropas estadounidenses y europeas estaban entrenando yemeníes locales para luchar contra Al Qaeda.

Reportes no confirmados cubrían mi información de Twitter: el presidente Hadi había abandonado el país, huyendo en un helicóptero a Arabia Saudita o en un bote a Yibuti. Los hutís habían anunciado una recompensa de cien mil dólares por su arresto. Al Qaeda había irrumpido en depósitos militares y entregado armas y municiones a sus seguidores, algunos de los cuales estaban involucrados con el Comité Popular. La gente estaba saqueando el complejo de Hadi, los hombres corrían por las calles con asientos de inodoros, puertas y ventanas o cualquier cosa que pudieran vender. Los sauditas movilizaron fuerzas blindadas a la frontera.

Un mensaje de Daniel apareció en mi pantalla. Su evaluación inicial de la guerra había sido incorrecta, escribió. No parecía que los hutís estuvieran replegándose, y todo indicaba que Salman, el recientemente coronado rey saudita y su ministro de Defensa, quien tenía veintinueve años, querían una oportunidad para mostrarle su fuerza a Irán. Y eran fuertes: Estados Unidos le había vendido recientemente a Arabia Saudita sesenta mil millones de dólares en equipamiento militar. Yemen, un país que controlaba la entrada sur del mar Rojo y del canal de Suez, estaba a punto de convertirse en el teatro de su demostración de fuerza devastadora y despiadada.

«¿Estás bien?», escribió Daniel. «¿Tienes comida? ¿Podrías enumerar tus activos?».

Pensé en mi madre y en su preocupación por mi dieta; eran las preguntas simples las que mostraban la profundidad de la humanidad de una persona. Miré los estantes casi vacíos. Atún enlatado, papas fritas, chocolates, galletas, leche, jugo, quince litros de agua embotellada, una computadora portátil IBM, un Android, un teléfono fijo, servicio de voz y datos 3G, electricidad (intermitente), billetera, seis billetes de cien dólares, unos mil riales (que equivalían a cien dólares), y mi documento de identificación yemení. No tenía mi pasaporte conmigo. Lo había dejado en mi apartamento mientras me apresuraba para escapar de Saná. Salir del país nunca había sido parte del plan.

Su respuesta fue breve y dulce: «Espera allá. Veré qué puedo hacer». Daniel cerró su sesión en Facebook; tenía una noche ocupada. Mientras yo trataba de dormir en el baño, él se dirigió al sótano del Templo Emanu-El en la ciudad de Nueva York para asistir al Séder de Pésaj, en el marco del modelo interreligioso ACCESS del Comité Judío Estadounidense. Este comité, un grupo de apoyo fundado en 1906, trabajaba para preservar las libertades civiles de los judíos en Estados Unidos y defender los derechos humanos de todas las personas en este país y en otros lugares. ACCESS, un programa más reciente, era la subdivisión de los profesionales jóvenes.

Después de viajar cuarenta minutos en el metro, Daniel se unió a un grupo de jóvenes de veinte y treinta años de Estados Unidos, Italia, Japón, África, Corea, Suiza y Alemania que se habían reunido para hablar sobre la historia y los temas de la Pascua, y de su relevancia para jóvenes alrededor del mundo. En algún momento durante la narración del Éxodo, Daniel le mencionó mi situación a una amiga suya, Alexis Frankel, que era directora de personal del programa nacional ACCESS. Alexis sacudió la cabeza mientras procesaba la información. Claro que me conocía. Había asistido a la misma Conferencia Judía Musulmana de 2013 que yo, y me recordaba bien. Le prometió a Daniel que vería qué podía hacer para ayudar.

Me desperté a medianoche tras oír pasos y voces afuera de mi puerta.

—Deberíamos ir allá. Está justo enfrente del banco. Directamente al otro lado de la calle.

—¿Qué podemos conseguir allá que no podamos conseguir acá?

—Escuché que tiene mucho oro.

—¿Quién tiene oro?

—El viejo del que te estoy hablando.

—¿Y tú crees eso?

—Sí. ¿Por qué no? Su gente es de Saná. Muy rica. Tienen televisores. Computadoras. Joyas. Relojes.

—¿Y si él está allá?

—Nos lo llevamos.

—¿Cómo rehén? ¿Pedimos rescate?

—Tendremos suficiente. Lo mataremos.

Permanecí congelado mientras sus voces se desvanecían por el agujero de la escalera.

¿Quiénes eran estas personas? ¿Eran mis vecinos? ¿Matar a un norteño no significaba nada para ellos? Pensé en el anciano del que estaban hablando. ¿Sería capaz de oponer resistencia?

¿Qué harían ellos si me encontraran?

Volví a pensar en el ultimátum de Al Qaeda, y en las amenazas de muerte que yo había recibido. Las voces llevaban el peligro a la vida de una manera que las palabras en una pantalla no podían expresar. Esto no era como oír el diálogo de un programa de televisión que bajaba por el pasillo desde otro apartamento. Esto era real.

Respiré profundamente y me dije a mí mismo que solo tenía que esperar hasta el amanecer. Los analistas habían predicho que los hutís controlarían toda la ciudad a la mañana siguiente. El norte recuperaría el poder. Lo que no habían predicho era que Arabia Saudita, junto con una coalición de naciones árabes, comenzaría a llevar a cabo ataques aéreos en Adén. La marea estaba a punto de cambiar.

◇◇◇

CAPÍTULO 16

LA LIGA POR LA
JUSTICIA

Mis raciones en mi apartamento de Adén

El jueves 26 de marzo llegó con un mensaje de texto de Justin. Lo había enviado a las 5:19 p. m. en su zona horaria, y a las 3:19 a. m. de la mía:

> Hola, Mohammed, tengo un amigo de la ONU que podría ayudarte, pero ¿qué es exactamente lo que necesitas? ¿Por qué no puedes

volar a Egipto y quedarte con alguien por un tiempo simplemente para estar a salvo? ¿Necesitas una invitación oficial? Déjame saber más detalles sobre lo que será útil.

Yo no tenía las respuestas; mis pensamientos se agolpaban junto con el rastreo de las noticias en mi pantalla. Arabia Saudita estaba bombardeando ubicaciones clave en Saná; el reino tenía 150.000 soldados listos para una ofensiva terrestre. Egipto, Pakistán, Jordania y Sudán también se preparaban para enviar tropas.

Apareció una nueva publicación en mi actualización de mensajes.

DANIEL PINCUS: «¿Alguien tiene idea de cómo sacar rápidamente a un ciudadano yemení de Adén, en Yemen?».

Los comentarios comenzaron a desparramarse por la página. Había una serie de buenos deseos y de pensamientos positivos, y un hombre incluso se ofreció a comprar mi tiquete a Estados Unidos en caso de que yo pudiera salir del país. La oferta era generosa... y absurda. Incluso en el mejor de los casos, los yemeníes rara vez obtienen visas para ingresar a Estados Unidos.

Le envié un mensaje a Daniel para ver si tenía alguna actualización. Me dijo que estaba mirando vuelos, pero no sabía si podría encontrar un país dispuesto a concederme una visa o dejarme entrar sin pasaporte. Su objetivo, dijo, era encontrar una persona o una empresa en otro país —probablemente en África— que patrocinara una visa. Su lógica era: *si no puedes salir, necesitamos encontrar a alguien que te entre.* Dije que tal vez no necesitaría una visa para Jordania o Egipto, y Daniel respondió que también averiguaría con Etiopía. Pero ¿me dejarían volar sin pasaporte? Me sacudí y me pregunté si este descuido me costaría la vida.

Después de varios minutos más, Daniel decidió que seguiría adelante y me compraría un tiquete comercial en un vuelo que saliera de Adén. «Esperemos que alguien en el mostrador de Egypt Air sea compasivo y te deje abordar sin pasaporte», dijo por Skype. Pero cuando hizo clic en el botón «comprar», el vuelo había sido cancelado. Probó frenéticamente con otro sitio de viajes. Pero después de buscar en un sitio tras otro, parecía que *todos* los vuelos desde Yemen a Egipto habían sido cancelados, y los pocos países que habían permitido la entrada de yemeníes sin solicitar una visa por adelantado habían cambiado sus políticas.

Daniel y yo intercambiamos mensajes ocasionales aproximadamente durante las dos horas siguientes. Le dije que tenía un contacto en una ONG en Yemen, y él me comentó que todo el personal internacional estaba siendo evacuado por aire. Daniel se entusiasmó y me instó a abordar el vuelo, pero yo no estaba seguro de cómo funcionaría, pues no era parte del «personal internacional».

Sugirió publicar algo en www.movements.org, un sitio web donde pueden conectarse los activistas y las personas que quieren ayudarles. Le dije que ya había publicado algo el 18 de marzo. No mencioné que solo había recibido cuatro respuestas, ninguna de las cuales había conducido a gran cosa, aunque había una mujer joven, Irina Tsukerman, que parecía muy dispuesta a ayudar.

Así que le envié un mensaje. «Una amiga mía me aconsejó que saliera de mi apartamento» por más que ya hubiera pagado el alquiler. Dijo que debía asumir la pérdida y trasladarme a un lugar más seguro. Tal vez más cerca de mi tío». Hubo una pausa y luego llegó un nuevo mensaje.

«¿Quién es tu amiga?».

Le hablé de Irina, a quien, sorprendentemente, ya conocía a través de AJC. Luego mencioné a Megan.

«Ah», escribió él, pensando en voz alta. «¿Podrías ponernos a todos en contacto?».

Con una nueva tarea a mano, me senté en mi computadora portátil para redactar un correo electrónico.

Queridos Daniel, Megan e Irina:

¡Espero que estén bien cuando reciban este correo!

Estoy enviando este correo con el fin de poder coordinar para ayudarme a salir de Yemen lo antes posible y de manera segura.

Megan conoce mi situación desde el principio. Intentó ayudarme desde el comienzo, es de YaLa Young Leaders y me conoce bien. Ella tiene conexiones con ASHOKA.

Daniel es de la MJC. Es la persona más amable que he conocido y es quien me aconsejó que hiciéramos la coordinación entre nosotros. Daniel está tratando de comunicarse con diferentes ONG internacionales sobre mi situación.

Irina es muy amable conmigo y trata de ayudarme aunque no me conoce personalmente; solo sabe de mí porque envié una solicitud a Movements.org. Tiene conexiones en la ONU.

Actualizaciones rápidas sobre el día de hoy:

Creo tener suficiente comida para una semana.

Tengo dinero, pero no mucho después de pagar el alquiler del apartamento.

Los aeropuertos de Adén y Saná están cerrados, pero hay noticias de que un vuelo llevará a todos los trabajadores internacionales de Adén a Jordania o a Egipto.

Todas las carreteras que salen de Adén están cerradas.

Se han escuchado disparos y explosiones todo el día, cada par de horas.

La situación en Saná es peor hoy debido a los ataques aéreos sauditas.

Adén se está convirtiendo en una ciudad saqueada.

Qaida, o los comités populares, están buscando hutís, y tengo miedo debido a mi apellido.

Es un apellido zaidí muy popular.

Por favor, sigan comunicándose entre ustedes y compartan lo que hayan intentado o planeen hacer; compartan sus redes o cualquier información.

Gracias a todos.

Mohammed

Megan respondió por correo electrónico después de recibir el mensaje: «Buena idea coordinar juntos. Estoy reclutando a Nimrod, Nizar, Rexy, Justin, Tiffany, Nadine y a Hamze, que han tratado de ayudar...».

Y así, se formó mi propia Liga por la justicia personal, una coalición flexible de personalidades muy distintas: Daniel, el ingeniero capaz. Natasha, la ambientalista empática. Megan, la operativa estricta y exigente. Irina, la conectora. Justin, el eterno optimista... Y había otros que ni siquiera conocía. Ahora todos teníamos un escenario central donde podíamos reunirnos para intercambiar ideas y unir nuestros recursos.

Megan revisó su Rolodex en busca de contactos útiles, aunque no pudo aprovechar oficialmente su cargo en YaLa Young Leaders, ya que esta no era una iniciativa oficial de YaLa, e Irina envió correos electrónicos a sus contactos en la ONU.

Justin, siguiendo el consejo de su profesor, sugirió que buscaran en las embajadas, y mencionó a Arabia Saudita, Catar, Rusia y Afganistán como posibilidades. Respondí que la embajada rusa era la única que aún podía recibirme; todas las demás habían cerrado. Entonces buscó pistas en LinkedIn. Encontró a Safer Yemen (un Yemen más seguro), y descubrió que el jefe de análisis de riesgos era una conexión de tercer grado. Le envió un mensaje a su contacto mutuo de tercer grado, quien lo conectó con su contacto de segundo grado, quien a su vez lo comunicó con la persona que había tratado de contactar desde el principio. Cada respuesta llegaba al cabo de dos horas. *Esto funciona*, pensó él. *Este tipo de sistema de escalera llega a las personas. Nadie aquí está diciendo que no.*

Mientras tanto, Daniel fue a cenar con su amigo Toby Locke, un activista de derechos humanos conocido por trascender los límites. Daniel le explicó mi situación y Toby dijo que me ayudaría. Este era, de hecho, el tipo exacto de trabajo que hacía él. Al final de la tarde, Toby prometió que haría un seguimiento para obtener más información y movilizar su red de asistentes y funcionarios en Washington D. C.

Me senté frente a mi computadora portátil, leyendo actualizaciones y respondiendo, dejando que el clac-clac del teclado me arrullara en un estado de placidez. De repente, un grito de «¡*Allahu akbar!*» desgarró el ruido blanco de la tarde. «¡La guerra está aquí! ¡Los hutís han venido a luchar contra nosotros!». Fui a la ventana que daba a la avenida principal debajo de mi edificio y aparté la cortina con el pulgar. Columnas de humo parecían algodón de azúcar sobre el horizonte bajo. Era casi hermoso.

Hutís.

Leales al ejército.

AQPA.

ISIL.

El Comité Popular.

Varias decenas de personas corrían por las calles, agitando sus extremidades. Los sureños disparaban contra los rebeldes hutís con armas cortas; los invasores lanzaban granadas propulsadas por cohetes y morteros.

Publiqué un comentario continuo en Facebook:

Hutís en Adén.

Explosiones ahora.

El aeropuerto de Adén está cerrado.

Saqueos en Adén.

La guerra es espantosa.

Cargué un video de escenas callejeras fuera de mi ventana, hombres corriendo para cubrirse en medio de una banda sonora de disparos lejanos y ráfagas de artillería. La Fuerza Aérea Saudita había bombardeado el aeropuerto de Saná. Yo no sabía si mi familia quería irse de la ciudad, pero en caso de hacerlo no podrían reservar un vuelo. Además, si los sauditas eran capaces de arrojar bombas en Saná, ¿qué impedía que hicieran lo mismo en Adén?

Al caer la noche, mis ojos estaban nublados de enviar mensajes de texto y de teclear. Necesitaba descansar. Necesitaba tomar agua.

Deseé que el líquido turbio que salía de las llaves fuera potable. Racionar las pocas botellas de agua que me quedaban era una tortura: la deshidratación empeoraba mis ojos fatigados por la pantalla. Me recordé a mí mismo que no estaba solo en esta situación. Millones de yemeníes en Adén, Saná y en otros lugares se encontraban en una situación igualmente desesperada, y muchos de ellos estaban peor que yo. No había querido llevar la cuenta del número de muertos. Las imágenes que había visto de la destrucción eran más que suficientes. Las cifras solo me insensibilizarían.

Antes de retirarme al baño para dormir, revisé mis dispositivos una vez más para asegurarme de que las baterías estuvieran a un nivel seguro y titilaran de manera consistente, como los monitores que solía ver en el hospital mientras mi padre trabajaba con sus pacientes. Algo llamó mi atención: una foto del presidente Hadi llegando al aeropuerto de Riad, la capital de Arabia Saudita, y recibiendo la bienvenida del príncipe Mohammed bin Salman Al Saud. Si alguien se había negado a creer antes en las conjeturas, ahora estaba claro. Las líneas de batalla habían sido trazadas.

—Los hutís, los partidarios de Saleh y los miembros de la Guardia Revolucionaria de Irán.

—Al Qaeda, Hadi, los Comités Populares, y el Movimiento Sureño, todos los cuales contarían con el apoyo aéreo y naval de Arabia Saudita, Catar, Emiratos Árabes Unidos, Bahréin, Egipto, Jordania, Kuwait, Marruecos y Sudán.

Agotado, terminé con una última publicación. *Esto no es Sodoma y Gomorra. Esto no es un* thriller *postapocalíptico. Este es mi hogar.*

CAPÍTULO 17

◇◇◇

LOS QUE
DIJERON SÍ

Foto del perfil de Daniel en Facebook

Eran las siete de la mañana del viernes 27 de marzo y Adén ya estaba hirviendo. En el transcurso de la noche, Megan me envió un correo electrónico con copia al equipo:

Estoy escribiendo a todas las personas que conozco en la ONU o que tengan contactos con el Gobierno indio. Dígannos si saben de otras embajadas que sigan abiertas o que estén a punto de cerrar. ¿Es cierto que todos los egipcios ya han sido evacuados? ¿Estás en algún lugar cercano a una iglesia católica?

¿India? Esa era una idea nueva. Justin hizo otra búsqueda de inmediato. Una ventana siguió a otra, y pronto estaba haciendo clic en dieciséis pestañas de nuevos reportes. Le envió un correo electrónico a su madre: «Creo que lo de India podría ser la última esperanza para Mohammed. Parece que está renunciando a evacuar y simplemente trata de quedarse y estar a salvo».

La madre de Justin —totalmente consciente del compromiso inquebrantable de su hijo en busca de respuestas—, se comunicó con un contacto en la embajada de India en Estados Unidos, así como con un importante activista llamado William Bleaker, un hombre con un largo historial de activismo internacional que tenía una relación particularmente estrecha con los altos mandos del Gobierno indio. Bleaker se contactó con Justin y le dijo que la embajada india seguía abierta y que iban a evacuar a miles de sus ciudadanos de Yemen. ¿Quizás podrían incluir al amigo de Justin en uno de los barcos?

Justin me envió un resumen, y cuando terminé de leerlo me puse de pie. La cabeza comenzó a darme vueltas debido a la disminución de la presión sanguínea. Necesitaba comida y agua. Mis ojos se adaptaron al sol que entraba por las cortinas delgadas mientras me dirigía a la cocina. Mis raciones se habían reducido a la mitad, y no sabía por cuánto tiempo más me durarían. Saboreé la dulzura de una sola galleta de azúcar y la salinidad de un par de papas fritas. Ambas me secaron la boca, y aunque me resistí a eliminar el sabor de la comida, necesitaba tomar agua. Mis párpados me arañaron los ojos mientras retiraba la tapa de una botella. La cerré de nuevo y me obligué a regresar a la sala. No podía permitirme comer y beber nada más. Tendría que esperar al menos unas horas antes de comer un atún enlatado.

Necesitaría más agua y comida si quería sobrevivir, pero también necesitaría más dinero para conseguir más agua y alimentos a precios del mercado negro. Y sin trabajo y sin recibir un solo rial, no sabía cómo sucedería eso.

Justo en ese momento encontré un mensaje de Daniel, quien, al igual que su homónimo en la Biblia, parecía capaz de leer los sueños. «¿Necesitas dinero?», me preguntó, ofreciendo enviarme un giro. «Sí», respondí. «Sí, así es». No podía preocuparme por mi honor en un momento como este.

Western Union seguía técnicamente abierto, pero no tendrían fondos por lo menos hasta el sábado. Tomaría aún más tiempo si la situación era demasiado peligrosa. Pero el mayor problema era que necesitaría mi pasaporte para reclamar los fondos.

Llamé a casa, y Saif, mi hermano menor, contestó el teléfono. Me alegré de que no fuera mi madre; no quería añadir ningún estrés adicional a su vida. Saif siempre había sido sensato, y como era menor que yo, me trataba con cierto respeto. No como Hussain. No me diría, «¿Cómo pudiste haberte ido sin tu pasaporte?». No me interrogaría ni me haría recriminaciones.

Después de un breve saludo e intercambio de noticias —mi familia estaba bien, el barrio relativamente tranquilo, las batallas eran lejanas—, le pedí que fuera a mi piso de la casa por mi pasaporte. Aceptó sin hacerme preguntas. Yo estaba agradecido. Era mejor que a mi familia no le preocupara a dónde podría ir yo. Prometió actualizarme sobre el progreso y nos despedimos. Mi teléfono sonó cinco minutos después.

—Lo siento, Mohammed. No pude entrar a tu habitación. La puerta está cerrada con llave.

—Por supuesto —le dije, sin saber a dónde dirigir mi exasperación.

—Lo siento. Traté de abrirla.

—No, Saif. No estoy enojado contigo, sino con la situación. No te pediría esto si no fuera urgente. Tienes que entrar de cualquier forma que puedas. Quita la puerta de las bisagras. Derríbala. *Necesito ese pasaporte.*

—Lo intentaré. Estoy tratando de no hacer ruido. Papá necesita que todo esté tranquilo.

Cerré los ojos y moví la cabeza, un gesto que mi hermano no pudo ver.

Afortunadamente, Saif pudo entrar fácilmente a mi habitación, algo por lo que decidí que me preocuparía después. El siguiente obstáculo era más grande. ¿Cómo iba a hacerme llegar el pasaporte? No teníamos servicios de mensajería, el correo era entregado de manera irregular en el mejor de los casos, y los vuelos no eran una opción. ¿Quién estaría dispuesto a conducir más de ocho horas y entrar a una zona en guerra? No le pediría a Saif que viniera por sus propios medios, pero ¿conocía a alguien desesperado por dinero?

Mi hermano preguntó y se enteró de que las actitudes en el norte estaban cambiando. Algunos de nuestros amigos en Saná, originarios del sur, se estaban poniendo nerviosos. Circulaban informes de que los norteños en Adén estaban siendo arrestados y asesinados o encarcelados. Temían que sus vecinos en Saná tomaran represalias con registros casa por casa y represalias. Muchas de estas personas decidieron huir de Saná y regresar a Adén, a pesar de que la ciudad estaba en llamas. Uno de los amigos de Saif era parte de esta migración, y mi hermano le preguntó si estaba dispuesto a llevar un paquete pequeño a Adén y dármelo una vez que llegara a la ciudad. Le ofreció tres mil riales, aproximadamente doce dólares, el 1 por ciento del salario promedio. El hombre tomó el paquete. Yo solo necesitaba esperar.

Hablar con mi hermano me desarmó. Extrañaba a mi familia; quería que mi padre volviera a hablar conmigo; deseaba ver a mi madre. Décadas antes, ella había crecido en estas mismas calles de Adén, luchando por comida, regateando y haciendo trueques con los vendedores del mercado, buscando pedazos de tela para hacerse ropa. Para hacer comidas y atuendos con lo que otros habían desechado. Su familia era muy pobre, y aunque mi madre no era la mayor de sus hermanos, era luchadora y se responsabilizó por su bienestar. Cuando yo era joven, escuchaba sus historias como si fueran lecciones escolares de un pasado oscuro que no tenían una verdadera relación con mi vida.

Sí, mamá, lo sé, fueron tiempos difíciles. ¿Me puedes dar otra ración de pollo ogda? ¿Y por qué sabe tan duro este pan? No me gusta así. Me iré a mi habitación ahora. Necesito terminar el siguiente nivel de La Leyenda de Zelda.

Si tan solo pudiera haberse unido a mí ahora. La temperatura exterior era de setenta y nueve grados y el día estaba soleado. El cielo despejado y azul suponía un contraste cruel con las calles oscurecidas por nubes de polvo y escombros. Daniel me envió un mensaje para tratar de animarme: *¡Es una zona de guerra, pero al menos es un día agradable!*

Pensé en algo para responderle. Varios días antes, había visto a alguien vendiendo armas fuera de mi edificio. Crecí rodeado de armas —Yemen es el segundo país del mundo después de Estados Unidos en posesión de armas—, y no estaba acostumbrado a que la gente deambulara con rifles colgados del pecho y con espadas metidas en los pantalones. Dicho esto, yo nunca había tenido un arma propia, así que le envié a Daniel un mensaje por Facebook:

MOHAMMED AL SAMAWI: ¿Necesito comprar una pistola o algo así?

Daniel recibió mi mensaje por la mañana, en medio de una reunión de trabajo. Los pensamientos se apretujaron unos contra otros. *¿Tener un arma protegería a Mohammed o lo convertiría en un objetivo?* Daniel no tenía ni idea.

DANIEL PINCUS: No creo que seas capaz de defenderte. Podrías estar mejor sin eso.
MOHAMMED AL SAMAWI: Es cierto.
DANIEL PINCUS: Finge que eres mudo. No hables con nadie.

El consejo no era el más práctico —aunque yo me negara a hablar, seguiría siendo identificable como norteño por el tono de mi piel y mis rasgos faciales—, pero me sentí aliviado de que Daniel siguiera comprometido. Reconoció sus propias limitaciones y respondió que iba a contratar a un experto en seguridad.

✳ ✳ ✳

◇◇◇◇◇◇

Mientras yo esperaba una actualización, Daniel llamó a su amigo Eric, que había estado en el ejército estadounidense y combatido a los talibanes en Afganistán. Le preguntó si yo debería comprar un arma, y Eric, que aún estaba en servicio activo, dijo que no podía ayudarme, pero sí su amigo Cole, que estaba fuera de servicio. El viernes por la tarde, hora del Este, Daniel recibió una llamada de Cole, un militar retirado del Ejército de EE. UU. Comenzó con una serie de preguntas rápidas para evaluar la situación:

¿Quién es Mohammed? ¿Cuál es su apellido? ¿Dónde nació? ¿Dónde ha pasado su vida? ¿Es sunita o chiita? ¿Es zaidí? ¿En qué ciudad está? ¿En qué barrio? ¿Tiene electricidad y servicio telefónico? ¿Tiene una computadora, un teléfono celular o un teléfono fijo? ¿Está adentro? ¿De qué color es su piel?

¿Tiene barba? ¿Cuáles son sus suministros de comida y agua? ¿Está solo? ¿Tiene un auto?

Daniel le dijo a Cole que esperara.

DANIEL PINCUS: ¿Eres chiita zaidí?

¿Por qué Daniel estaba preguntando esto? ¿Había una respuesta correcta? ¿Me bloquearía si yo dijera algo equivocado? ¿Cómo podría dejarle en claro a él, un estadounidense, que todos esos grupos, sectas y linajes eran tan intrincados como el amasijo de los cables de la electricidad afuera de mi ventana? ¿Cómo podría hacer que entendiera cuando gran parte de esto no tenía ningún sentido para mí? Y tal vez, lo más desconcertante de todo, ¿cómo era que yo estaba desenredando este nudo de identidad para un *judío*?

Chiita. Hutí. Chiita iraní.

Sauditas sunitas. Wahabitas.

Todos éramos musulmanes cuando yo estaba pequeño. Las distinciones más allá de eso no parecían existir. Un musulmán era un musulmán. ¿Era ingenuo yo?

Miré el mensaje, el pequeño ícono de un hombre alto y larguirucho parado sobre su cabeza. Era el hombre al que le había confiado mi vida. Pero ¿cómo responder a esta pregunta? Me sentí desgarrado. No quería ser grosero. Daniel estaba trabajando para ayudarme, lo que significaba que yo tenía que ser educado y no ponerme a la defensiva. Pero si pudiera, habría gritado, *¿qué importa?*

Yo era un hombre. Resulta que era musulmán. Era un activista por la paz. Yo era más que una secta del islam seguida por mi familia. Yo era más que una cadena de ensamblaje de etiquetas, ninguna de las cuales había conducido a nada bueno. Pero ahora, en Adén, estas cosas eran importantes: eran la diferencia entre la vida y la muerte.

DANIEL PINCUS: ¿Sigues ahí?

Respondí de manera tentativa:

MOHAMMED AL SAMAWI: Sí. Mi familia es zaidí.

Yo no sabía si esta respuesta era «correcta» o «incorrecta». Sentí el peso muerto de mi mano derecha en mi regazo. Esperé, debatiéndome por varios minutos si debía aclarar. Los segundos se extendieron, torturándome como si estuviera esperando el Iftar durante el Ramadán.

DANIEL PINCUS: De acuerdo. No me importa cuál sea tu religión. Los expertos militares me preguntaron por tu identidad para ver dónde podrías encontrar seguridad.

Pude respirar de nuevo. A Daniel no le importaba mi religión o la afiliación étnica de mi familia. Pero ¿quiénes eran estos expertos militares? ¿Les importaba yo? Los gobiernos miraban las etiquetas definidas por casillas de verificación.

◇◇◇◇◇◇

Después de recibir su respuesta, Daniel le escribió a Cole. «Zaidí», dijo. «Y sí, es discapacitado». Cole respondió sin perder el ritmo: «Tengo una aerolínea en Nairobi que puede tener un avión en Adén en veinticuatro horas por cincuenta mil dólares».

Daniel permaneció atónito y en silencio. Pensó que Cole estaba llamando para ofrecer consejos sobre si comprar un arma o no. En cambio, estaba ofreciendo una respuesta a una pregunta completamente diferente. Mientras yo caminaba alrededor de un rectángulo de sesenta pies cuadrados, Daniel estaba considerando un dilema moral fundamental: estaba dispuesto a gastar dos mil dólares para ayudar a un hombre que apenas conocía, ¿pero cincuenta mil?

Se sentó en su escritorio con la cabeza entre las manos. Sus colegas miraron las pantallas de sus computadoras y se preguntaron qué estaba pasando. Escucharon hablar de «filtración», un término común en el sector de la biotecnología, que realmente no era motivo de alarma. Poco sabían que en realidad estaba hablando de exfiltración.

Pero Daniel no respondió a las miradas de soslayo. Estaba pensando en las ramificaciones: ¿era legal enviar cincuenta mil dólares a Kenia para alquilar un avión que volara a un estado fallido, sin ningún permiso para ingresar al espacio aéreo o aterrizar en un aeropuerto que estaba bajo asedio y llevar a una persona sin pasaporte a un país para el que no tenía visa? ¿Cuál sería su responsabilidad si el avión era derribado por los sauditas, los hutís, Al Qaeda o por algún chico con una granada propulsada por cohete? ¿Qué pasaría si la tripulación era asesinada o retenida como rehenes? ¿Qué pasaría si los kenianos se robaban el dinero? ¿Qué pasaría si Mohammed era asesinado mientras iba al aeropuerto? ¿Podría llegar siquiera allá? *¿Daniel necesitaba un abogado?*

La pausa en la conversación era palpable e incómoda. Cole asumió que Daniel estaba dispuesto a salvar la vida de su amigo a cualquier costo. Si no estaba dispuesto a pagar el precio de una misión como esta, ¿por qué habría llamado a Eric?

«¿En qué estás pensando?», preguntó Cole.

«No sé qué pensar sobre esto», respondió Daniel.

Cole dejó que el silencio calara antes de continuar: «Bueno, tal vez nunca antes has lidiado con una situación como esta, pero yo sí. Así que déjame decirte cuál es la situación en la que se encuentra tu amigo, y tal vez eso te ayude a tomar una decisión. Yemen colapsó y el presidente huyó del país. Yemen puede estar ahora allí donde estaba Siria hace cinco años: la guerra civil empeorará mucho antes de que mejore. Estados Unidos ha evacuado sus operaciones consulares y antiterroristas. Eran inadecuadas para detener lo que parece inevitable: una guerra total. Los sauditas bombardearon la pista de aterrizaje en el aeropuerto de Saná y tardará dos semanas en reconstruirse si comienzan ahora, pero no lo harán pronto. La pista del aeropuerto de Adén está intacta, pero no hay control de tráfico aéreo. El aeropuerto está bajo asedio y tal vez pronto será destruido. Los sauditas están estableciendo una zona de exclusión aérea y bloqueo naval y no están dejando que ningún yemení salga del país; quieren un final claro y decisivo para la revuelta chiita. Tu amigo está vivo y no está herido. Está en un lugar seguro por ahora. No se está escondiendo en un campo, corriendo en las calles, ni secuestrado todavía. Tiene una computadora portátil, un teléfono celular y un teléfono fijo.

Tiene electricidad, servicio telefónico y de datos. Pero los sauditas pueden estar monitoreando todas las comunicaciones y la infraestructura podría ser destruida pronto. Su discapacidad significa que no puede correr, trepar o gatear. Tiene unos cientos de dólares, comida y agua para una semana, y probablemente no podrá conseguir más. Tienes una oferta directa para rescatarlo y una situación que puede cambiar con mucha rapidez. Y si alguno de estos parámetros cambia, probablemente hayas perdido la oportunidad de salvar su vida».

La línea telefónica se silenció, y Cole comprendió que Daniel no estaba listo para apretar el gatillo. Con la paciencia casi agotada, preguntó: «Es tu amigo, ¿verdad?».

Cole había pasado su carrera arriesgando su propia vida para salvar las de sus conciudadanos, la mayoría de los cuales nunca había conocido. Esto era simple para alguien como Cole: ¿qué es el dinero en comparación con una vida humana? Pero para Daniel, era cualquier cosa menos eso. Sus pensamientos discurrieron en círculos. Millones de civiles estaban en esta situación. Con cincuenta mil dólares se podría ayudar a muchas personas, y no a un solo hombre. Claro, si fueran sus padres, él gastaría ese dinero. ¿Y si fuera su hermano? Por supuesto. Incluso si fuera un amigo relativamente cercano, estaba seguro de que le daría el visto bueno. Pero en el espectro de personas que él conocía, de familiares a amigos a conocidos casuales, yo apenas ocupaba un lugar en la lista. Sin embargo, él no quería explicarle todo eso a Cole.

«Sí», murmuró Daniel.

Por primera vez en su vida, Daniel se vio obligado a confrontarse a sí mismo en un nivel profundo y fundamental: ¿era un hombre que decía sí o un hombre que dudaba cuando se le daba la oportunidad de salvar la vida de alguien? Era una pregunta que nunca se había hecho a sí mismo porque nunca había sido relevante, y ahora que lo era, tal vez no quisiera saber la respuesta.

El reloj de su escritorio seguía marcando el tiempo, y Daniel oyó a sus colegas teclear en sus computadoras, con camisas y pantalones pulcros. Después de unos segundos que parecieron una eternidad, Cole rompió la estática: «Nunca sabes si te encontrarás en esta situación o cuándo. Pero si alguna vez lo hicieras, estarías muy contento de saber que había alguien del otro lado con la capacidad y la voluntad de hacer lo que fuera necesario para sacarte».

Esto hizo que Daniel dejara de pensar con la cabeza y empezara a hacerlo con la intuición.

Antes de la Primera Guerra Mundial, los abuelos maternos de Daniel escaparon de los pogromos en el Imperio ruso. En 1938, poco antes del comienzo de la Segunda Guerra Mundial, sus abuelos paternos escaparon del Holocausto en la Alemania nazi. Algunos de sus familiares murieron en el gueto de Lodz; su padre conservaba todavía las cartas que narraban la situación erosiva. Si hubiera nacido en Europa solo dos generaciones atrás, él habría estado en mi lugar, esperando que hubiera alguien del otro lado con la capacidad y la voluntad de hacer lo que fuera necesario para rescatarlo. Daniel se dijo a sí mismo, *Si los cincuenta mil dólares no son para esto, entonces no sé para qué sirven.* Tomó una decisión: haría esto.

«¿Cuántas personas puedes subir a ese vuelo?», respondió Daniel, pensando que tal vez otros podrían beneficiarse de la misión, y dividir así la cuenta.

La respuesta fue tan rápida como una bala: «Solo me hablaste de uno».

Daniel me llamó para preguntar si yo podía ir al aeropuerto. Respondí sin dudarlo: «De ninguna manera. Soy discapacitado y no tengo un auto para tratar de llegar a un aeropuerto a cinco millas de distancia. Al Qaeda está justo afuera y hay puestos de control a lo largo de la ruta con combatientes que buscan personas como yo. Y, por cierto, estás intentando volar un avión hacia un aeropuerto que está siendo bombardeado mientras hablamos. ¡Este plan no puede funcionar!».

Daniel le escribió de nuevo a Cole y le dijo que yo no podía ir al aeropuerto. Cole dijo que eso no importaba. Los sauditas habían declarado a Yemen como una zona de exclusión aérea y los kenianos no podrían hacer ese vuelo. Luego dijo, impasible: «Te devolveré la llamada en cinco minutos».

El plan desapareció junto con la electricidad, pero a pesar de que volvimos al punto de partida, Daniel y yo estábamos satisfechos. Él era el tipo que había dicho sí.

Los combates se intensificaron a finales de esa tarde. Khormaksar. Ese era el nuevo objetivo: un barrio que estaba a unos diez minutos en auto de mi apartamento. Leí Arab Press: Al menos 54 muertos y 187 heridos en Adén.

Continué haciendo clic en Yemen News y Al Jazeera. Todo era lo mismo. Cada vez que veía las cifras, sentía que alguien me apretaba la tráquea y me cortaba el suministro de sangre y de oxígeno en el cerebro, lo que me dificultaba aún más pensar con claridad.

El sol se ocultó en medio de una cacofonía de explosiones y disparos. Las luces titilaron nuevamente y luego se extinguieron. Escuché el silbido penetrante de las granadas propulsadas por cohetes, seguidas de un ruido sordo y profundo en algún lugar a poca distancia. No tenía ganas de ir a la ventana para seguir el arco de las bolas de fuego; no quería ver el humo subir en espirales serpentinas. Lo único que haría eso sería traer a mi mente imágenes de miembros amputados, cadáveres retorcidos yaciendo en el polvo, sangre escurriendo por el suelo, a la tierra de este continente oscurecido.

Más bien, volví a mi nido en el baño. Alcé el brazo izquierdo para levantar mi manta y el olor de mi propio cuerpo me pinchó la nariz. Traté de recordar la última vez que me había bañado. El agua embotellada era un bien demasiado precioso como para desperdiciarlo en la vanidad.

Mi recurso más vital estaba disminuyendo al igual que la batería de mi teléfono, agotándose segundo a segundo.

Debería esperar lo mejor.

Cada señal apuntaba al empeoramiento de la situación. La probabilidad de mi escape disminuyó momentáneamente. Los hutís habían avanzado hasta aquí, y no se darían vuelta para retirarse de un momento a otro. La coalición liderada por Arabia Saudita no tenía necesidad de ceder. Había grandes fuerzas en juego. Las vidas individuales no importaban.

Mientras estaba sentado contra la bañera, el olor acre del humo y los sonidos de la guerra penetraron en la frágil coraza de mi edificio de apartamentos. Las ventanas temblaron. Me tendí para intentar dormir y descansar mi mente demasiado activa. Miré hacia el techo desnudo, una nube débil en la oscuridad iluminada por mi computadora portátil. Mis ojos se posaron en el cabezal de la ducha y en la tubería de la que colgaba. Me pregunté —y no por primera vez—, qué tanto peso podría soportar, si podría con una sábana y un cuerpo humano.

¿Qué era más fuerte, un tubo tenso de metal o la amistad informal entre cuatro desconocidos? ¿Cuál podría resistir más?

CAPÍTULO 18

BUENAS NOTICIAS Y MALAS NOTICIAS

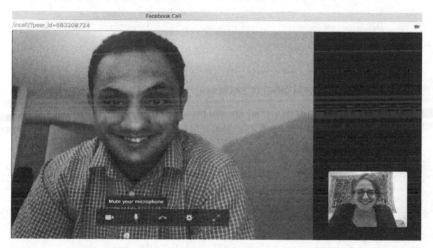

Hablando con Natasha por Facebook

E l sábado 28 de marzo comenzó con un mensaje de Daniel. Cole había encontrado una compañía pesquera griega que tenía un bote en el puerto de Adén y necesitaban sacarlo de allí. Vendrían a recogerme y me llevarían a Yibuti cuando estuvieran listos para irse. *¿Dios se había acordado finalmente de mí?*

Mi teléfono vibró. Era mi madre.

—*Habibi*, Mohammed. ¿Estás bien? —Su voz estaba llena de tensión.

—Hola, madre. Me alegra saber de ti. Estoy bien.

—¿En serio?

—Sí.

—¿Entonces los rumores que oigo no son ciertos?

Mi mente se apresuró en busca de una respuesta. No quería preocuparla más de lo que ya estaba.

—¿Qué es lo que estás oyendo?

—¡Perro! —me interrumpió ella—. Sabes a qué me refiero. ¿Por qué, Mohammed? ¿Por qué? No podías quedarte quieto, ¿verdad? No podías dejar que las cosas siguieran su curso.

Este era un estribillo familiar. Solo que esta vez tuve que estar de acuerdo con ella.

—Lamento preocuparte. Sabes que no era mi intención.

—¿No era tu intención? ¿Qué pensaste que pasaría? ¿Qué pensaste que ocurriría luego de toda tu locura? Mohammed, yo no...

Un sollozo estranguló sus palabras.

El polvo me picó en los ojos, raspó mi garganta y se alojó en mi vientre.

—Estoy bien. Estoy bien —logré decir finalmente.

Ella me preguntó por mi tío Kamal, su hermano, el hombre que había encontrado este apartamento para mí. Consideré mis palabras. Cuando finalmente devolvió mis llamadas, fue para decir que su casa estaba demasiado abarrotada y que sería demasiado impropio para mí estar allá con sus hijas solteras. Eso era *haram*: prohibido. Ella no necesitaba saber eso; no necesitaba tener un elemento más en una lista para ocultarle a mi padre.

—¡*Allah yusallmak*! —dijo ella suspirando, y yo le respondí del mismo modo. Alá tendría que protegernos a ambos. Esperaba no haberlo ofendido demasiado, y quise que tuviera piedad de mí. Que me perdonara por todas las formas en que yo le había fallado. También deseaba que mi madre me perdonara por todas las formas en que yo le había fallado.

◇◇◇◇◇

Los intensos bombardeos en Khormaksar continuaron durante el día.

Mi amigo Nimrod, de YaLa Young Leaders, publicó un mensaje en Facebook: «¿Alguien tiene alguna conexión con el Gobierno indio? Tengo un amigo en Yemen cuya vida está en peligro. Me gustaría saber de cualquier conexión o idea». Justin y Megan publicaron rápidamente de nuevo, y luego Justin continuó investigando con India.

Justin ya se había comunicado con William Bleaker, el amigo de su madre, y le preguntó por Kerala, un estado en la costa suroeste de India. Bleaker contactó a su vez a un amigo suyo de Kerala, quien prometió ayudarme si yo lograba llegar a India. Se trataba de una posibilidad remota, pero Bleaker ofreció una sabiduría adquirida con mucho esfuerzo. «Sigue adelante con eso. A veces, cada persona te remite a otro lugar, y luego a otra persona, hasta que encuentras oro». Todavía no habíamos encontrado una veta productiva, pero la mina se estaba ensanchando cada vez más.

Al parecer, la solución más probable e inmediata eran los griegos. Entonces contacté a Daniel para pedirle una actualización a eso de las dos de la tarde. Él respondió rápidamente:

DANIEL PINCUS: 1) estamos esperando tener noticias del bote. Tendrás que encontrarte con ellos. ¿Puedes llegar al puerto? Podrían recogerte, pero necesitan saber dónde hacerlo.

2) Parece que podemos llevarte a Uganda y es posible que puedas obtener una visa cuando estés allá. Tengo una amiga que tiene una compañía allí; hablé con ella. Veremos un lugar allá para que te quedes.

3) Buscaré vuelos a Kampala desde Yibuti.

En esencia, no hubo noticias concretas; ¡pero Daniel era optimista! Publicó un mensaje en Facebook anticipándose a la evacuación del bote pesquero griego:

DANIEL PINCUS: Necesitamos una visa para Yibuti. ¿Alguien puede ayudar?

Luego, a eso de las ocho de la mañana, hora del Este, fue a un Western Union en Manhattan y trató de enviarme cinco mil dólares. El límite, le dijeron, eran mil dólares por día, así que me mandó esa cantidad. Me envió un mensaje para decirme que había dinero en el banco para mí, pero yo no tenía todavía mi pasaporte, lo que significaba que no podía recibir giros de Estados Unidos. Necesitaba dinero a toda costa para comprar más comida y agua.

Agarré mi teléfono y llamé a Ahmed, que trabajaba en el banco kuwaití-yemení en Saná. Le dije que mi amigo quería enviarme dinero a través de Western Union, pero yo no sabía si había bancos abiertos. Me dijo que había un banco kuwaití-yemení en Adén que debería estar abierto, y que había un Western Union adentro.

Eran poco después de las tres de la tarde, cuando el sol era más fuerte; perfecto. Recogí los riales que tenía y me apresuré por la puerta. Nadie quería estar afuera con una temperatura de noventa grados. Incluso los combatientes endurecidos por la batalla necesitaban retirarse a la sombra, al mercado abandonado, a masticar *qat* y almorzar. En efecto, las calles estaban vacías, salvo por un par de autos y por los puestos de control, custodiados por parejas de soldados que se ocultaban del sol con cajas vacías de cartón a modo de paraguas. El aire relucía debido al calor y me desvié rápidamente de la calle principal hacia el callejón más cercano.

Llegué al banco kuwaití-yemení diez minutos después, pero Ahmed se había equivocado. El banco estaba cerrado. Agarré mi teléfono y busqué «Western Union» + «Adén». Llamé a un número tras otro, pero nadie contestó. Todo estaba cerrado. Yo estaba sudando y sediento, lo que significaba que necesitaría agua cuando volviera a casa. Había sido una mala idea salir de mi apartamento.

Tomé una ruta diferente de regreso al apartamento, por si acaso alguien me estaba siguiendo, y una multitud de niños se hizo visible en la bruma lejana. *Es solo un espejismo,* pensé. Pero a medida que me acercaba la imagen se materializó. Había una pequeña tienda abierta, y un hombre adentro vendiendo verduras. Corrí hacia él y compré agua, leche y barras de chocolate Galaxy con nueces. Lo que normalmente habría costado entre cuatro y cinco mil riales, ahora costaba diez mil, el equivalente a cincuenta dólares, un incremento excesivo. Mi billetera estaba casi vacía, pero tendría agua para varios días más.

◇◇◇◇◇◇

El optimismo de Daniel produjo sus frutos el domingo 29 de marzo. Había un bote pesquero griego casi a punto de partir; solo necesitaban saber dónde estaba yo, lo cual era una pregunta muy buena. No tenía ni idea. Era nuevo en la ciudad y las calles no tenían nombres ni números. Por lo general, las instrucciones en Yemen eran una variación de, «Pasa la mezquita con el alminar azul y dobla a la derecha en el café». Pero desde que comenzó la campaña de bombardeos, ni siquiera podía describir mi ubicación mediante el uso de puntos de referencia. Sin embargo, lo intenté. Estoy por Pizza Hut, cerca de Sera Hall».

Daniel, que estaba confundido, me preguntó qué tipo de teléfono celular tenía yo. Un Android. Me dijo que abriera GoogleMaps.

«¿Qué es GoogleMaps?», le pregunté.

Él me guio paso a paso: «Haz clic en la imagen del mapa. Selecciona vista satelital. Acércala al máximo. Coloca un alfiler en tu edificio. Toma una captura de pantalla. Aléjate y haz otra captura. Aléjate y haz otra captura. Y ahí es donde estás».

Hice lo que me indicó y vi mi edificio encogerse con cada imagen. Parecía tan insignificante, tan poco importante a medida que el mapa se alejaba cada vez más. Le envié los archivos por correo electrónico.

> DANIEL PINCUS: Recibidos. ¿Qué piso?
> MOHAMMED AL SAMAWI: El cuarto, con puerta negra
> DANIEL PINCUS: Linda puerta

Su teléfono celular zumbó horas después, mientras Daniel estaba en el Museo de Arte Moderno: era Cole. «Tengo buenas y malas noticias», le dijo. «Los griegos están listos, pero quieren 700.000 dólares».

Cuando Daniel me repitió las noticias, mi primer pensamiento fue: *¿Dios me está poniendo a prueba?* Si 50.000 dólares parecían una fortuna, 700.000 parecían una locura. Pero la coalición saudita había establecido un bloqueo naval y ordenado que ningún yemení abandonara el país. Los griegos eran conscientes del riesgo de sacar de contrabando a un zaidí del norte, y necesitaban hacer que valiera la pena. Además, los pescadores probablemente no imaginaban que un estadounidense estaba organizando un rescate solo para un yemení corriente (como yo). Era mucho más probable que la persona en cuestión fuera importante, y si algunos estadounidenses lo querían tanto, probablemente tenían dinero para pagar.

Daniel y yo estuvimos de acuerdo en que esto era imposible. Yo ni siquiera tenía setecientos dólares; y de todos modos, estaba claro que a los griegos no les importaba mi vida, solo querían el dinero. Aunque robáramos un banco y les diéramos la mitad del efectivo por adelantado, probablemente se habrían embolsado el dinero y me habrían arrojado por la borda, eliminando así el riesgo que corrían, y sacrificaran la segunda mitad del pago. O podrían llevarme solo para retenerme y pedir incluso más dinero por mi rescate. Los pescadores podrían haber hecho muchas cosas, pero no creí que arriesgaran sus propias vidas solo para salvar la mía, y ni siquiera podía culparlos. Daniel llamó a Cole para tomar una decisión: era asunto cerrado con los griegos. Cole entendió. Dijo: «Te devolveré la llamada».

Derrotado, estaba a punto de desplomarme en el piso cuando mi teléfono se iluminó.

«¿Cómo va mi guapo amigo?», dijo una voz aguda y dramáticamente femenina. «¡Te extraño tanto!».

Una capa de tensión se levantó. «Hola, Ahmed, es muy bueno oír tu voz». Este era uno de sus juegos. Desde que éramos adolescentes, a Ahmed le encantaba llamar a mi casa y hacerse pasar por una mujer, escandalizando a mi madre cada vez que contestaba. *¿Quién es esa chica atrevida que se atrevió a llamar a mi hijo?*

Hablamos de lo que sucedía, de cómo estaban las cosas en Adén y Saná. Cuando colgamos, la culpa, la soledad y la nostalgia especiaron mi cena de galletas y agua. Todo se unió en una mezcla agradable de arrepentimiento. Debería haber sido un mejor amigo, debería haber sido un mejor hijo, debería haber sido un mejor activista...

Más vale tarde que nunca, pensé, y le envié a Daniel un mensaje que decía: «En caso de que algo suceda, quiero que sepas que hiciste todo lo posible para ayudarme. No puedo imaginar que alguien haría lo mismo por mí.

Gracias, Daniel. Dios te bendiga y espero tener la oportunidad de agradecerte personalmente».

Daniel le envió una actualización al resto del grupo. No habría ningún bote pesquero griego; sigan trabajando con sus otras posibilidades. Justin reaccionó y le dijo al equipo que estaba trabajando con India. «Pude enviar un mensaje a la embajada india en Washington», me escribió por correo electrónico. «Creo que llegará un barco en tres o cuatro días, y seguiremos informándoles a todos sobre si podemos subir a Mohammed en ese barco». India estaba enviando un barco con capacidad para mil quinientas personas; el problema era que aún quedaban alrededor de cuatro mil quinientos indios en Yemen.

El teléfono de Natasha zumbó contra su cadera en Tel Aviv. Las luces azules y rojas vibraron a su alrededor, iluminando a las tres mujeres que estaban en la tarima, los ritmos electrónicos subrayando sus melodías del Medio Oriente. Había esperado este concierto por meses; A-Wa, un trío de hermanas yemenitas-israelíes, era una de sus bandas favoritas. Pero en lugar de saltar de un lado a otro, ella estaba saltando para responder al mensaje de Justin. Extraviada en la yuxtaposición de las dos realidades, percibió que estaba escuchando la música de judíos yemenitas que se habían marchado de Yemen a Israel temiendo la persecución, mientras ella ayudaba a un musulmán yemení que creció odiando a los judíos antes de enseñar la tolerancia religiosa y poner su propia vida en peligro. Este era el ritmo del Medio Oriente.

CAPÍTULO 19

UNA NUEVA ESPERANZA

En todo Adén, jóvenes como estos —un ingeniero y un médico, un desempleado y un estudiante universitario—, se habían unido al Movimiento Sureño.

La posibilidad de conocer personalmente a Daniel quedó eliminada en la mañana del lunes 30 de marzo. Durante la noche, el Comité Popular había anunciado un toque de queda. A los civiles solo se les permitiría estar fuera de sus hogares desde las siete de la mañana hasta las siete de la noche. De todos modos, pocas personas estaban lo suficientemente locas como para salir a la calle en la oscuridad, pero el mensaje era claro: Adén no era seguro. Un toque de queda significaba que más «soldados» estarían en las calles, y que se instalarían más puestos de control.

Escuché mientras estaba en ropa interior. Oí artillería en el norte y al este. Las explosiones golpeaban la tierra como dos gigantes avanzando lentamente el uno hacia el otro, desde Khormaksar y la costa. Los platos y otros utensilios vibraron en los estantes de la cocina; el fregadero metálico zumbó con la vibración. Me acomodé en mi lugar en el baño, de espaldas contra la ducha. Me di por vencido en horas de la tarde.

MOHAMMED: Eso es todo; no puedo moverme hoy. Una gran explosión, disparos y bombardeos pesados ahora cerca de mi apartamento.

DANIEL: Acabo de levantarme y leí esto. ¿Sigues ahí?

MOHAMMED: Sí. Los combates ocurren muy cerca de mí. Ahora estoy en el baño, lo considero como la habitación segura en el apartamento.

DANIEL: De acuerdo. Voy a sacarte. No me he dado por vencido.

MOHAMMED: El bombardeo pesado está en todas partes. Sin embargo, estoy bien. Ahora hay ataques aéreos.

Daniel me envió otro mensaje en cuestión de horas. Cole respondió con una última opción: un helicóptero de Yibuti por 80.000 dólares. En este punto, colocarle un valor en dólares a una misión de rescate para salvar una vida humana se estaba convirtiendo en un ejercicio absurdo para Daniel. Si él estaba dispuesto a gastar 50.000 dólares en un avión, pero 700.000 por un barco era demasiado, ¿qué tal 80.000? Era una decisión fácil dadas las circunstancias. Él estaba dispuesto a gastar el dinero en un helicóptero, así que, ¿qué eran otros 30.000? ¿Pasar veinte años sin ir a Starbucks? «Mira si hay alguna manera de llegar a la terraza cuando las cosas se calmen de nuevo», escribió. No tenía sentido iniciar un rescate aéreo si yo no podía llegar a la zona de aterrizaje.

El resto del equipo había aceptado esto, y Justin ya estaba tres pasos por delante. ¿Qué pasaba si el helicóptero aterrizaba en la terraza durante un corte de electricidad y un apagón de Internet? ¿Había un plan de contingencia? ¿Cómo sabría yo cuándo llegar a la terraza? ¿Qué pasaría si alguien tocara mi puerta para rescatarme, pero yo no sabía si debería abrirla porque no sabía si era un tipo bueno o malo? Necesitábamos encontrar un código para que las personas en el terreno lo utilizaran para comunicarse. ¿Operación Sangre de Dragón?

Estaba encorvado, sentado en el piso del baño en ropa interior, mis dedos pegados a las teclas. ¿Quién creía esta gente que era yo? ¿Un comando de *Black Hawk Down*? Incrédulo, me levanté del piso y me puse unos pantalones. Llegué a la puerta principal luego de bordear la pared. Presioné mi oreja contra la pintura; nada. Tras abrirla, me deslicé por el pasillo, lleno de olor a cebolla cocida y a polvo. Subí por una escalera estrecha hasta la puerta de acceso a la terraza mientras respiraba pesadamente. Esto era lo máximo que me había movido desde el día anterior, y no estaba seguro de tener suficiente agua o calorías para justificar el esfuerzo. Estaba doblado en dos, recobré la compostura, agarré el pomo y le di vuelta. Nada. Me limpié las manos sudorosas en mis pantalones y lo intenté de nuevo.

Nada.

Estaba con llave.

Suspiré aliviado y volví a mi apartamento.

«No hay salida», le escribí a Daniel, tomando un sorbo de mi agua restante y dejándome caer de nuevo en el piso.

«Mira», respondió Daniel. «Te estás quedando sin comida y sin agua. No puedes salir en auto debido a los puestos de control, ni en avión porque el aeropuerto está bombardeado ni tampoco en barco debido al bloqueo naval. La única forma de que sobrevivas es si la guerra termina por arte de magia o si te subes a un helicóptero».

Las palabras atravesaron mi resolución tan fácilmente como un *jambiya* a través de un huevo duro. *No me digas que me rinda y luego enumera todas las razones por las que debería hacer exactamente eso.* Miré por la ventana. El humo y el polvo se elevaban en nubes cuajadas contra parches brillantes donde ardían fuegos. Las estelas de los aviones bombarderos y de combate helaban el cielo. Una explosión sacudió las ventanas de vidrio y, a pocas calles al noroeste, una nube de hongo se elevó sobre Khormaskar.

Era imposible que un helicóptero pudiera aterrizar sin ser derribado. Le dije a Daniel que era imposible.

Él me pidió que esperara.

Unos minutos después me contactó nuevamente. Le había preguntado a Cole si creía que el helicóptero podría aterrizar, y este había dicho, «El helicóptero no será derribado».

Pero ningún consuelo era suficiente. Incluso si el helicóptero no fuera derribado, todos pensarían que era un objetivo de alto valor, y *me* dispararían, me bombardearían o me capturarían mientras yo esperaba para abordar. Como no estaba convencido de la alternativa, le dije a Daniel que preferiría esconderme en mi apartamento. Él debería ahorrar su dinero.

Cole admitió que un helicóptero era una de las formas más ruidosas y conspicuas de salir de un lugar y, que algunas personas sobrevivían a las guerras. Tal vez yo sería uno de ellos. Daniel me instó a no perder la esperanza, pero parecía que nos habíamos quedado sin opciones, así que era más fácil decirlo que hacerlo.

Pasaron las horas. La luz eléctrica se fue, pero el sol era lo bastante fuerte para compensar esto. Agotado y bajando luego de una serie de subidas de adrenalina, mi visión se hizo brumosa, y el sonido de los proyectiles comenzó a sonar más como el ritmo del bajo proveniente de un auto en movimiento. Mi conciencia sufrió altibajos hasta que mi teléfono volvió a sonar.

Saif. El amigo al que le habían dado mi pasaporte en Saná había llegado a Adén, pero no quería venir a mi sector de la ciudad porque era demasiado peligroso, así que le dio el paquete a su chofer. El conductor, que era de Adén, podía cruzar fácilmente los puestos de control de Al Qaeda, pero era amigable con gente del norte como yo, pues había vivido un tiempo considerable en Saná. Mi hermano me dio su número, y cuando llamé, acordamos reunirnos por la mañana.

Valía la pena esperar por esto. Un pasaporte significaba que si Western Union abría, yo podría retirar finalmente el dinero que Daniel me había transferido. Esto significaba a su vez que tal vez yo no muriera de deshidratación. Podría morir de un balazo, de una explosión, por decapitación o asfixia, pero al menos podría eliminar una amenaza de la lista.

◇◇◇◇◇

Los minutos se convirtieron en horas en el baño verde grisáceo. El tiempo no era relevante; el hambre era persistente. Justin se comunicó conmigo en algún momento. Tenía una nueva pista. Su contacto, William Bleaker, se había comunicado con algunas personas que conocía en el MEA. Le dijeron que si podíamos conseguir que un senador de EE. UU. enviara una carta oficial de apoyo en mi nombre, ellos *tal vez podían* incluirme en su evacuación de Yemen a Yibuti. «Prueba con el senador Mark Kirk», le dijo Bleaker a Justin. «El Gobierno indio dice que la clave de todo esto es el senador Mark Kirk». Aparentemente, alguien en India realmente apreciaba al senador republicano de Illinois.

Justin hizo una lectura doble. ¿Mark Kirk? Representaba a Highland Park, el distrito natal de Justin. Sus padres eran amigos de él. Hace años, en el verano de 2006, Justin había hecho una pasantía para el entonces congresista durante su campaña al Congreso, ayudando a organizar manifestaciones de campaña, repartiendo letreros, tocando puertas... Nueve años más tarde, estas conexiones personales podrían ser exactamente lo que él necesitaba para convencer al senador Kirk de contactarse con el Gobierno indio en mi nombre.

CAPÍTULO 20

❖❖❖

RED DE REDES

Dar Saad (una zona de muerte), fue escenario de algunos de los combates más intensos, como lo indican los restos de un tanque y la destrucción de calles y edificios.

Los ataques aéreos comenzaron a primera hora del martes 31 de marzo, y a eso de las 11 a. m., las bombas caían como si fueran piezas de Tetris. El amigo de Saif no podría traerme mi pasaporte hoy; era demasiado peligroso. No había agua corriente ni electricidad, lo que significaba que mi prioridad número uno era ahorrar la batería de mi teléfono celular.

Asigné treinta minutos para el uso del teléfono, y luego me obligué a permanecer alejado de mi dispositivo móvil. Primero abrí WhatsApp. Encontré un mensaje de Natasha diciendo que estaba tratando de involucrar a las personas en los niveles superiores del Departamento de Estado de EE. UU. para que escribieran una carta de apoyo que pudiéramos enviar al Gobierno indio. También les envió correos electrónicos a sus contactos en el Departamento de Estado y les pidió que la conectaran con la persona encargada de enviar ayuda.

Segundo, revisé Facebook. Había un mensaje de Justin pidiéndome que le enviara una copia de mi pasaporte para poder mandarlo al MEA. Le agradecí sus esfuerzos, pero no pude. Aún no tenía mi pasaporte.

Yo no sabía en ese momento, pero Justin estaba armando un perfil sobre mí. Mientras pensaba en acercarse al senador Kirk, recibió la advertencia de su antiguo profesor: *¿Qué tan bien conoces a este tipo?* Revisó nuestras interacciones. Él sabía mi edad, ciudadanía, afiliación religiosa... los fundamentos biográficos. Pero ¿cómo sabía él que yo no había trabajado con una organización terrorista? ¿Cómo sabía él que yo no había sido un hutí, o un miembro de Al Qaeda? Estaba bastante seguro de que yo era un tipo decente, pero tenía que estarlo plenamente antes de acudir a un senador de Estados Unidos en busca de un favor monumental. Y no solo para él mismo. Tendría que defender fuertemente que mi trabajo humanitario e interreligioso era suficiente para involucrar potencialmente a los miembros del Gobierno de Estados Unidos. Este era un tema delicado. Después de todo, varios países estaban trabajando para sacar a sus ciudadanos de Yemen. Sin mencionar que Estados Unidos estaba aliado con Arabia Saudita, y le había suministrado ayuda militar.

Justin le envió un correo electrónico a Daniel preguntándole si tenía una copia de mi pasaporte archivada en la MJC que pudiera enviar al Gobierno indio. Daniel mandó una copia del pasaporte e informó que había enviado dinero a Western Union, pero hasta donde sabía, yo no lo había recibido.

Justin envió un segundo correo electrónico al cabo de media hora, esta vez a Daniel y a Megan, pidiendo respaldo. «A medida que acudo a los altos cargos del Gobierno de Estados Unidos y de India, la gente me hace preguntas sobre Mohammed que no puedo responder porque en realidad no lo conozco personalmente, aparte de unas pocas conversaciones en la conferencia GATHER... ¿Alguno de ustedes puede decirme más sobre su papel en estas organizaciones de paz/ONG y cómo lo conocen? Algo más concreto me ayudaría a convencer a algunas personas de seguir promoviendo el mensaje de que a Mohammed se le debería permitir abordar este barco indio».

Fue solo cuestión de minutos antes de que Megan, la persona del equipo que me había conocido por más tiempo, respondiera personalmente por mí.

Le reenvió a Justin el primer correo electrónico que había escrito sobre mi situación el 7 de marzo.

Hola Justin:

A continuación, encontrarás algunas cosas que he escrito sobre Mohammed, así como su hoja de vida y la carta de presentación adjunta.

Déjame saber si necesitas algo más.

Megan

Queridos amigos:

Escribo esta petición en nombre de mi querido amigo, a quien conozco desde 2012 a través de mi trabajo en el programa de capacitación de YaLa Academy MENA Leaders for Change. Mohammed Al Samawl, una persona amable de Yemen que está atrapado en medio de lo que se espera que sea una guerra civil total dentro de un mes. Su familia ya ha sido destrozada por la toma de los hutís y su trabajo en World Relief ha llegado a su fin, ya que casi todas las organizaciones internacionales y misiones diplomáticas han cerrado sus puertas en Yemen. Teme mucho por su vida y seguridad debido a la situación, especialmente dado su activismo con YaLa Young Leaders (cofundado por el Centro Peres para la Paz en Israel y YaLa Palestine), y por otros movimientos por la paz que están en total oposición al mantra oficial hutí de «Muerte a Estados Unidos. Muerte a Israel. Etc.».

Mohammed es una persona altamente inteligente y motivada, con una dedicación inquebrantable al trabajo humanitario y de paz. Después de superar un ataque de neumonía tratado inadecuadamente en su infancia, ya ha logrado mucho en sus veintiocho años cortos de vida: una Licenciatura en Administración de Empresas, Diploma de Inglés y certificación del TOEFL, cargos en organizaciones como PartnerAid y World Relief, así como trabajo voluntario para la Media Luna Roja de Yemen y activismo en línea para YaLa, MasterPeace, My Face for Peace, la Conferencia Judío Musulmana y más (ver Hoja de vida adjunta). Y a pesar de su situación precaria, asistió a la conferencia Gather+962 en

febrero, organizada por Seeds of Peace. En los programas de capacitación de YaLa Academy, en los que ha participado hasta ahora, siempre
ha estado entre los tres mejores estudiantes: completó de forma confiable y excelente todas las capacitaciones en línea y enriqueció enormemente nuestras discusiones en línea y talleres presenciales con sus
perspectivas inteligentes y únicas. También ha participado activamente
en el grupo de Liderazgo central del movimiento Líderes Juveniles de
YaLa Young Leaders (conformado por los 150 miembros más activos) y
en sus campañas en línea, contribuyendo con videos y fotografías para
respaldar la visión y los mensajes de esta paz regional.

Esto fue suficientemente bueno para Justin. Sin pensarlo dos veces, llamó
a su padre para que le aconsejara sobre cómo abordar al senador Kirk, y luego comenzó a trabajar en la construcción de un caso en el que yo era alguien
por quien dos países importantes deberían arriesgarse.

Hola_____.

Tengo un amigo de Yemen que ha estado involucrado con la comunidad de paz del Medio Oriente durante varios años, y cuya vida está en
peligro en la guerra civil actual que ocurre allá. Está escondido y solo le
quedan unas pocas botellas de agua. No ha podido recibir el dinero que
le están enviando sus amigos de EE. UU. y de Israel, y estoy extremadamente preocupado, pues la situación allí se vuelve cada vez más violenta.

Estoy acudiendo a ustedes porque somos un grupo que intentamos ayudar y hemos estado en contacto con el Gobierno indio, que
actualmente está enviando barcos de rescate y aviones a Yemen para
evacuar a 4.000 ciudadanos indios. Hemos preguntado si podían agre-
gar a mi amigo Mohammed a la lista de evacuados y pidieron que
un congresista de EE. UU. hiciera la solicitud a la embajada india.
Agradeceríamos cualquier ayuda que puedan brindarnos para incluir
el nombre de Mohammed en la lista de evacuados.

Conocí recientemente a Mohammed Al Samawi en la conferencia
de Seeds of Peace en Jordania, y me conmovió enormemente su historia y su compromiso con la paz, así como ayudar a que Yemen sea
un lugar mejor. Aunque estuvo fuera del país el mes pasado, regresó

con la esperanza de poder marcar una diferencia. Ahora su vida está en peligro. Sus puntos de vista sobre la paz y su activismo pacifista en línea a través de YaLa Young Leaders, una iniciativa del Centro Peres para la Paz, y su participación en la Conferencia Musulmana Judía, lo convierten en el blanco de muchos grupos extremistas. ¡Es imperativo que ayudemos a hacer lo que podamos para sacarlo de allá! Mohammed tiene veintiocho años, es un ciudadano musulmán yemení que cree en la paz, y su Hoja de vida y pasaporte se adjuntan para ofrecer más información. También adjunto una poderosa carta de Megan Hallahan, que ayuda a dirigir YaLa Young Leaders y ha visto la pasión de Mohammed por la paz de primera mano durante varios años.

No necesitamos que Mohammed sea evacuado a India, sino solo en el corto viaje desde Yemen a Yibuti. Entendemos que los barcos llevan a ciudadanos indios desde Yemen a Yibuti y luego ellos vuelan a India. Solo necesitamos un tránsito seguro a Yibuti, pues ya tenemos una Organización de Derechos Humanos que patrocinará su visa en Yibuti, y que puede ayudarlo a encontrar la seguridad una vez llegue allá.

¡Por favor, déjenme saber si pueden ayudar!

Justin le dijo a Megan que estaba a punto de enviar una carta a un senador norteamericano muy influyente que podría presentar una petición al Gobierno indio en mi nombre.

MEGAN: ¡Maravilloso, Justin! ¿Debería intentar con otros senadores? ¿Con el mío de California o con otros a quienes pueda contactar? En caso afirmativo, ¿tienes algún borrador de carta con la que pueda trabajar?

JUSTIN: Los senadores definitivamente pueden ayudar, y si lo hacen juntos, eso sería aún más eficaz, y probablemente haría que se sientan más seguros sobre su petición.

Justin compartió entonces el borrador de su carta para que Megan pudiera usarla como una plantilla para sus propios esfuerzos en materia de divulgación. Luego la compartió con el resto del grupo y animó a todos a adaptarla para sus propios esfuerzos diplomáticos a los senadores y funcionarios del Gobierno de Estados Unidos.

A estas alturas, cada miembro del equipo siguió su propia dirección. Megan se contactó con la senadora Dianne Feinstein, su representante en California; Natasha comenzó a trabajar en su estado natal de Georgia, y Daniel se encargó de Nueva York. Las respuestas serían rápidas, pero descorazonadoras. Las evacuaciones fuera de Yemen eran pocas y espaciadas. Países de todo el mundo sopesaban los peligros de evacuar a su gente, y cada nación —desde China a Pakistán, India, Rusia y Somalia—, se veía obligada a abandonar a algunos de sus propios ciudadanos en los muelles y plataformas de aterrizaje. Simplemente había demasiada gente para sacarla de manera segura.

Estados Unidos estaba a punto de emitir su propia declaración: «No hay planes para una evacuación de ciudadanos estadounidenses patrocinada por el Gobierno de Estados Unidos en este momento. Alentamos a los ciudadanos estadounidenses a monitorear las noticias y buscar opciones de salida disponibles desde Yemen, por mar, tierra o aire». El Departamento de Estado había instado a los estadounidenses a abandonar Yemen en febrero, y ahora, a fines de marzo, los yemeníes-estadounidenses no tenían ninguna esperanza de que el Gobierno de Estados Unidos interviniera. Volviendo a la situación actual: si los ciudadanos de otros países tenían dificultades para salir de Yemen, nadie, pero nadie, estaba evacuando a los yemeníes.

¿Cómo podrían cuatro personas sin ningún capital político inclinar la balanza?

◇◇◇◇◇

Mientras el equipo estaba trabajando a toda marcha, yo le daba vueltas al perímetro de mi apartamento. Luego el tiempo se detuvo. La explosión más fuerte que había escuchado me lanzó contra la pared, y las vibraciones se extendieron desde mis pies hasta mi pelo. No pude oír nada en absoluto por un minuto. A continuación, escuché un tintineo y un estruendo, y el suave tamizado de yeso que chocaba contra el fregadero.

Me abrí camino a lo largo de la pared hacia la ventana, la superficie más caliente a cada paso. Un tajo se abrió desde el edificio de al lado y las vigas sobresalieron entre la mampostería dispersa. Las llamas envolvieron la parte exterior de la pared, pero *alhamdulillah*, gracias a Dios, el viento se había

detenido. Me contacté con Daniel, Justin, Megan y Natasha, y les dije que
necesitaba ayuda lo antes posible.

Megan informó que había estado en contacto con un amigo suyo que trabajaba con el Departamento de Operaciones de Mantenimiento de la Paz de
la ONU. Según su fuente, el personal nacional de la ONU estaba siendo trasladado al Hotel Gold Mohur, anteriormente conocido como Sheraton Adén.
Desde allí, tratarían de abordar un barco hacia Mahrah, una zona en la frontera entre Yemen y Omán. Me escribió que si yo lograba llegar al hotel, ella
podría incluir mi nombre en la lista de personas autorizadas para permanecer
allá. Por lo menos tendría agua, electricidad y refugio; y tal vez tendría la
suerte de unirme a la evacuación del personal de la ONU. No podía imagi-
narme un hotel abierto en medio de una zona de guerra, pero era lo único que
me quedaba por hacer. Así que encontré el número en línea y llamé al hotel.

—*Salaam alaikum* —dije—. ¿Están abiertos?

—No —respondió un hombre—. Aquí hay una guerra.

—¡Pero la ONU dijo que el hotel estaba abierto! —dije rápidamente, antes
de que colgara.

—¡Ah! —respondió el hombre—. ¿Estás con la ONU?

Hice una pausa.

—Sí.

—Estamos abiertos para ti —dijo.

Tan pronto colgué, le hice la pregunta al equipo: ¿debería quedarme en mi
apartamento o trasladarme al Hotel Gold Mohur? Daniel le preguntó a Cole,
quien le envió un correo electrónico a Daniel con dos consejos, que Daniel
procedió a enviarme:

Yo me mantendría alejado de los hoteles occidentales. Si los hutís están buscando occidentales, ese sería un lugar al que irían. Un ejemplo
reciente es el hotel en Libia hace unos meses. Entiendo lo de la electricidad y una habitación segura, pero me sentiría cansado de utilizar
el hotel como un sitio seguro.

Ahora, dicho esto, un grupo de personas con las cuales hablar sería
bueno para tu amigo en términos mentales. Un grupo también podría

ser mejor para elaborar un buen plan de salida, asegurar vehículos e identificar rutas seguras.

Sé que no te estoy dando una respuesta definitiva, pues no veo una.

Los riesgos eran claros, pero ¿quedarme en mi apartamento era siquiera una alternativa? Los edificios en mi calle estaban desapareciendo cada hora, dejando agujeros en el horizonte, como dientes perdidos. No sabía cuánto tiempo me quedaba.

∞∞∞∞

Pasé trabajando esa noche hasta el amanecer, al igual que muchas otras. Le envié un correo electrónico a Alexis Frankel, de la Conferencia Judía Musulmana. Alexis, quien vivía en Queens, Nueva York, trabajaba en el Comité Judío Estadounidense (AJC, por sus siglas en inglés), y tenía conexiones adentro y afuera de su organización. Le pregunté si conocía a alguien que pudiera apoyar mi caso ante el Gobierno indio. Alexis me refirió a un judío indio que conocía por medio del AJC. Se llamaba Nissim Reuben, y era el director adjunto del Instituto Asia Pacífico del AJC.

Mientras tanto, a solo un distrito de distancia, Daniel estaba viendo al legendario Itzhak Perlman tocar música *klezmer* en el Carnegie Hall. No era la música favorita de Daniel, pero le habían dado un boleto gratis y pensó que podría ser una buena oportunidad para encontrarse con gente de la comunidad de apoyo y pedirles su ayuda. Con su mente en algún lugar entre Adén e India, Daniel se dio cuenta de que Perlman había comenzado a tocar una *hora*. Como si eso no fuera bastante extraño, la audiencia saltó en un momento de abandono espontáneo, unió sus manos y bailó por los pasillos. *Esto no sucede todas las noches*, pensó Daniel, y por el rabillo del ojo, vio a Stanley Bergman, el presidente del Comité Judío Estadounidense, bailando también.

Daniel lanzó desesperado sus manos al aire y bailó a través de una fila de asientos.

—Stan —jadeó—. Necesito contactarme con alguien en India. ¿A quién conoces?

Stan dijo cuatro palabras:

—Llama a Nissim Reuben.

✦✦✦

CAPÍTULO 21

LA SUERTE QUISO QUE FUERA UNA DAMA

El puerto de Adén, antes de la guerra

E l miércoles 1 de abril hubo una interrupción en la campaña aérea. Llamé al conductor amigo de Saif para preguntarle por mi pasaporte y me dijo que podía traerlo de inmediato. Bajé las escaleras y poco después vi que se detuvo cerca del edificio. «¿Eres Mohammed?», preguntó, y cuando asentí, me arrojó mi pasaporte y se alejó a toda velocidad. Subí corriendo las escaleras de nuevo.

Le agradecí a Dios de que personas a quienes yo no conocía estuvieran dispuestas a correr el riesgo de ayudarme, y que uno de los mayores errores que yo había cometido sería compensado. Al principio, había intentado desestimar el hecho de no tener mi pasaporte como algo sin importancia. Tenía mi tarjeta de identificación del gobierno, y con los dos principales aeropuertos cerrados para vuelos comerciales, ¿qué importaba tener un pasaporte? Sin embargo, a medida que pasaban los días y se hacía más claro que tenía que salir de Adén por cualquier medio posible, la falta de un pasaporte podría haber condenado cualquier esfuerzo en este sentido. Con mi equipo investigando muchos canales posibles que involucraban a funcionarios gubernamentales, me resultó claro que era sumamente importante demostrar sin la menor duda quién era yo.

Con mi pasaporte en mano, llegué a una decisión. Iría al Hotel Gold Mohur y diría que trabajaba con la ONU. La única pieza faltante del plan era cómo llegar allá. Yo estaba en el extremo oriental de la península de Adén, una masa terrestre en forma de bulbo. El hotel se encontraba en el oeste, en la otra costa, en una zona elevada, conocida como El colmillo del elefante. En Google aparecía a menos de nueve kilómetros, unas cinco millas.

Me pregunté cuántos puestos de control manejados por AQPA o por el Comité Popular se interponían entre el hotel y yo. No tenía auto, no quedaban taxis en Adén, y ninguno de los conductores de Oxfam contestaba mis llamadas telefónicas, ni siquiera Aidroos. No era la primera vez que quise poder correr. Pero no podía hacerlo con mis piernas, así que sin otra opción, digité el número laboral de otro colega en Oxfam. Le dije que todo lo que necesitaba era un auto para un recorrido de cinco millas.

«Mohammed», dijo. «¡Eres nuestro oficial de logística! Si necesitáramos un auto, ¡*te* habríamos pedido que hicieras la llamada!».

Le expliqué que ninguno de ellos contestaba mis llamadas. Se mostró solidario y dijo que vería qué podía hacer.

Permanecí en la ventana esperando que apareciera un auto. Aproximadamente treinta minutos después, un sedán negro avanzó por la calle más allá de una pila de escombros y se estacionó en la calle del edificio, justo enfrente del puesto de control más cercano. Agradecí a Dios y a Oxfam por escuchar mi petición y planifiqué mi ruta de escape. Obviamente, yo no podía correr, pero no dejaría que eso me detuviera. Esta era probablemente mi única oportunidad. Si me movía de manera rápida y silenciosa, podría escabullirme sin que los combatientes de AQPA me vieran.

Me apresuré a bajar las escaleras, caminando con cautela y con la cabeza agachada. Empujé la puerta principal para abrirla y traté de mantenerme entre las sombras. Estaba a pocos pies del automóvil negro cuando las balas de dos rifles AK-47 silbaron a mi lado. Me quedé congelado. Mi pierna buena tembló tanto que caí al suelo. Un par de combatientes de AQPA avanzó en mi dirección, disparando por encima de mi cabeza, gritando, preguntando si yo era un terrorista suicida.

—¡No! ¡No! —grité—. ¡No lo soy! ¡¡No lo soy!!

Uno de ellos vino hacia mí, me agarró del cuello y me levantó.

—¿Qué estás haciendo? —gritó.

—Me estoy encontrando con un amigo —le dije, hablando lo menos posible, fingiendo un acento sureño.

—¿De dónde eres? —gruñó el otro.

—De Adén.

—No, eres del norte. Eres hutí.

—¡No soy hutí! —grité—. ¡Lo juro!

—Muéstranos tu identificación —exigió el primero, agitando el cañón de su rifle.

—No tengo mi identificación acá. Está arriba —dije, sintiendo los bordes de mi pasaporte en mis pantalones.

—Bien, iremos arriba y nos la mostrarás.

Oré para que mis piernas siguieran moviéndose mientras caminaba entre los combatientes, vestidos de negro, con pistolas colgando del pecho, barbas largas y cabezas cubiertas. El pavimento resquebrajado crepitó bajo nuestros pies.

Busqué a tientas mis llaves en mi puerta y extendí mi mano mala hacia la luz, esperando que se apiadaran de mí. Uno de ellos refunfuñó; el otro parecía aburrido. La cerradura hizo clic; estos eran mis últimos segundos. Estaba abriendo la puerta con un hombro cuando, de repente, uno de los combatientes me detuvo con una pregunta que salvaría mi vida.

—¿Hay una mujer adentro? —preguntó.

—Sí —dije, con la puerta entreabierta, aunque no había ninguna en un radio de diez yardas—. Está ahí.

—Anda por tu identificación y regresa aquí. Esperaremos.

Estos hombres —que mataban a niños inocentes a sangre fría—, no estarían en la misma habitación privada que una mujer. Era *haram* (prohibido), tal como era *haram* cuando le pregunté a mi tío si podía quedarme con él y mis primas.

Estaba temblando cuando entré a la habitación y cerré la puerta detrás de mí. No podía sentir mis manos o mis piernas, y el mundo se inclinó cuarenta y cinco grados. Estos hombres sabían que yo era del norte. Esto era solo un juego enfermizo del gato y el ratón antes de que me cortaran la garganta o me destrozaran con un RPG, como en los videos que había visto en línea. Forcé mis dedos para sacar mi teléfono y tocar lo que probablemente sería mi último mensaje.

«Daniel, Al-Qaeda me atrapó, ¿qué hago?».

Pasó un minuto.
Luego otro.
No hubo respuesta.
Y luego mi celular se murió.

Esto era todo. No era un juego de disparos en primera persona donde yo podía encontrar una vida adicional en algún lugar. Esto era un adiós. Agarré el teléfono fijo y marqué el número de mis padres en Saná. Saif contestó, y empecé a sofocarme con mis palabras, pidiéndole que me pasara a mi madre.

—Mamá, mamá, es Mohammed —gritó—. Es Mohammed.

El golpeteo de los pasos de mi madre antecedió a su voz. Era la única cosa en el mundo que yo quería escuchar.

—¿Qué está pasando? Por favor, qué está pasando.

—Estoy bien. No te preocupes. Solo llamé para disculparme.

—¿Por qué?

—Por venir a Adén. Por hacerte preocupar. Por cada...

—Mohammed —comenzó a gritar—, ¿qué te está pasando? ¿Qué te está pasando?

—Lo siento mucho por todo —repetí—. Necesito irme.

—Sigue hablando conmigo —ordenó ella.

—Mamá, no. No quiero que oigas esto.

Pero ella siguió presionando como solo podía hacerlo una madre, y se lo conté todo: los combates en las calles, Al Qaeda afuera de la puerta, que me matarían apenas se volvieran demasiado impacientes. Dijo que llamaría a mi tío para que fuera y hablara con los combatientes, pero le dije que no valía la pena; simplemente lo matarían también.

Quería pegar el teléfono a mi mano y llevar a mi madre conmigo; quería acurrucarme en sus brazos, practicar juntos extrañas palabras rusas; quería...

Mi desesperación fue atravesada por los gritos.

«¡*Allahu akbar*!».

«¡*Allahu akbar*!».

Traté de ignorar el ruido y seguir centrándome en el sonido de la voz de mi madre. Esperaba que esto fuera lo último en oír antes de dejar este mundo. Pero el canto se hizo cada vez más fuerte, tanto que le dije a mi madre que necesitaba ver lo que sucedía.

«Está bien», dijo, «pero no cuelgues. Déjalo en espera. Necesito oír todo lo que está sucediendo»

Desde la ventana, vi que varios combatientes de Al Qaeda arrastraban a un hombre al centro de la calle. Tenía la boca y los ojos completamente abiertos. Su piel era más clara y sus rasgos más finos: era un chiita del norte, al igual que yo. Vi el futuro en ese instante: iban a matarlo. Los ciudadanos corrieron de a uno y de a dos, y una multitud rodeó a los combatientes en cuestión de minutos, como espectadores en una pelea de gallos. Los hombres de Al Qaeda empezaron a patear al hombre y luego lo golpearon con las culatas de sus rifles en los hombros, la cabeza y los brazos. Él sacudió los brazos, gritó, y el quejido de su lamento resonó en mi habitación.

Esperé a que alguien interviniera para detener la violencia. Seguramente todos los yemeníes —sunitas y chiitas, del norte y del sur— eran personas decentes, y ¿solo unos pocos extremistas originaban la guerra? Seguramente la multitud podría dominar a los dos combatientes.

Pero los espectadores gritaron: «Han capturado a un combatiente hutí. ¡Un combatiente hutí ha sido atrapado!».

Incluso los niños aclamaron desenfrenadamente. La bilis me cauterizó la garganta. Este era mi propio destino transcurriendo ante mis ojos.

Me volví para mirar hacia otro lado y vi que el auto negro seguía allá, estacionado entre mi edificio y una manada de mulas que rebuznaba. Caminé hacia la puerta y miré a través de la mirilla.

El pasillo estaba vacío. Los combatientes debían haberse unido a la multitud.

Agarré mi portátil, mi teléfono celular y mi cargador, una camiseta, una bolsa de papas fritas y lo metí todo en mi mochila. El teléfono fijo olvidado colgaba del cable, bajé las escaleras corriendo y me sumergí en la luz implacable del sol.

Salí por la puerta al otro lado de la calle, los sonidos de gritos y aclamaciones resbalando por mi columna y mi camisa sudada. Salté al auto negro sin mirar atrás, cerré la puerta y le grité al conductor:

—¡Arranca! ¡Arranca! ¡Arranca!

El conductor gritó:

—¿Quién eres?

Le grité:

—¡Estoy con Oxfam!

El conductor se volvió para mirarme.

—¿Qué es Oxfam?

Mi garganta se apretó con fuerza en mi voz. Todo lo que vi fue una barba tupida. El conductor no era de Oxfam. Era sureño, probablemente un sunita conservador.

Lo miré estupefacto.

—¿Eres hutí? —preguntó el conductor.

Negué con la cabeza. Los consejos de Daniel para comportarme como un mudo volvieron a mí. Le mostré al conductor mi mano derecha y deforme.

La observó impasible y luego me miró a los ojos. Con una sola palabra, pudo haber hecho señas a Al Qaeda y yo habría sido llevado al centro de ese círculo, torturado y asesinado en el segundo acto de esta tragedia. Esperé a que él tomara una decisión, el sonido estático del vacío como hojas secas sobre el cemento.

—¿A dónde tienes que ir? —dijo el hombre, cortando el espeso aire viciado.

—Al Hotel Gold Mohur.

—¿Tienes 20.000 riales?

—Sí —dije, mi voz rastrillando como un fósforo.

Era tremendamente costoso, el equivalente a noventa y tres dólares, pero estábamos en una zona de guerra y la gasolina era cara. Lo que fuera que este hombre pidiera no era suficiente. Estaba arriesgando su vida para llevarme en su auto, y Al Qaeda le habría dado mucho más si él me hubiera entregado. Detesté la idea de que mi supervivencia dependiera de mi capacidad de pago. Estaba agradecido de poder hacerlo, pero ¿cuántos otros como yo no eran tan afortunados?

El motor cobró vida.

Me agaché en el asiento de atrás.

Crucé la ciudad acurrucado, pasando por un puesto de control tras otro. El auto se detenía cada par de minutos, el conductor abría su ventana y yo oía el llamado de *As-salaam alaikum*. Yo contenía el aliento, cerraba los ojos y trataba de desaparecer, en caso de que alguien pidiera registrar el auto y me encontrara allí, lo que resultaría no solo en mi muerte, sino también en la del conductor.

Sin embargo, pasamos por todos los puestos de control sin ninguna interferencia. Nadie sospecharía que un hombre con la piel oscura y una gran barba estaría ocultando a un chiita del norte en la parte trasera de su auto. Este hombre, este héroe, era el verdadero espíritu del islam. Estaba arriesgando su vida para salvar a un completo desconocido. Me recordó al Yemen que yo había conocido solo unos meses atrás, antes del comienzo de esta guerra tan desagradable. Cuando las personas se ayudaban entre sí; cuando la comprensión era más importante que el odio.

Eché un vistazo por la ventana y vi que nos acercábamos a un edificio intacto. Parecía que no se habían presentado combates en esta zona. Tal vez los sauditas habían acordado no bombardear el área alrededor del hotel mientras el personal de la ONU seguía adentro. No querrían hacer nada para poner en peligro su amistad con Estados Unidos.

A menos de media milla estaba el Hotel Gold Mohur, un gran edificio blanco empequeñecido solo por las montañas de granito que lo rodeaban. Yo estaba casi a salvo, pero entre el auto y el hotel, había algo aún más imponente: un punto de control final. Contuve la respiración mientras me agachaba. El auto disminuyó la velocidad, vaciló por unos instantes y oí el llamado de

As-salaam alaikum. El autor reanudó la marcha. Cuando abrí los ojos, la puerta del hotel había subido como una cimitarra.

Nos detuvimos, y empujé un fajo de billetes hacia el conductor. Sus ojos se encontraron con los míos en el espejo retrovisor y él asintió. Le devolví el gesto. *Shukraan*. Gracias. Recogí mis cosas y abrí la puerta con mi mano izquierda. Luego salí, cruzando el camino de entrada, y pasé por la puerta giratoria.

Me estremecí. El aire fresco del vestíbulo golpeó contra mi camisa empapada de sudor. El efecto fue vigorizante. Pude pensar de nuevo con claridad. El espacio cavernoso estaba impregnado de luz, muy diferente de los confines de mi apartamento, o del Toyota en el que acababa de llegar. Mis pasos resonaban mientras cruzaba el piso de mármol. A mi izquierda, una escalera serpenteaba en una lujosa alfombra roja. Un hombre estaba de pie detrás del mostrador de la recepción, encorvado y ocupado frente a una pantalla. Miró hacia arriba, e incluso en ese hotel casi desierto, reaccionó: un oasis de encanto en una ciudad devastada por la guerra.

—Buen día, señor. Bienvenido al Hotel Golden Mohur. Me llamo Hani. ¿En qué puedo servirle?

Me alivió que supusiera que yo hablaba inglés; no necesitaría fingir un falso acento sureño.

—Buen día para ti, también. Me llamo Mohammed Al Samawi —dije e hice una pausa, inseguro de la mejor manera de expresar las cosas—. Creo que ustedes me están esperando.

Él me miró y asintió un par de veces.

—Ya veré.

Sacó una carpeta y un silbido reposado escapó de sus fosas nasales.

—Sí. Aquí estás —dijo señalando uno de los periódicos—. Y aquí —dijo de nuevo, sonriendo y extendiendo su mano hacia mí, con la palma hacia arriba para señalar mi presencia frente a él.

Elevé una oración silenciosa de agradecimiento a Megan y a su contacto en la ONU.

—Sí. Estoy aquí —respondí—. Y estoy contento de poder estarlo.

El resto del personal del hotel se acercó a mi alrededor. Sabían que, al igual que ellos, yo era de Yemen, e intercambiamos saludos en árabe. Después de eso, me dijeron que el hotel tenía agua y generadores de respaldo, y me presionaron por detalles de la vida en los otros sectores de la ciudad. Les informé sobre lo que sabía de los eventos en Khormaksar y sus alrededores, el barrio al norte de mi apartamento donde se encontraban la Universidad de Adén, el Palacio Sheba y el Hospital Al-Jumirah. Los bombardeos allí habían sido los más intensos. El resto lo supe por las noticias. Los combatientes hutís habían vuelto a tomar partes del aeropuerto. El presidente Hadi confiaba en que su Gobierno podría controlar el territorio sin intervención extranjera; solo tenían que cortar las líneas de suministro hutís. Mientras hablaba, escuché el sonido de las explosiones distantes.

Sin más información y casi sin aliento, les dije que me gustaría descansar un poco. Había usado las últimas gotas de la adrenalina que me había impulsado a cruzar la ciudad. Ellos me recompensaron con una linda habitación, agradecidos por las noticias. Conecté el cargador de mi teléfono celular en la pared antes de derrumbarme sobre la cama doble de felpa blanca, y vi que la pantalla cobraba vida. Luego me acuclillé frente al mini refrigerador: una barra solitaria de Snickers era lo único que quedaba. Desgarré la envoltura con mis dientes, acunando la barra fría en la concavidad de mi brazo malo. Tragué trozos de chocolate y caramelo, que escasamente mastiqué. Era mi desayuno y mi almuerzo, a las 4:30 p. m.

El azúcar tardó unos minutos en surtir efecto. Mi visión se aclaró y permanecí en la ventana mirando hacia el mar arábigo, la tierra curva donde la Pequeña Adén y las refinerías de petróleo estaban en otra península. En los mapas, ese pedazo de tierra siempre me recordaba a un toro a la carga, un cuerno puntiagudo, una boca abierta, sus patas listas para galopar por las aguas y pisotear la península de Adén. Me senté en el borde de la cama y me pregunté cuál de las facciones controlaría ese toro. Saboreé con mi lengua un poco de maní que tenía entre los dientes antes de masticarlo y tragarlo. *Lo último que comeré en mucho tiempo*, pensé, antes de quedarme dormido.

Desperté cuando el sol vespertino era apenas una cuña. Me dirigí al piso de abajo aturdido pero hambriento. Los pasillos estaban vacíos. Miré a través del cristal hacia un gimnasio desierto. Las máquinas inactivas, motores de un tipo de guerra diferente, permanecían fijas en su lugar como soldados de plástico. Pensé brevemente en entrar y aliviar mi tensión, pero no creía tener la energía para hacer mucho más que sentarme.

Seguí las voces a una sala común fuera del vestíbulo y vi a personas que hablaban entre sí. Me detuve antes de unirme a ellas. Dos parecían ser de Asia, otros cuatro de Yemen; eran sunitas sureños por su aspecto, su piel oscura, rasgos angulosos y etiquetas de sus nombres. Pasó un momento antes de percatarme de que mi propio tono de piel y mis rasgos ofrecían el mismo tipo de presentación. Nos miramos unos a otros. Yo acababa de huir de AQPA, pero ¿con quién estaba ahora?

Una mujer asiática que llevaba un sombrero flexible me saludó con la mano. Las presentaciones formales siguieron, pero no pude llevar la cuenta de todos los nombres. Dos de ellos eran de Filipinas, y el resto yemeníes.

—Cena con nosotros —dijo alguien.

Hay comida, pensé. No podría haberme sentido más emocionado si fuera un personaje de dibujos animados con los ojos cubiertos y mi lengua saliendo de mi boca.

Aunque el hotel estaba cerrado, el personal seguía ofreciendo un bufete. Agarré un plato y serví porciones de arroz, dos tipos de pollo *zorbiano* —pollo y carne de res— y panes planos. Una vez tomé asiento, le pregunté al hombre a mi izquierda sobre el plan de evacuación. Se encogió de hombros y me dijo que no conocía ningún detalle, salvo que evacuarían a los empleados de la ONU por vía aérea.

—No puedo quedarme aquí —le dije cortésmente—. Estoy en una situación peligrosa. Es incluso peor para mí que es para ustedes.

Él asintió. Sus ojos eran amables pero desenfocados.

—Lo sé, pero no es mi decisión. Si le envías un correo electrónico a nuestra gerente y ella dice que sí, definitivamente te llevaremos.

Escribió la información en una hoja de papel y me la entregó. Lo miré y vi que también me había dado los correos electrónicos del personal local. Agradecido, ansioso, sin poder comer tanto como esperaba, regresé a mi habitación e inmediatamente le envié un mensaje a Megan:

¡El personal local de la ONU dijo que podrían llevarme si reciben aprobación! ¿Podrías pedirle por favor a tu contacto en la ONU que me incluya en la evacuación?

Megan me contestó rápidamente para hacerme saber que estaba trabajando en ello y que me respondería lo antes posible. Bailé un poco alrededor de mi cama. ¡Esta podría ser mi oportunidad! Pero las oportunidades desaparecían tan rápido como el *bint al-sahn* recién horneado. ¿Duraría esta oportunidad?

Unos momentos después, mi teléfono se iluminó con un mensaje de Megan. Era corto y directo:

MEGAN: La ONU dice que no.

La ONU informó que un centenar de empleados y ochenta diplomáticos extranjeros ya habían sido evacuados por vía aérea, y que tenían planes de evacuar a otras dos mil personas. No habría lugar para los refugiados. Y, además, a nadie se le permitía sacar a yemeníes del país. Incluso una excepción podría ponerlo todo en peligro; si AQPA descubría que un solo norteño se iba con el personal local, todos podrían morir.

Me sentí aturdido. Megan, Justin y Daniel también se sintieron así. Pensé en cómo me había sentido solo diez minutos antes. Fue como si finalmente hubiera terminado la carrera. Pero no lo había hecho. Alguien seguía moviendo cada vez más la línea de meta hacia adelante, y nadie me decía por cuánto tiempo más necesitaba correr, y ni siquiera en qué dirección debía ir. Me hundí en la cama frustrado y asustado. ¿Cuántas veces podría suceder esto? Envié un mensaje.

MOHAMMED: Daniel, necesito hablar urgentemente contigo. ¿Podemos hablar?

Daniel me llamó. Encontró una nueva solución al problema. Dijo que tenía un amigo en la ONU a quien le enviaría un correo electrónico hablándole de la situación. No aceptaría un no por respuesta.

Eso era algo, me dije. Y la insistencia del Congreso ante el senador Kirk también era algo. ¿Pero algo de esto conduciría a alguna parte? No se había presentado todavía una solicitud formal para incluirme en la evacuación. El senador parecía ser una pista prometedora, pero por lo que sabíamos, sus ayudantes seguían siendo los que hacían las llamadas; no él.

Miré por la ventana frente al mar hacia la interminable extensión azul. Vi aviones lanzando cajas, probablemente llenas de armas y municiones. Oí bombardeos. Leí un mensaje de texto de un contacto que aún estaba en Adén: el edificio de apartamentos en el que yo había vivido hasta ayer había sido destruido. Sentí los efectos impactantes de las noticias mientras todos los «qué ocurriría si» de las últimas horas pasaron por mi mente. Saif entrando a mi habitación. El conductor entregándome el pasaporte cuando lo hizo. Si hubiera llegado unos minutos después, si hubiera sido detenido en algún lugar a lo largo de la ruta, yo podría haber estado en la calle en lugar de ese otro norteño. Ese podría haber sido yo. ¿Qué pasaría si el conductor del auto negro hubiera decidido que el dinero que yo le ofrecía no justificaba el riesgo que asumía él? ¿Y si él perteneciera al Comité Popular? ¿Y si yo hubiera decidido que el riesgo era demasiado grande y que más bien me quedaría en el apartamento?

Recordé haber leído un artículo sobre el tema de los accidentes y la elección. Algunas personas creían que los accidentes no existían, que todas las decisiones que tomábamos todos los días nos llevaban a estar en un lugar particular en un momento particular. En otras palabras, que siempre elegíamos nuestro destino de un instante al otro. Era casi demasiado para meditar en ello, para creer que cada momento estaba tan cargado de consecuencias. ¿Existían cosas como la suerte, el destino, el hado, el plan de Dios? ¿Por qué seguía beneficiándome yo? ¿Qué habría sido de mis vecinos en ese edificio? ¿Qué habría sido del hombre que me había llevado jugo y *zalābiya*? Nunca le devolví su amabilidad, y ahora era probable que engrosara el creciente número de víctimas.

Poco después de medianoche, Daniel me envió un borrador de un correo electrónico que había escrito para la mujer en la sede de la ONU encargada de la evacuación del personal local de esa organización:

Les escribo con una solicitud urgente para ayudar a salvar la vida de Mohammed Al Samawi, ciudadano yemení y activista por los derechos humanos, y evacuarlo con el personal de la ONU en Yemen. Gracias por su pronta atención a esta solicitud.

Mohammed Al Samawi, nacido en Saná, Yemen el 30/11/1986 (28 años), se encuentra actualmente en el Hotel Golden Mohur, Adén, Yemen (+ 96XXX1166XXX), habitación 204. La zona inmediatamente alrededor del hotel está bajo ataque.

Él está siendo declarado específicamente como objetivo porque:

1) Es del norte de Yemen, y los norteños no son bienvenidos en el sur de Yemen.

2) Su apellido sugiere que es chiita, y los chiitas están siendo atacados por Al Qaeda, que está luchando por el control de Adén.

3) Su labor, promoviendo los derechos humanos, el diálogo interreligioso ecuménico e intergrupal, lo han convertido en un objetivo para todos los bandos. Ha trabajado con OxFam, World Relief Deutschland, Partner Aid International, Althraya Development and Investment, My Face For Peace, la Conferencia Musulmana Judía, Master Peace (Sudán), YaLa Young Leaders, Seeds of Peace, A Safe World For Women.

No hay rutas comerciales viables para que él salga de Adén. La coalición árabe liderada por Arabia Saudita ha bloqueado el puerto y el espacio aéreo, y las milicias hutís y de Al Qaeda han establecido puestos de control en toda la ciudad. No puede ir por sus propios medios y será asesinado de inmediato casi con total seguridad una vez que sea encontrado.

Hay personal de la ONU en el hotel diciendo que serán evacuados de manera inminente. Solicitamos humildemente que sea evacuado con el personal de la ONU. El personal ha indicado que no pueden hacerlo sin la petición explícita de las personas a las que está dirigido este correo electrónico. Es por eso que están recibiendo esta solicitud.

Una vez fuera de Yemen, podemos encontrar cualquier cantidad de lugares para él. Ya tiene ofertas de trabajo con Spark Microgrants en Uganda y Ruanda.

Soy ciudadano estadounidense, consultor de The Quantic Group. Serví en la Junta de Gobernadores del Comité Judío Estadounidense y en el Instituto Jacob Blaustein para la Promoción de los Derechos Humanos.

Gracias de nuevo.

Daniel Pincus

Incapaz de teclear lo bastante rápido, le escribí a Daniel: «¡No, Dani! Los miembros del personal local son musulmanes estrictos. Son diferentes de las personas en la sede de la ONU. No deberías mencionar nada sobre los judíos».

«Está bien», escribió él. «Déjame corregirlo».

«Es un peligro mencionarle mis actividades al personal local».

Pausa.

«De acuerdo».

Y en esa pequeña pausa entendí exactamente lo que había sucedido.

«¿Ya enviaste la carta?», le pregunté.

«Sí», dijo él. «Me siento terrible. Mi amigo en la ONU me dijo que le enviara una copia de la petición al personal local, y que lo hiciera de inmediato porque era urgente. ¿Te puse en peligro?»

¡*Sí*!, pensé. *Esto era un gran error*. Los miembros del personal local eran todos sunitas sureños, y yo no sabía nada de sus inclinaciones políticas, pero nunca le había explicado esto a Daniel. Él no sabía que al revelar mis actividades interreligiosas, había condenado mis posibilidades de que alguien de la ONU me llevara consigo. Y lo que era incluso peor, es posible que me entregaran primero a los agentes de AQPA apostados en el camino de entrada. Esto podría ser un juego terminado. Pero después de todo lo que Daniel había hecho por mí, no había ninguna razón para decirle esto; no había ninguna razón para hacerlo sentir mal. Así que más bien le respondí que las cosas estaban bien, que yo actuaría con cautela con el personal de la ONU, y que podría tener que abandonar el hotel antes de lo previsto. Esa noche di muchas vueltas en la cama.

Agarré mi portátil y abrí el *Hindustan Times* para ver si había algún desarrollo en India. Se me cayó el alma a los pies. Había venido un barco y ya se había ido. ¿Había terminado la evacuación? Inmediatamente le envié un mensaje a Justin.

> MOHAMMED: Justin, ¿crees que llegamos tarde, o estamos hablando de otro barco?
>
> JUSTIN: Esas fueron las primeras 400 personas evacuadas, pero están enviando barcos para rescatar a 4.000. No creo que lleguemos demasiado tarde.
>
> MOHAMMED: Me alegra saber eso.
>
> JUSTIN: Llamaré pronto a la línea directa para averiguar más. Espero tener más noticias mañana sobre mi congresista.

Guardé mi computadora y conté mientras respiraba, tratando de aclarar mi mente. Pero no podía conciliar el sueño. Agarré mi teléfono y abrí WhatsApp. No quería ser una molestia, pero necesitaba tener contacto humano.

> MOHAMMED: Fuertes bombardeos ahora. Están muy cerca, los más cercanos que haya visto.
>
> JUSTIN: Aléjate de las ventanas y avísame cuando hayan terminado. Estoy escribiendo muchas cartas en tu nombre, ¡y espero que el Gobierno de Estados Unidos ayude pronto!
>
> MOHAMMED: Gracias, Justin, realmente me diste una gran esperanza; aunque no pudiera estar con los indios en Yibuti, me basta con que lo hayamos intentado, gracias de verdad.

Me dirigí al comedor para desayunar después de una noche de sueño intermitente. Había treinta mesas redondas, cada una envuelta en un mantel blanco y equipada con diez lujosas sillas rojas ribeteadas en oro. La vista era majestuosa y digna de la realeza; pero vacía de gente, era total y absolutamente inquietante. Todas las mesas estaban vacías, excepto una, que estaba ocupada por el personal local de la ONU. Caminé hacia ellos y apenas me senté, todos se levantaron y se fueron a otra mesa. Me hablaron de forma somera, haciéndome saber que responderían a mi correo electrónico.

Me apresuré a mi habitación y le envié a Daniel un mensaje frenético por Facebook: «Daniel, no creo que el plan de la ONU funcione. Creo que no deberíamos enfocarnos más en la ONU».

Él estuvo de acuerdo.

En cuestión de horas, descubrí que el personal local de la ONU había sido evacuado.

Me quedaba una sola opción.

India.

◇◇◇◇◇

Mientras yo dormía en la noche del 1 de abril, todos los esfuerzos se centraron en la iniciativa ante el Congreso. Megan contactó a un amigo suyo llamado Joel Braunold, un activista que participó en la misma conferencia GATHER que nosotros en Jordania. Joel era el director ejecutivo de la Alianza para la Paz del Medio Oriente, un conjunto de organizaciones interreligiosas que incluía a YaLa Young Leaders. De hecho, Joel era la persona que había invitado a Megan a la conferencia GATHER, y ella fue la persona que luego me invitó.

Megan compartió mi historia con Joel y le preguntó si él podía hacer algo. Joel estaba esperanzado; trabajaba regularmente con el Departamento de Estado de EE. UU., así como con USAID y el Consejo de Seguridad Nacional. Cuando terminaron de hablar, Joel le envió un correo electrónico a su amigo Toby Locke, quien estaba vinculado con Movements.org: «Tengo una situación urgente para ti. Se trata de un joven llamado Mohammed Al Samawi».

Toby Locke leyó el mensaje y comprendió que Joel se estaba refiriendo a la misma persona de la que su amigo Daniel Pincus le había hablado unos días antes durante de la cena. Sin perder tiempo, Toby escribió un correo electrónico y lo envió a sus contactos en el Gobierno de Estados Unidos: asistentes en las oficinas del senador Rubio y del senador Kirk.

Gretchan, asistente del senador Kirk, respondió rápidamente. «Toby, gracias por contactarme. ¿Hay alguna manera de que puedas brindar más información sobre Mohammed, o si Movements.org ha realizado algún tipo de investigación?».

Toby Locke contestó su correo electrónico refiriéndola a Joel y Daniel. Joel conectó a Gretchan con Megan Hallahan, y Daniel respondió directamente:

Puedo dar fe personalmente del excelente carácter de este joven y del peligro que corre en virtud de la buena labor que adelanta en Yemen, que lo convirtió en un blanco específico entre los grupos militantes actuales y activos que luchan por tomar el control de la ciudad de Adén, donde está él. Soy miembro de la Junta de Gobernadores del Comité Judío Estadounidense, director de la junta interina de la Conferencia Judía Musulmana, del Instituto Jacob Blaustein para la Promoción de los Derechos Humanos, y presidente de la Junta de Amigos Estadounidenses de Beit Hatfutsot. He sido un miembro activo de la sociedad civil que promueve las relaciones interreligiosas, y Mohammed Al Samawi es un gran activo para esta causa.

Unas cuatro horas después, Gretchan se contactó con Daniel. Le preguntó si el AJC y Jacob Blaustein estaban formalmente detrás de este caso. Ella necesitaba identificar el mayor apoyo posible, y los nombres del AJC y del Instituto Jacob Blaustein tenían un gran peso.

Daniel respondió dos minutos después: «Sí, lo están... Por favor, comprende la urgencia de este caso. La evacuación india está sucediendo de manera inminente. Al Qaeda ha establecido puestos de control en toda la ciudad en busca de chiitas para matarlos. Perdón por el correo electrónico tan loco. Siento que tengo la vida de alguien en mis manos».

◇◇◇◇◇

Al mismo tiempo, Justin estaba haciendo su propia llamada a Washington desde San Francisco. Se presentó ante la asistente del senador Kirk, y cuando terminó de hablar, Gretchan soltó una carcajada. Ella acababa de oír la misma historia de un hombre llamado Daniel Pincus y de una mujer llamada Megan Hallahan. Sin mencionar que también había tenido noticias de que las oficinas del senador Feinstein y el senador Rubio habían recibido correos electrónicos similares sobre este caso.

Justin trató de ocultar su sorpresa, pues no sabía que los otros también habían tratado de comunicarse con el senador Kirk. Mientras agradecía a Gretchan por su tiempo, Justin enfatizó que solo buscaban transporte a Yibuti, no a India, y que el apoyo del senador Kirk era crucial para el Ministerio de Relaciones Exteriores de India (MEA, por sus siglas en inglés).

Justin colgó e inmediatamente le envió un correo electrónico al grupo: «¡Cualquiera que haya tratado de contactarse con un miembro del Congreso de EE. UU., por favor envíeme un mensaje! Tendremos una mejor oportunidad para esto si podemos coordinar y hacer que varios senadores presenten una solicitud. ¡Este es un riesgo inmenso para un senador, por lo que tener un poco de apoyo sería increíble!».

Daniel respondió: «Sí, actualmente estamos en contacto activo con la oficina de Mark Kirk. Necesitamos organizarnos. Es un gran esfuerzo, pero estamos en todas partes».

Por primera vez, Justin, Megan, Daniel y Natasha se conectaron por Skype, junto con Joel Braunold e Irina Tsukerman. La llamada duró más de cuarenta minutos. Antes, habían actuado como una coalición flexible, reuniéndose por correo electrónico y WhatsApp; ahora discutieron la coordinación de un plan estratégico de ataque. En el transcurso de esta llamada, un grupo de personas se unieron en un solo equipo.

En primer lugar, Joel mencionó a veinte miembros del Congreso que podrían ser receptivos a nuestra misión y, en particular, quiénes eran sus principales asistentes y cuál era la mejor forma de acercarse a ellos. Enumeró con quién tendríamos que hablar, y qué palancas tendríamos que mover. Por ejemplo, MEA tenía una relación con Seeds of Peace. Esta organización tenía sede en Maine, por lo que necesitábamos contactar al congresista por Maine. También deberíamos probar con Aaron David Miller, un analista estadounidense del Medio Oriente que había trabajado en el Departamento de Estado. También había servido como presidente de Seeds of Peace, y mi afiliación con la organización podía tener un eco en él.

Megan tomó un bolígrafo y encontró espacio en el rincón de una hoja. No conocía personalmente a Aaron David Miller, pero su jefe en YaLa Young Leaders lo conocía. Por primera vez desde que comenzó esta evacuación, Megan apeló a su jefe. Lo convenció de escribir una carta a Miller preguntándole si podría ayudar a que mi nombre apareciera en la lista de evacuación de India. Dentro de las próximas veinticuatro horas, el jefe de Megan le enviaría un correo electrónico al señor Miller, quien se lo mandaría a Tony Blinken, el subsecretario de Estado, que lo consideraría importante y se lo enviaría a su jefe de personal para que se encargara de él.

Segundo, como llegaba tanta información, el equipo necesitaba organizarse de manera sistemática. Justin se ofreció a hacer una hoja de cálculo de GoogleDocs asignando personas a las tareas. Justin se centraría en el senador Kirk y en las llamadas a India; Dan se centraría en las conexiones del Comité Judío Estadounidense con el senador Kirk y con los contactos de Nissim en India; Natasha se centraría en sus contactos con GATHER y el HRDF; Megan se centraría en el Departamento de Estado a través de sus contactos de YaLa; Irina probaría con la oficina del senador Ted Cruz; y Joel haría las veces de asesor entre bastidores. Había un arco iris de pestañas: «India», «Senadores», «Congresistas» y «Otros Esfuerzos» (incluyendo a Rusia, CARE, la ONU...).

Mientras Justin se acostaba en la cama esa noche, recordó la serie de consejos más reciente de William Bleaker:

Sigue presionando y llamando tantas veces como sea necesario.

No importa lo que piensen los demás: esa es la clave del éxito.

Si es necesario, vuela a la oficina del senador Kirk y quédate allí hasta que recibas la respuesta que deseas.

Piensa en grande.

Actúa como si la vida de un hombre estuviera en peligro, porque así es.

CAPÍTULO 22

EL JUEGO DE
LA ESPERA

El equipo —Justin, Daniel, Megan, Natasha—
contactándose por Skype

Almorcé solo en el comedor, escuchando bombas y cohetes. La guerra se estaba librando de un lado al otro. Los hutís estaban presionando hacia el sur. Sus aliados habían tomado el control del centro
de la ciudad, el acertadamente llamado barrio Cráter, así como del palacio

presidencial. Los proyectiles de mortero hutís caían sobre el puerto, expulsando a los operativos de Al Qaeda. Pero el repliegue de la coalición sunita fue tentativo. Aunque los hutís hubieran tomado el puerto y el aeropuerto, los sauditas aún controlaban los mares y el aire con un bloqueo naval y una zona de exclusión aérea. También tenían otro as bajo la manga. Los sauditas habían desplegado tropas en la frontera norte de Yemen, y estaban listos para enviar en cualquier momento soldados a Saná, que era controlada por los hutís. Avance y retirada. Cuán diferentes eran sus objetivos de los nuestros.

Para Justin, Megan, Natasha y Daniel, el jueves 2 de abril comenzó con una pausa. El día anterior, habían puesto en marcha sus planes, y ahora tenían que esperar a que sucediera algo. Había muchas promesas de acción, pero la diplomacia era un tren lento, y el tiempo seguía su curso. La evacuación podría ocurrir en cualquier momento —o no—, y para complicar las cosas, todo el mundo estaba a punto de irse de la ciudad o de apagar sus teléfonos. Era el fin de semana de Pascua. El Congreso cerraba a la 1 p. m., hora del Este del día siguiente. Además, era un día feriado en India ese fin de semana, y la Pascua era el viernes por la noche. La ventana de la posibilidad se estaba cerrando con cada tic del reloj, y la paciencia era un recurso cada vez más escaso.

A pesar del apoyo de Gretchan en la oficina del senador Kirk, este no había presentado todavía una solicitud formal para incluir mi nombre en la lista de evacuación. El Escritorio de Yemen del Departamento de Estado de Estados Unidos todavía no estaba al tanto de la evacuación india; y la embajada de India en Washington le dijo a Justin que no podían confirmar todavía que habría incluso una evacuación de Adén. Estábamos compitiendo contra el reloj, y el Gobierno de Estados Unidos se movía más despacio que nosotros. El equipo decidió que no podía seguir molestando a los funcionarios estadounidenses con las mismas peticiones, pero tampoco podía cruzarse de brazos y confiar en la diplomacia indirecta. Se les ocurrió un plan complementario: encontrarían puntos de contacto del lado indio con los que podrían comunicarse directamente para incluir mi nombre en una lista de evacuación.

Justin encontró una línea directa de emergencia para indios atrapados en Yemen y llamó dos veces a ese número. En ambas ocasiones habló con hombres que se presentaron como el señor Komal, aunque eran personas claramente diferentes. El segundo hombre le dijo a Justin que el ministro de Estado se encontraba en Yibuti supervisando los esfuerzos de evacuación y reasentamiento, por lo que era posible ponernos en contacto con su oficina y trabajar con la de Yibuti. Natasha se ofreció como voluntaria para buscar su información de contacto, y al hacerlo se convirtió en el enlace del grupo con Yibuti.

Daniel habló con Nissim Reuben, del Comité Judío Estadounidense. Debido a la recomendación de Stanley Bergman, Daniel había llamado a Nissim, quien se encargaba de las relaciones diplomáticas de alto nivel con India, y quien ya había demostrado ser un recurso invaluable. Sin perder un minuto, Nissim le envió un correo electrónico a un oficial de la División del Oeste de Asia y el Norte de África (WANA) del Ministerio de Relaciones Exteriores de India en Nueva Delhi, y solicitó que el oficial hiciera un seguimiento con su colega en Saná, un hombre llamado Dilbag Singh.

A continuación, Nissim conectó a Daniel directamente con la embajada india en Washington, D. C. Daniel hizo su llamada inicial al primer secretario (el enlace con el Congreso), y le preguntó si India consideraría incluirme en su evacuación. La respuesta fue un *no* inequívoco. Había miles de indios en el país, dijo, y el barco que vendría solo podía llevar a unos pocos centenares. No podían evacuar a un yemení antes de que hubiesen sacado primero a sus propios ciudadanos. Antes de que el oficial colgara, Daniel añadió, «Todo lo que estamos preguntando es si su barco está allá, ustedes han sacado a toda su gente, hay espacio en el bote y nuestro hombre está allá en el puerto, ¿consideraría siquiera subirlo al barco?». Después de un momento, el oficial dijo: «Tal vez».

Mientras Daniel trabajaba con la embajada india en Washington, Natasha recordó que había una delegación india de activistas por la paz en la conferencia GATHER celebrada en Jordania. Se puso en contacto con uno de los representantes del grupo, que le dio el número telefónico de un alto funcionario del MEA en Nueva Delhi, un hombre llamado Sayd.

Megan llamó al número que Natasha le dio, y Sayd proporcionó dos números telefónicos para las personas que trabajaban en la embajada de India en Saná. Uno de esos números era del señor Dilbag Singh, el director de Orientación. Megan le envió esos números al equipo.

Daniel no vio el correo electrónico, pues estaba haciendo malabarismos con cinco contactos diferentes a la vez. Y cuando Justin tomó la pista de Megan y llamó al señor Singh, no sabía que Nissim Reuben, del AJC, le estaba haciendo la petición al mismo funcionario.

La llamada entre Justin y el señor Singh fue cálida y alentadora, y este prometió que me ayudaría a abordar un bote a Yibuti en las próximas cuarenta y ocho horas. Cuando terminaron de hablar, Justin compartió las buenas noticias y me dijo que llamara al señor Singh lo antes posible. Todo lo que tenía que hacer era mencionar el nombre de Justin y Seeds of Peace.

Esa noche llamé al señor Singh. El tono no se parecía en nada a lo que Justin había descrito. El señor Singh me dijo que no podía garantizar nada, y que tenía que preocuparse de muchos de sus propios ciudadanos. No obstante, dijo, debería enviarle una carta para que pudiera pensar en ello.

Colgué el teléfono y le envié un correo electrónico al grupo.

«Él quiere que primero le envíe un correo electrónico, y dijo que lo pensaría. ¿Podrían darme su correo electrónico; qué debo decirle? Él dijo que el barco zarparía en algún momento de esta semana, y que yo recibiría noticias antes».

El equipo recibió una llamada por Skype para ayudarme a redactar una carta al señor Singh. Si íbamos a hacer una solicitud personal, queríamos que fuera lo más convincente posible.

Empecé a contar mi historia, pero en algún momento entre describir las amenazas de muerte y las acusaciones de que yo era un espía del Mossad, estalló una bomba en un extremo de la entrada del hotel. Le dije al equipo que tenía que irme, y me dijeron que me mantuviera a salvo, lo que obviamente, era el plan.

Después de desconectarme, Daniel redactó mi historia en una carta formal al señor Singh, y la envió directamente a Nissim Reuben para que la entregara en la embajada de India en Washington y a Saná, así como a Gretchan en la oficina del senador Kirk. Luego contactó al congresista Ami Bera de California, al ex asambleísta Tom Perriello de Virginia y al ex congresista Jim Kolby de Arizona, y les preguntó si apoyarían a la embajada india en Estados Unidos.

De manera similar, Megan estaba ocupada tratando de comunicarse con Mark DeSaulnier y Lois Capps, los representantes de California. Ambos dijeron que sus oficinas estarían en contacto con la de Kirk. También se contactó con los senadores Dianne Feinstein, Barbara Boxer, Deb Fischer y Gary Peters, así como con una serie de representantes del Congreso.

Mientras tanto, Justin se contactó con la oficina de Seeds of Peace en Maine, y luego con la oficina del senador Kirk. Poco después, le envió un mensaje al grupo: «La embajada de India en Washington se está tomando esto muy en serio con las solicitudes recibidas del senador Kirk y el AJC. Están pasando por sus canales diplomáticos directamente a Nueva Delhi, que se supone que se está comunicando con el señor Singh en Yemen».

Mientras los misiles surcaban los cielos arriba de mí, los correos electrónicos, los mensajes de texto y las llamadas telefónicas recorrían el espacio aéreo, rebotando en los satélites y volviendo a casa, encontrando sus blancos de alguna manera. La cadena de comunicación parecía estar funcionando. Todo indicaba que los esfuerzos del equipo en Washington estaban siendo comunicados al MEA, que a su vez los trasmitía a la embajada de este país en Yemen.

DANIEL: ¿Quién quiere volar conmigo a Yibuti para recibir a Mohammed?

NATASHA: 100% sí.

MEGAN: Cuenten conmigo.

JUSTIN: Todavía tenemos que asegurarnos de que se haga la conexión completa de DC -> Delhi -> Yemen. Pero si hacemos esto, *claro que sí*.

La próxima vez que supe de Daniel fue a las 11:00 p. m., hora local. Me envió un mensaje diciendo que había logrado conectarme con alguien que podría conseguirme una visa cuando llegara a Yibuti. Días antes, una amiga suya llamada Deborah Abisror, exdirectora de la Unión Europea de Estudiantes Judíos, había visto su publicación en Facebook pidiendo un contacto en Yibuti y respondido: «Cuando vivía en París, conocí a un chico de

Sierra Leona, quien creo que tiene un amigo en Yibuti». Daniel retomó esa pista débil y le pidió que hiciera la conexión.

En cuestión de días, Daniel recibió una llamada de Yusuff, un sierraleonés que vivía en París. Después de que Daniel explicara brevemente la compleja situación, Yusuff aceptó ayudar con la visa. Dijo: «Mándenme una copia de su pasaporte, el nombre del barco, el día y la hora de llegada. Me haré cargo de ello».

Con la visa resuelta, todo lo que yo necesitaba era un país que me incluyera en su evacuación a Yibuti, un barco, un puerto y alguien que me llevara allá. A pesar de todos los avances, seguía siendo una posibilidad muy remota, y las bombas estaban cayendo muy, muy cerca del hotel. Antes de irme a dormir, recibí un último mensaje.

DANIEL: «Estoy muy seguro de que India te dejará subir al barco. Haremos una gran celebración cuando salgas».

Traté de mantener mi optimismo, pero tan pronto me di permiso para respirar, mis pensamientos fueron directo hacia mi madre, mi padre, mis hermanas Nuha y Lial, y a mi hermanito Saif... Había estado tan centrado en mí que apenas había pensado en ellos. ¿Estaban a salvo? ¿Tenían suficiente comida? ¿Necesitaban más dinero? Yo no sabía si el centro de la guerra sería en Adén, o si los hutís y Al Qaeda usarían a los habitantes de Saná como una moneda de cambio. Mi madre dijo que los combates sucedían muy lejos, pero yo no sabía si los informes temperamentales de mi madre reflejaban las condiciones reales en el terreno, o si ella los estaba maquillando para tratar de protegerme.

No podía imaginar dejarlos sin un adiós adecuado. Y, sin embargo, si todo salía bien, eso sería exactamente lo que haría. Y si algunas cosas no funcionaban, bueno... Mi confianza comenzó a disminuir como el mercurio en un termómetro. Sabía que el equipo estaba tratando de mantener mi espíritu a flote, pero yo era un barco muy agujereado a la deriva, en una marea implacable de emociones contradictorias.

Di vueltas en la comodidad de una cama que no era el piso del baño. Una duda me condujo a otra. Los miembros sunitas del personal y yo éramos los únicos habitantes del hotel. Ellos ya sabían que yo no era realmente de la ONU, que les había mentido con descaro, y que era del norte. Además, sin la protección de la ONU, el hotel era particularmente vulnerable; un blanco grande y perfecto. Los sauditas tenían ahora libertad para derribar el edificio, y ya había militantes al final del camino de entrada. Sería una muerte por ataque aéreo, o por captura y tortura. No había salida.

Pensé en saltar del techo o ahorcarme, pero el hecho de pensar en mi madre y en mi hermana Nuha me detuvo. Siempre me amaron con mucha ternura, me apoyaron incluso cuando no me entendían del todo. ¿Cómo podrían continuar ellas si supieran que yo había renunciado a toda esperanza? ¿Qué consecuencias tendría mi elección en sus vidas? Ser asesinado era una cosa; quitarme mi propia vida era otra muy diferente. Y si yo creía realmente en las cosas que había tratado de difundir sobre la comprensión y la paz, ¿cómo podía contaminar ese mensaje con un acto de desesperación? ¿Cómo podía darme por vencido?

Me preparé para lo inevitable y llamé a Daniel, a Justin, a Megan y a Natasha para agradecerles personalmente a cada uno. «Ustedes hicieron más de lo que yo podría haber pedido», les dije una y otra vez. «Vivan el resto de sus vidas. No se sientan culpables».

Daniel colgó el teléfono y se volvió hacia su invitado, un niño pequeño de once años con una mata de pelo negro azabache. Le dijo: «Tengo un amigo en una situación muy mala. Está solo en una zona de guerra. Está muy asustado, y probablemente va a morir muy pronto. ¿Podrías tocar para él la última pieza musical que escuchará en esta vida?».

Joey Alexander tomó asiento en el piano de Daniel y comenzó a tocar.

CAPÍTULO 23

✦✦✦

FANTASÍA

Un fresco del siglo diecisiete sobre la travesía del mar Rojo durante el Éxodo

Cuando desperté, tenía un mensaje de Megan diciendo que acababa de hablar con Gretchan en la oficina del senador Kirk. Ella prometió que haría todo lo posible para que el senador aprobara una carta de apoyo que podríamos enviar a India en su nombre. Todo lo que teníamos que hacer era redactar una por él. Menos de un minuto después, Justin respondió a Megan ofreciendo su ayuda.

Intelectualmente, yo entendía que este era un momento de triunfo, pero mi corazón latía al compás del *bum, bum* que lo invadía todo. Abrí Facebook para ver las últimas actualizaciones sobre el terreno. La marea de la guerra había cambiado en las veinticuatro horas anteriores. La coalición liderada por Arabia Saudita estaba emprendiendo un contraataque contra los hutís, quienes se estaban replegando. Se retiraron del palacio presidencial en medio de fuertes bombardeos, así como del barrio Cráter, y se replegaron en Khormaksar. Pero este no era el final. Los hutís, que aún controlaban Saná, se negaron a rendirse y prometieron tomar medidas de represalia.

Revisé mis mensajes de Facebook mientras luchaba contra un nudo de terror en mi estómago, Encontré un archivo de Daniel: «Mohammed, aquí hay una pieza musical que Joey tocó solo para ti».

Hice doble clic y la imagen de un niño con gafas y un mechón de pelo negro apareció en la pantalla. Joey Alexander, un pianista de *jazz* autodidacta nacido en Bali, me devolvió la mirada. Yo no sabía nada de *jazz*, pero Daniel había publicado sobre Joey en Facebook cuando no estaba ocupado publicando sobre mí. Yo había sabido dos cosas durante la última semana. Primero, que Daniel se había hecho amigo de Joey y de su familia, y segundo, que me lo perdería si no compraba el primer álbum de Joey. Yo no entendía aún qué hacía Daniel en términos profesionales, pero él tenía algunos pasatiempos bastante locos.

Presioné Reproducir, y la música comenzó a sonar. Las notas de apertura danzaron ligeramente, como pájaros en la brisa, y luego se elevaron en un estribillo altísimo. La música atravesó la estática emocional, y la riqueza del sentimiento expresó cosas que no pude decir con palabras. La belleza aún existía. Era posible un mundo mejor. El significado todavía era posible.

«Es "Over the Rainbow"», escribió Daniel.

Esto no significaba nada para mí, pero el título sonaba tan esperanzador como la canción misma.

«Estoy llorando», le dije a Daniel. «No sé si sea la reacción correcta».

No era lo que un típico yemení acostumbraba compartir, pero hacía mucho tiempo ya que yo había intentado ser el típico yemení. Daniel me dijo que no había problema, que él también había llorado varias veces ese día. Yo no quería saber si eran lágrimas de alegría, de frustración o desesperación.

Daniel me instó a compartir la música con las otras personas que aún estaban en el hotel. «Lo que necesitas en este momento es un amigo sobre el terreno», dijo. «Crea un equipo».

Estuve de acuerdo y bajé las escaleras.

◇◇◇◇◇

Sostuve mi teléfono en alto mientras los cuatro hombres escuchaban las últimas notas de «Over the Rainbow», mis ojos goteando como la llave de mi baño. Los trabajadores del hotel me miraron con disgusto velado. Se suponía que un hombre no lloraba. ¿Y por una canción?

—¿Qué te pasa? —me preguntó Hani. Era la primera vez que interactuábamos desde que me registré en el hotel, y todo había cambiado desde entonces. Hani ya no era un empleado educado, pero una vez más, yo no era tampoco un trabajador de la ONU. Él arqueó una ceja.

—¿Eres mujer para llorar con tanta facilidad? —Los otros tres se rieron entre dientes.

—No —dije—. No lo soy. Estoy cansado y... —Me detuve—. Es una larga historia.

Los colegas de Hani perdieron su interés y se alejaron, riéndose y codeándose. Hani permaneció ahí. Tomé muy en serio el consejo de Daniel; necesitaba un amigo. Rápidamente, antes de que él pudiera unirse a sus compañeros, le expliqué quién era yo y por qué estaba en su hotel. Fui breve y al grano, pero me aseguré de que entendiera el tipo de peligro al que me enfrentaba.

Levantó la mano cuando terminé de hablar.

—Sígueme.

Me condujo a una escalera estrecha, y bajamos por ella. El olor a tierra y a concreto húmedo me picó en la nariz. *¿Me irá a matar?*, me pregunté, con una especie de curiosidad morbosa. Pasé la mano por la superficie rugosa de la pared y encontré el interruptor de la luz. Las luces fluorescentes chisporrotearon a la vida. Caminé con cuidado, pues no quería resbalar sobre el concreto delgado. El sótano era un rectángulo grande conformado por bloques de cemento y mortero, dividido en segmentos más pequeños con paredes de yeso. No había un lugar real para sentarse, pero al menos no se oían los sonidos de la batalla. Revisé mi teléfono, pero no había señal. Había algo acre en el aire, similar al amoníaco. Seguí el olor a la vuelta de la esquina; el cadáver de un gato disecado yacía tendido en el suelo. Debía llevar varios meses allí. Nadie tenía ningún incentivo para removerlo de ese lugar.

—No te preocupes —dijo Hani desde la entrada—. Si alguien viene, te esconderé aquí.

Caminé a tientas entre las paredes hasta llegar a las escaleras, y consideré mis opciones. ¿Era mejor ser aplastado por los escombros, o morir en llamas luego de una explosión? ¿Acabaría sepultado aquí, un hombre-niño enterrado con un gato como el Faraón de la antigüedad, aferrado a las cosas que más valoraba en este mundo —un teléfono y una computadora portátil— y esperando que tuvieran algún valor en el futuro?

Hani me dio una palmadita en la espalda cuando regresamos al vestíbulo.

—No te atraparán. No me gustan ellos. No me gusta lo que hacen.

—Gracias —dije.

—Esperaría lo mismo de ti si las circunstancias lo requirieran. No deberíamos pelearnos unos con otros. —Exhibió el mismo tono que tenía cuando nos conocimos, un profesionalismo y un orgullo en su posición que fue bienvenido en ese momento.

Asentí, tratando de no pensar en el gato muerto.

Dio media vuelta para alejarse y luego agregó:

—Gracias por compartir tu música.

◇◇◇◇◇◇

Mientras yo recibía un segundo aire, el equipo estaba avanzando con su plan de ataque en dos frentes. La primera parte del plan —conseguir apoyo de Washington D. C.— estaba en marcha, mientras Justin y Megan redactaban su carta para el senador Kirk. La segunda — obtener apoyo directamente del Gobierno indio— aún era incierta.

Justin, ansioso por seguir adelante, decidió llamar al señor Singh a la embajada de India en Saná. El equipo estuvo de acuerdo en que era una buena idea y Daniel redactó un plan de ataque de nueve puntos.

1. Primero, agradécele por su tiempo y esfuerzos para ayudar a ciudadanos de India, Bangladesh, etc.
2. Confirma que haya recibido toda la información que necesita.
3. Mohammed solo requiere el paso seguro a Yibuti y no tiene intención de ingresar a India como refugiado o solicitante de asilo.
4. Mohammed no tiene más equipaje que una pequeña mochila con artículos esenciales.

5. Mohammed requiere la ubicación (qué puerto de Adén), y la hora.
6. Mohammed se encargará del transporte terrestre hacia el puerto de Adén.
7. ¿Puede comprometerse a incluir a Mohammed Al Samawi en el barco?
8. Plantea que la vida de Mohammed está en riesgo.
   · Que se trata de un norteño en el sur.
   · Es zaidí, y sería identificado falsamente como un hutí por Al Qaeda.
   · Sus actividades intergrupales de consolidación de la paz han amenazado a los extremistas.
   · Está solo en Adén, su apartamento fue bombardeado, y se esconde en el Hotel Gold Mohur, pero se quedará sin dinero en dos días y, sin un lugar para estar, no tendrá cómo ocultarse de Al Qaeda y de los militantes que lo matarían por su acento, dialecto y apellido.
9. Queremos transmitir personalmente la gratitud de los estadounidenses, quienes aprecian sus esfuerzos para salvar a Mohammed.

Justin le pidió a Daniel que se uniera a él en la llamada, y en una hora, Justin envió un resumen de la conversación y describió la situación en un plan de acción de tres pasos:

Hola equipo

Actualización breve:

Daniel y yo llamamos al señor Singh en la embajada de India en Saná. Él está al tanto de la necesidad de Mohammed de viajar en un barco de Adén a Yibuti. Este barco llegará, pero él no sabe cuándo. Él tenía prisa, por lo que no pude averiguar si había recibido noticias de la embajada de India o del Congreso. Me dijo que cree que el barco llegará dentro de dos días por la noche, pero no tiene información definitiva.

No sé si será de ayuda contar con más personas que lo contacten directamente, aunque definitivamente será útil si podemos acudir a canales extraoficiales y nos aseguramos de que la embajada de India en Washington haga un seguimiento con la embajada india en Yemen.

Creo que hoy necesitamos tres cosas:

1. Nombres y teléfonos celulares de otras personas en India continental para contactar. Será fin de semana en EE. UU., y la embajada de India aquí probablemente estará cerrada, por lo que necesitamos teléfonos celulares de personas para contactar en India que estén trabajando en el caso de Yemen y que estén de guardia y puedan brindarnos más información [nombres redactados].

2. Un documento para enviar a las personas mencionadas anteriormente por los congresistas estadounidenses, que respalde la causa de Mohammed. En caso de que llegue el barco y digan que no hay espacio, debemos tener algo que mostrar.

3. Un plan de respaldo para los próximos días mientras esperamos.

Las cosas están sucediendo y decidiéndose unas horas antes de que ocurran. Hace solo unas horas, India recibió permiso de Arabia Saudita para enviar aviones a Saná y ahora están organizando esa misión. Ellos no saben lo que sucede más allá de un corto período de tiempo por adelantado, por lo que nuestra labor consistirá en permanecer diligentes y estar al día con los contactos.

Estas son algunas cuentas útiles de Twitter para seguir desde India en busca de actualizaciones...

◇◇◇◇◇

Yo quería hablar personalmente con el señor Singh, pero debido al correo electrónico de Justin, le dejé esto al equipo. No es necesario que haya demasiada gente martillando el mismo clavo. Y, de todos modos, yo tenía otras cosas que hacer. Natasha logró enviarme dinero del Departamento de Estado, y Daniel me transfirió más dinero para cobrarlo en Western Union. Si pudiera recibir el dinero, tendría aproximadamente 4.000 dólares en total. Eso sería suficiente para asegurar un viaje a los puertos, pagar a quien fuera necesario y tener algo de sobra para vivir en Yibuti. El único problema era que no tenía cómo ir a Western Union.

◇◇◇◇◇

Justin y Megan terminaron de redactar su carta para el senador Kirk a finales de la tarde, y se la enviaron a Gretchan. ¿El senador Kirk firmaría la carta? ¿El Gobierno indio daría la aprobación final? No recibimos ninguna información. Pasó un minuto y luego otro, hasta que dejé de contar. Intenté hacer algunos estiramientos y ocuparme con actividad física. Cuando no pude soportarlo más, un correo electrónico de Megan llegó a mi bandeja de entrada:

«¡¡¡¡¡¡¡RECIBIMOS LA CARTA DEL SEN. KIRK!!!!!!!!!!».

Golpeé el aire y dejé escapar un grito.

El senador Kirk estaba enviando la carta a la embajada de India en Yemen, así como al Departamento de Estado de EE. UU. Y Daniel se la haría llegar a Nissim, quien la remitiría a la embajada de India en Washington

Quedé reducido a una serie de signos de exclamación y de caras sonrientes. No tenía palabras para expresar mi gratitud. Pero las noticias siguieron mejorando: en cuestión de horas, otros funcionarios clave de EE. UU. habían firmado la petición. Daniel envió un mensaje confirmando que el esfuerzo diplomático había dado sus frutos. Gente de la que no había oído hablar nunca se esforzó por mí.

DANIEL PINCUS: Tenemos muchas personas acá trabajando para ti. Tu caso se ha escalado a los niveles más altos del Departamento de Estado de EE. UU., al Ministerio de Relaciones Exteriores de India, a la embajada de India en D. C., a un senador de Estados Unidos... No sé qué más podríamos haber hecho. Estoy muy seguro de que esto será exitoso.

Las cosas buenas vienen de a tres, y el truco fue un intercambio de correos electrónicos entre Megan y la directora de personal de Tony Blinken, el secretario de Estado de Estados Unidos. Ella le informó a Megan que Aaron David Miller había estado recientemente en contacto con el secretario Blinken, y que este había contactado a los indios con respecto a la evacuación. Ella recomendó que permaneciéramos en contacto cercano con el señor Singh en la embajada de India en Saná. Y luego le pidió a Megan que confirmara que yo podría obtener una visa al llegar a Yibuti; no tenía sentido esforzarse para que me llevaran en un bote a Yibuti solo para ser rechazado en el otro lado.

Megan expresó su extrema gratitud y explicó que ellos se habían comunicado en realidad con el señor Singh el día anterior, y que a pesar de que había prometido subirme a un barco, fue menos entusiasta cuando lo llamé, y me pidió un correo electrónico resumiendo mi situación (Megan adjuntó este correo electrónico a su respuesta). Ella dijo que sus colegas también insistieron ese día, pero Singh parecía abrumado, algo que ella entendía, pues estaba ocupado coordinando una serie de evacuaciones riesgosas. Con respecto a la visa, Megan confirmó que Daniel Pincus, que trabajaba para el AJC, había hablado con alguien que había aceptado patrocinar mi visa para Yibuti. Además, si hubiera alguna complicación, yo tenía un amigo de YaLa Young Leaders que vivía en Sudán, quien lo dejaría todo si fuera necesario e iría a Yibuti para arreglar las cosas.

Yo no podía creerlo. Todo parecía estar encajando. Pero me dije a mí mismo que tuviera cuidado. Seguía esperando la confirmación de que mi nombre estuviera en la lista de las personas a ser evacuadas. Y aún necesitaba la ubicación exacta del barco y su hora de salida.

Estábamos muy cerca.

Era la primera noche de Pésaj, y justo antes de asistir al único Séder de Pésaj al que había sido invitada, Megan estaba hablando otra vez por teléfono con el jefe de gabinete del vice secretario de Estado Blinken. La evacuación sería el domingo.

Por primera vez en una semana, mis cuatro amigos trataron de ignorar sus teléfonos y computadoras portátiles mientras comenzaban con sus Séder de Pésaj. Me desearon buenas noches y me dijeron que orarían por mí. Y yo, un musulmán chiita zaidí, dije algo que nunca pensé que diría: Felices pascuas.

Con un poco de suerte, estaría cruzando el mar Rojo en dos días.

CAPÍTULO 24

ANDA, ANDA, ANDA

Los botes pesqueros locales que llevaban gente al
buque indio

A finales de la mañana del sábado 4 de abril, las bombas perforaron
el suelo frente al hotel como si fueran los cascos estruendosos de
mil caballos egipcios. Preso del pánico, descolgué el teléfono y llamé a Daniel.

—¿Qué está pasando? ¿Las cosas están bien?

¿Por qué Daniel sonaba medio dormido? *Ana hemar.* Eran las diez de la mañana en Yemen, lo que significaba que eran las tres de la mañana en su franja horaria. La razón por la que sonaba medio dormido era porque efectivamente *estaba* medio dormido.

—Lo siento mucho, Dani. Sé que es tarde allá. Es temprano acá. No debería haber llamado, pero los bombardeos y los proyectiles...

—Está bien. No he dormido. Aguanta un poco. Habremos hecho todo esto en unas pocas horas. Piensa en la historia que les contaremos a nuestros hijos algún día.

—Algún día... Eso me parece bien. No pensé que hubiera algún día.

Deambulé por el hotel y avancé con sigilo por los pasillos vacíos. Revisé mi teléfono y presioné actualizar, pero nada. Actualizar, y nada. Actualizar... Finalmente, unas horas después, recibí un mensaje de la embajada de India en Yemen: estarían enviando un automóvil para recogerme al día siguiente. ¡Esto solo podría significar una cosa! La carta del senador Kirk debía haber llegado al MEA, ellos debían habérsela entregado a la embajada de India en Yemen, ¡y debían haber aprobado la solicitud! ¡Esto solo podría significar que yo estaba en la lista! Escasamente podía creerlo. El equipo lo había logrado.

Abrí Facebook y le envié un mensaje al equipo con las buenas noticias.

DANIEL PINCUS: Entonces ahora puedes ir a la piscina.☺

MOHAMMED AL SAMAWI: No pensé en eso antes. Buena idea Preguntaré si está abierta. 👍

MOHAMMED AL SAMAWI: El personal me aconsejó que no me metiera en la piscina. No la han limpiado desde hace un buen tiempo.

DANIEL PINCUS: Se ve limpia en Googlemaps.☺ Espera un poco. Comienza a pensar en tu plan después de llegar a Yibuti.

Después de que llegue a Yibuti... Las palabras bailaron frente a mí con la melodía de los proyectiles silbantes y el vidrio tembloroso. No había pensado en la vida después de Yemen. ¿A dónde iría yo? ¿Cómo viviría? ¿Sería capaz de llevar a mi familia? ¿Podría convencer a mi padre de que abandonara este país?

Mientras me estaba debatiendo si debería llamar a mi madre ahora o después de llegar a salvo a Yibuti, Justin caminaba de un lado a otro en su apartamento, tratando de relajarse después de un largo Séder de Pésaj durante el cual estaba demasiado ansioso por comer. Incapaz de dormir, llamó al señor Singh a la embajada de India.

—¿Podría confirmarme que recibió la carta del senador Kirk y que Mohammed está en la lista de evacuación?

Hubo un silencio.

—¿Hay algún problema? —Justin lo intentó de nuevo.

—No —dijo el señor Singh.

—Genial —comenzó a decir Justin, pero el señor Singh lo interrumpió...

No, dijo nuevamente, no habían recibido la carta del senador Kirk. Y no solo eso, sino que los planes de evacuación habían cambiado: el barco que haría la evacuación ya no vendría al puerto porque los combates en el área se habían vuelto muy intensos.

Justin, demasiado estupefacto para decir algo más, prometió que volvería a llamar una vez cada hora hasta que hubiera noticias, y luego colgó. Después de todo su trabajo cultivando contactos, todo parecía haber terminado. Se conectó rápidamente con Megan y Natasha por Skype, y acordaron darme las noticias con cuidado. Eran las 3:00 a. m. hora estándar del Pacífico cuando colgaron el teléfono, y Justin abrió su cuenta de Twitter en un esfuerzo final. Luego de ver las publicaciones más populares del #bloodmoon y #beiberfever, buscó #yemenevacuation, y allí, en menos de 140 caracteres, había un tuit que lo cambiaba todo: el barco de evacuación había llegado y la gente estaba siendo trasladada del puerto al buque militar, que estaba anclado a más de una milla de la costa.

Justin llamó al señor Singh para confirmar el informe de Twitter, pero este no podía hacer eso; no podía compartir ninguna información sobre barcos de pesca o transbordadores. Justin, frustrado pero decidido, contactó al resto del equipo. Había una posibilidad, basada en lo que había leído en Twitter, de que la evacuación estuviera en marcha en *este mismo instante*.

Todos entraron en acción. Daniel llamó al primer secretario en la embajada india en Washington, pero no obtuvo respuesta. Eran las 7:00 a. m., hora estándar del Este de un sábado. Justin llamó a la embajada de India en Yemen. Ninguna respuesta. Megan me escribió para preguntarme si veía algún tipo de actividad desde mi habitación. Solo una forma grande, dije, muy lejos en el mar. Natasha intentó contactar a alguien del Departamento de Estado para ver si podían confirmar el tuit. No lo hicieron.

Nadie podía verificar el informe. ¿Y qué si era inexacto? ¿Y qué si las viejas noticias y la evacuación ya habían quedado atrás? Esta no era una fuente confiable: ¡era Twitter! El grupo intercambió una ráfaga de mensajes: ¿valía la pena alentarme a abandonar la seguridad del hotel para entrar a una zona de guerra y esperar a que llegara un barco que tal vez nunca lo haría? Megan hizo la llamada: sí, valía la pena.

Mi Skype parpadeó. Era Justin.

—Tienes que ir al puerto *ahora mismo*.

Nunca lo había escuchado hablar así. Estaba frenético.

—Justin —le dije, tratando de calmarlo—. No te preocupes. La gente de la embajada me dijo que me enviarían un auto una vez que comience la evacuación.

—¡No irán! —gruñó Justin—. ¡Tienes que llegar al puerto *ahora mismo*! Habla con cualquiera que puedas y averigua dónde está el barco.

—Lo haré. ¿Tú crees...?

—No tienes mucho tiempo. Anda simplemente.

Cerré la sesión y corrí a buscar a Hani. Intercambiamos un saludo rápido antes de preguntarle:

—Si un gobierno extranjero está evacuando a todos sus ciudadanos, ¿sabes de qué puerto saldrían?

—¿La evacuación es grande o pequeña?

—Grande, creo —dije sin convicción. Recordé que el número original era de cuatro mil, y nos faltaba otra ronda. Pero ¿en qué ronda estábamos?

—Si se trata de un barco grande, solo puede haber un puerto —dijo con seguridad—. Está cerca de aquí. Podrías ir caminando.

—No puedo caminar —le recordé, conteniendo mi exasperación—. Si Al Qaeda me ve, me matará.

Hani asintió; sabía que eso era cierto.

—Todavía hay una persona de la ONU aquí. Podrías preguntarle cómo saldrá.

Lo miré como si fuera una aguamala. ¿Aún había otra persona más en el hotel? ¿De la ONU? Anoté el número de la habitación y me alejé rápidamente, demasiado agradecido como para preguntarle a Hani por qué no me había hablado antes de la existencia de esa persona. Contuve el aliento y toqué una puerta en una larga fila de estas, que conducían a habitaciones vacías.

Un hombre de mediana edad con pantalones ligeros y camisa occidental me miró parpadeando desde un resquicio entre la puerta y el marco.

—¿Por qué sigues aquí? ¿Por qué no te fuiste con el resto del personal de la ONU? —comencé a decir sin presentarme.

—Tengo doble ciudadanía: de Yemen y del Reino Unido. Me iré con la evacuación india. Un conductor vendrá a buscarme pronto.

—¿Puedo ir contigo? —le pregunté sin dar ninguna explicación.

—No veo por qué no.

—Gracias. Muchas gracias.

Antes de irme al puerto, Daniel me envió un mensaje final. «1) No puedes dejar que se agote la batería de tu teléfono. 2) Toma fotos. Algún día me las mostrarás».

◇◇◇◇◇

Treinta minutos después, subí a la parte trasera de un sedán negro. No llamé a mi madre. No me despedí. No pagué el hotel. Apreté mi mochila contra mi pecho y la doblé por la cintura, descansé mi cabeza en el respaldo del asiento delantero y aparté mi cara de la ventana. El motor zumbó a través del cuero y repetí la palabra «barco» una y otra vez, como un mantra.

El hechizo fue roto por un grito.

—¿A dónde vas? —Era el hombre de la ONU—. Dobla. ¡Llévanos al puerto!

—Necesitamos más gasolina —dijo el conductor con naturalidad.

El hombre de la ONU se levantó ligeramente en su asiento y haló su bolsillo trasero antes de sacar la billetera. Agarró un puñado de billetes crujientes y los agitó cerca de la oreja del conductor. Choqué contra la puerta mientras este hacía un giro de ciento ochenta grados. No sabía adónde trataba de llevarnos, pero no podía ser por más gasolina. Las gasolineras de Adén llevaban varios días sin combustible.

Cuando el automóvil se detuvo en el puerto, cientos de personas se apretujaban en el embarcadero. Contenedores de mercancías, vehículos, un área acordonada con una soga, maletas alineadas, todo eso permanecía allí, pero faltaba una cosa: un barco. El sabor del óxido y el agua del mar, y el combustible y el sudor, se atascaron en mi garganta.

Le pregunté a un hombre que estaba cerca si podía decirme qué sucedía. Era un hombre mayor, con los dientes separados, que sostenía una tela amarilla brillante que utilizaba para limpiarse la cabeza.

—Es muy peligroso. No traerán el barco. La Armada no se arriesgará. Los combates son muy intensos ahora.

—Entonces, ¿no llevarán a nadie?

—No aquí, no. Lo mismo sucede con Al Mukulla. El puerto ha sido tomado. Al Qaeda no los dejará entrar.

Una voz femenina exigió atención por encima del murmullo de la multitud. Me acerqué tanto como pude y vi una bufanda de flores y un portapapeles. Escuché a alguien explicar que la mujer con la lista era una ciudadana privada de India, una maestra de escuela. Cuando descubrió que la Armada india estaba cancelando su evacuación, juró que no iba a morir en Yemen. Así que presentó una petición a la embajada de India y le ofreció la siguiente solución: si el Gobierno indio aceptaba que la Armada anclara su barco lejos de la costa, fuera del alcance de los misiles, ella contrataría a pescadores locales para llevar a los evacuados al barco; todo lo que pidió fue la lista de nombres de personas a ser evacuadas. Los oficiales estuvieron de acuerdo con su plan. Entorné los ojos, tratando de ver el buque militar, y calculé que estaba por lo menos a una hora, yendo en una lancha con motor fuera de borda.

Envié un mensaje a mi equipo en WhatsApp y les hice una recapitulación rápida de la situación y una solicitud urgente: *Por favor asegúrense de que yo esté en esa lista.*

Me abrí paso entre la multitud y me acerqué a la mujer.

—Estoy en la lista —le dije.

Ella escasamente levantó la mirada.

—No estás en la lista.

—¿Cómo puedes saberlo? Ni siquiera me has preguntado mi nombre. No has mirado para ver si estoy en ella.

—Sé que no lo estás. Ningún yemenita tiene permiso para abordar el barco, por lo que no hay yemeníes en la lista.

Me quedaba una oportunidad. Agarré mi teléfono y deslicé mis mensajes frenéticamente para mostrarle los últimos correos electrónicos del senador y del embajador de Estados Unidos en India. Levanté la pantalla, empujándola casi en su cara. Ella tomó el teléfono de mi mano.

Miré hacia arriba, esperando que leyera los mensajes, pero en cambio, vi mi teléfono caer por el aire hacia la multitud. Estaba demasiado aturdido para decir algo. Entonces, con la cabeza gacha y los hombros encorvados, me abrí paso entre la multitud como el futbolista que siempre había soñado ser. Necesitaba ese teléfono. Tenía que agarrarlo antes de que alguien lo pisara o lo pateara hacia la masa de cuerpos.

Formulé súplicas y disculpas con voz carrasposa mientras empujaba a través de piernas y brazos resbaladizos por el sudor. Me sentí como si fuera un niño otra vez, ahogándome en ese charco, y la presión de los cuerpos me dejaba sin aire. ¿Qué me pasaría si perdía la comunicación con los demás? Sería el final de mi suministro de oxígeno.

Vi un objeto oscuro entre las sombras y lo alcancé. Era el zapato de un niño. ¡Qué horrible! ¿Qué pensaría un niño de todo este caos y confusión? Caí de rodillas, tambaleándome por el esfuerzo, y sentí pies en mi espalda, en mis piernas y en mis dedos. Cerré los ojos y cuando los abrí de nuevo, mi teléfono estaba allí, a una yarda de mí, entre las sandalias de un hombre con pies grandes y huesudos. Me acerqué, casi postrado, y lo agarré.

Cuando me puse de pie, el aire del mar me golpeó en la cara y un escalofrío me recorrió la piel.

Estaba desesperado. Le envié un mensaje de texto a Megan explicándole lo que había sucedido. Ella me dijo que consiguiera el número de la mujer de la lista. Me agaché y volví a su lado, gritándole que la embajada india le había pedido que me diera su número. Dijo, sin siquiera molestarse en mirarme: «La embajada tiene mi número».

Hice un ovillo con mi espalda contra la pared humana, esperando incrustarme entre la multitud. No me iría a menos que fuera en barco.

Mientras tanto, Megan les transmitió mi mensaje a Justin, a Daniel y a Natasha, que estaban pegados a sus computadoras. Eran las 7:45 a. m. en Nueva York. Daniel llamó al celular personal del primer secretario en la embajada india en Washington, y esta vez contestó. Daniel le suplicó a la embajada que interviniera, y le dijera a la mujer del puerto que me incluyera en la lista de evacuados.

El hombre se disculpó bostezando y dijo que no había nada que él pudiera hacer, que otro barco podría llegar la próxima semana.

Frustrado, pero sin un motivo real para pedir un favor, Daniel repitió su agradecimiento de que la embajada estuviera considerando la solicitud y se despidió. Antes de colgar, el hombre agregó una idea de último momento: la inteligencia esperaba que los hutís invadieran Adén en un lapso de veinticuatro a cuarenta y ocho horas, y que habría un baño de sangre.

Daniel se reportó de nuevo con el equipo. La embajada india en Washington no hizo ninguna promesa.

Estaban desesperados.

Justin llamó al señor Singh a la embajada india en Saná, pero él no había recibido aún la confirmación del Ministerio de Relaciones Exteriores de que yo debía abordar supuestamente uno de los botes pesqueros. Justin llamó directamente al MEA, pero nadie contestó. Probó con el Centro de Operaciones de Emergencia en el MEA y con la embajada de Estados Unidos en India, pero solo el vigilante nocturno contestó. Justin suplicó que lo comunicara con la persona a cargo, y lo pusieron en contacto con un oficial de servicio que era nuevo en su puesto o que tenía un papel muy limitado. Justin comenzó a gritar por el auricular, pero la única respuesta fue: «No sé muy bien cuáles serán los pasos siguientes. Este es simplemente mi papel. Lo que haré es contactar a las personas que están más informadas que yo». Cuando Justin le preguntó quién podría ser, el oficial de servicio dijo: «Usualmente nos dirigimos a Washington». Justin colgó el teléfono sin saber qué hacer.

Natasha pensó con rapidez y comprendió que si Justin no estaba teniendo suerte con la embajada con respecto a la partida del barco (Yemen), ella podría obtener más información en el sitio de llegada del barco (Yibuti). Encontró los números telefónicos de la embajada india en Yibuti y comenzó a llamar a todo el personal de la oficina. Por un tiempo pasó de una persona a otra, pero finalmente alguien le dio el número de la maestra con la lista. Aliviada, Natasha la llamó de inmediato. Sin embargo, la mujer le colgó.

Pasó una hora. El calor se intensificó y los cuerpos se propagaron la humedad entre sí. Quise haber traído una botella de agua, pero los deseos no eran hidratantes. Observé mientras la mujer anunció el último nombre en su lista y luego trepó por las bordas de un bote pesquero. Un tripulante soltó las amarras del bote, y el último bote pesquero zarpó hacia el buque militar indio.

La evacuación había terminado.

Sentí que se me helaba el aliento.

Cuatro indios corrieron al borde del muelle gritando y vociferando para que ella regresara. Pero lo único que quedó fue la estela en forma de V del bote, una cremallera que se abría hacia la nada. La gente se abrazaba llorando. Una mujer se arrojó al suelo; un niño gimió. Un hombre se inclinó, con un teléfono presionado a su oreja. Hablaba inglés. Nadie a su alrededor tenía idea de lo que estaba diciendo, pero yo sí.

—¡Capitán! Todavía estamos en el puerto. ¡Por favor, no se vaya sin nosotros!

Me apresuré, pues mi desesperación tan grande como la suya.

—¿Era el capitán del barco?

—Sí —dijo él.

—¿Podrías darme su número?

Las palabras permanecieron suspendidas entre nosotros; ni siquiera ellas tenían a dónde ir.

El hombre cedió finalmente.

—Mientras no le digas a nadie quién te lo dio.

Le di mi palabra, y un momento después le envié un mensaje de texto a Megan junto con el título, *el número del capitán*. Esperaba que bastara con eso.

Alrededor del puerto, la gente se reunió en grupos o comenzó a dispersarse al anochecer, y las explosiones a algunas millas de distancia se hicieron más cercanas. Los sauditas no le habían causado daños al puerto todavía, pero nadie sabía por cuánto tiempo postergarían esto. Miré mi teléfono; la batería estaba en el cinco por ciento. Lo puse en modo avión y esperé. No había un plan B.

Me senté, exhausto y agotado, olvidándome de decirle al equipo que había apagado mi 3G. Mi estado de WhatsApp hizo una marcha de muerte dolorosa en sus pantallas: *Activo hace 1 minuto. Hace 2 minutos. Hace 45 minutos...* Ellos no sabían dónde estaba yo, si mi teléfono estaba muerto, o si yo estaba vivo.

Y luego ocurrió un milagro. Un puñado de pequeños botes pesqueros apareció en la distancia, navegando de regreso a la costa. Llegaron al puerto treinta minutos después. Una multitud se precipitó hacia adelante cuando uno de los hombres saltó al muelle. «Tenemos instrucciones para llevarnos a todos los yemeníes», dijo. Un pelotón de cuerpos se estrelló contra los botes; pero había más yemeníes en el muelle de los que cabían en los barcos, y no pude abrirme paso a empujones debido a mis extremidades derechas. Los botes se llenaron y partieron, y yo permanecí en el muelle con los ancianos, los jóvenes y los desafortunados, aquellos demasiado desesperados para llorar, arrugados como envoltorios vacíos.

Sin noticias mías, el equipo no supo qué hacer. Enviaron sugerencias de ida y vuelta. Justin intentó que el equipo de Operaciones de Emergencia del Departamento de Estado llamara al capitán de la nave, pero ellos se negaron. Luego intentó que el embajador indio llamara al capitán, pero él no estaba dispuesto a hacer eso. Solo quedaba una opción: alguien del equipo tendría que llamar directamente al capitán del buque militar extranjero, a su teléfono celular personal, y ver si se mantendría en una zona de guerra —arriesgando la vida de cientos de ciudadanos indios— para enviar otro bote pesquero al puerto, esperar su regreso dos horas más y recoger a un ciudadano yemení.

Justin sugirió que Daniel hiciera la llamada, y este le devolvió la sugerencia. Justin ya había creado una relación con los indios en Yemen, por lo que solo tenía sentido que él continuara siendo el contacto. Justin aceptó a regañadientes, y Megan, Natasha y Daniel escucharon por Skype mientras Justin hacía la llamada más importante de su vida.

Marcó el número con rapidez. La llamada no llegó a su destino. Hizo una pausa para recobrar la compostura y lo intentó de nuevo. Esta vez tuvo éxito. Comenzó a decir con un fuerte acento californiano: «¡Capitán! ¡Soy Justin

Hefter y lo estoy llamando desde Estados Unidos! Creo que usted ha estado en contacto con el Gobierno indio sobre un ciudadano yemení llamado Mohammed Al Samawi. Lo estoy llamando para decirle que no ha abordado los botes pesqueros, ¡y todavía está en el muelle!

—Está bien —dijo el capitán, y colgó.

El equipo no tenía idea de lo que significaba esto: «Está bien», ¿iremos a buscarlo?, o «Está bien», ¿ahora lárgate? Daniel le transmitió rápidamente el mensaje a Nissim, para ver si podía hacer algo. Apenas treinta minutos antes, Nissim había enviado la carta del senador Kirk al jefe de misión en la embajada de India en Washington, así como al primer secretario, el hombre con el que Daniel había estado en contacto. Nissim también ofreció enviar la carta del senador Kirk a la embajada de Estados Unidos en Delhi, pero el jefe adjunto de la misión respondió que no era necesario; él estaba siguiendo el caso personalmente.

Después de hablar con Daniel, Nissim envió un correo electrónico de seguimiento, diciendo que un joven líder judío llamado Justin Hefter acababa de hablar con el capitán del *INS Mumbai*, quien dijo que me permitiría abordar su barco. Informó que yo estaba esperando en el muelle para abordar uno de los botes pesqueros que hacían las veces de transbordadores. Concluyó que Daniel Pincus, un miembro activo del AJC, estaría muy agradecido por sus esfuerzos.

◇◇◇◇◇◇

Deambulé por el puerto mientras esto sucedía. No había comida, ni agua, ni enchufes eléctricos. Por un lado, yo sabía que necesitaba averiguar con el equipo para darles una actualización sobre la situación. Por otro lado, sabía que necesitaba ahorrar la batería de mi teléfono en caso de alguna emergencia. Ese término se había vuelto muy relativo. Miré mi reloj. Habían transcurrido cuarenta y cinco minutos. El equipo se debía estar volviendo loco.

Había grupos de yemeníes que seguían esperando, cubriendo el muelle vacío como parches de rastrojo. Y en medio de un haz de luz tenue proyectado por una de las grúas de descarga, un hombre instaló una tienda para vender teléfonos viejos. Me acerqué, demasiado ansioso, y le pregunté si podía comprar uno. Sí, dijo, me lo cambiaría por mi reloj.

Dudé por un segundo. Era el reloj que Nate me había regalado por mi buena labor en World Relief. Yo lo atesoraba. Pero valoraba más mi vida. Me lo quité y se lo entregué al hombre. A cambio, él me dio un viejo teléfono Nokia plegable. Trato hecho.

Ahora tenía un segundo teléfono, pero tampoco sabía cuánto duraría su batería. Además, no tenía idea de quién pagaría la factura, si era prepago, o cómo volver a activar la cuenta. Sin mencionar que había olvidado por completo cómo usar los mensajes de texto en T9. Pero, aun así, tenía un salvavidas. Abrí mi Android y toqué el número de Megan en el teléfono plegable. Volviendo a aprender a enviar mensajes de texto con nueve teclas, escribí cuidadosamente:

«Estoy en el puerto. ¿Volverá el bote? La gente se está yendo. ¿Debería quedarme?».

Un número extraño y desconocido apareció en el teléfono de Megan. Ella abrió el mensaje; era yo. Megan consultó rápidamente por Skype con el resto del equipo. ¿Qué debería hacer yo? El equipo no tenía idea. No sabían si el bote podía regresar. No sabían si debería esconderme, o dónde podría encontrar refugio o electricidad. Lo único que todos sabían era que el buque debía partir a las 6:15 p. m., y que la hora se estaba acercando.

Justin marcó el número del capitán una y otra vez, pero siguió recibiendo la señal de desconexión. Alternó entre Skype y su celular, en caso de que el capitán estuviera bloqueando su teléfono y la llamada entró finalmente. Preso del pánico, pero tratando de mantener un tono de despreocupación profesional, Justin preguntó cuándo se esperaba que llegaran los botes pesqueros. El capitán le dijo que no sabía qué había pasado. Había enviado los botes hacía más de una hora. Tal vez los pescadores se fueron a casa porque estaban cansados o demasiado temerosos de la violencia.

Megan envió un mensaje de texto a mi teléfono plegable para informarme sobre la situación. Sin otra opción, el equipo me recomendó que tomara el riesgo, me quedara y esperara a que regresara el bote pesquero. Confié en ellos. Me quedé. Mi vida estaba en juego.

A medida que el sol comenzaba a ocultarse y el cielo se oscurecía, una silueta apareció en la distancia. ¿Era un deseo? ¿Un espejismo? ¿O era un bote pesquero que volvía por última vez? Mi respuesta llegó en la forma de un grito agudo. Los treinta y seis yemeníes restantes gritaron y aplaudieron. Algunos unieron sus brazos y bailaron. Realmente era un bote. El último bote. Cuando los pescadores fueron hacia los lados y comenzaron sus maniobras de atraque, las aclamaciones se convirtieron en gritos. Las balas estallaron en el aire, seguidas por el estruendo y el chirrido de los neumáticos.

Un pequeño grupo de agentes de Al Qaeda de la península Arábiga salió de una camioneta desenfundando sus armas y disparando. Disparando y orando, disparando y orando. Era una escena del *Jahannam*, del infierno, el miedo cercándonos más negro que el alquitrán. Un hombre que estaba cerca de mí dejó escapar un agónico grito de dolor cuando se agarró la pierna. Los cuerpos corrían, se chocaban, se doblaban. No tuve tiempo para pensar. El bote había atracado. Estaba vacío.

Corrí hacia la silueta oscilante, tan pequeña en la luz que se desvanecía. Tenía que llegar allá.

Sentí los guijarros bajo mis pies mientras mi pie se arrastró detrás de mí. Una bala pasó junto a mi oído. *Ana hemar*, me maldije a mí mismo. *Soy un burro.*

No, me presioné a mí mismo.

Un pie tras otro.

Ana thaelab. Soy un zorro.

Salté al bote y caí debajo de una banca baja. Alerta, inmóvil, listo. Unas voces gritaron: *Somos sunitas. Simpatizantes. Amigos de la causa.* Un minuto después, los disparos se detuvieron. El líder de Al Qaeda nos acusó de ser combatientes hutís que venían a sacar armas del buque. Les dijo a todos que se alinearan. Quería ver sus identificaciones. No me moví.

Los combatientes avanzaron entre el grupo, registrándonos uno por uno. Estaban buscando a alguien como yo. Un chiita. Un norteño. Mil pensamientos pasaron por mi mente. Mi madre frotando mi mano, Nuha sonriendo cálidamente, mi padre diciéndome lo orgulloso que estaba de que hubiera donado mi mesada a la Hermandad Musulmana, la sonrisa torcida de Ahmed. «Over the Rainbow». Emoticones. Oraciones. Deseos. Pan plano y muslos de pollo.

Miré las armas y luego el bote.

Cerré los ojos y esperé.

Esperé un poco más.

Luego abrí los ojos. Las espaldas de los combatientes de AQPA se estaban alejando en la oscuridad, los cañones de sus armas sobresaliendo como cuernos. Las farolas de su auto resplandecían, trazando un arco a través del lado corrugado de un contenedor de mercancías. «Muerte a Israel», «Muerte a Estados Unidos» se veían desvanecidos en la pintura blanca y agrietada.

Me levanté mientras otros se unían a mí en el bote. Traté de enviarle un mensaje a Megan con mis manos temblando, pero no podía escribir bien las letras. Presioné Enviar.

—¿Qué? —me respondió.

Respiré profundo y presioné los números con cuidado.

—Estoy en el bote.

CAPÍTULO 25

✦✦✦

¿QUÉ ACABA DE OCURRIR?

El INS *Mumbai*

Cargado de gente, el pequeño bote pesquero navegó durante una hora mientras los aviones de combate sauditas bombardeaban Adén. La ciudad se encendió en llamas, la exhibición de fuegos artificiales más macabra del planeta. Mantuve la cabeza agachada y la boca cerrada. Era el único norteño en el bote y no necesitaba llamar la atención. Por lo que yo sabía, me arrojarían por la borda.

No vi que el bote se balanceaba hasta que se detuvo, el sonido del agua golpeando los costados del bote como una ligera palmada en la cara. El capitán, un hombre canoso con pantalones caqui y una camisa de vestir que una vez fue blanca y tan grande como una vela, estaba de pie, con las piernas extendidas.

—Necesito dinero —dijo rotundamente—. Para el combustible.

Todos nos miramos mutuamente pensando exactamente lo mismo. *No hay gasolina en medio del mar. ¿Y quién tiene dinero?*

Todos nosotros —cansados, eufóricos, emocionalmente desgastados—, nos levantamos en señal de protesta.

¿Cómo pudiste hacernos esto?

¿No ves a los niños pequeños, a las mujeres, a los viejos, a los enfermos?

¿Qué hay de la misericordia?

¿Qué pensaría Alá de ti?

El hombre permaneció inmóvil, un marinero insensible a nuestro arrebato emocional, sabiendo que tenía lo que nosotros queríamos.

Hurgué en mi bolsillo en busca del último rial. Y saqué un billete de cien dólares. El pescador me lo arrebató antes de que pudiera guardarlo de nuevo en mis pantalones.

Agitó el billete en el aire.

«¿Ven esto? Ustedes tienen dinero ¿Qué pensará Alá de ustedes?».

Luego sonrió y me guiñó un ojo en señal de complicidad. «Has lubricado la bomba. Ahora el combustible fluirá».

Mis ahorros desaparecieron en su bolsillo trasero y el viaje continuó, el motor eructando humo.

El tiempo desapareció en la oscuridad, mientras las olas mantenían el ritmo del infinito. Un foco iluminó la penumbra en veinte minutos o en un año. A través del resplandor, distinguí una enorme pared gris: el costado de un destructor de misiles guiados de quinientos pies de eslora. Las cuerdas cayeron, seguidas por figuras vestidas de oscuro que descendieron como arañas. Hombres con rodilleras, cascos y grandes anteojos abordaron el bote pesquero con armas en el pecho.

Avanzaron entre nosotros, examinando nuestras caras, buscando armas y cualquier señal de que pudiéramos ser militantes. Uno de ellos se dirigió a la proa.

«¿Mohammed Al Samawi está en este bote?».

Miré alrededor; la gente estiró sus cabezas. Levanté la mano tentativamente.

Todos se dieron vuelta para mirar mientras el hombre grande cerraba sus manos alrededor de mi muñeca y antebrazo, y me levantaba para ponerme de pie. Me colocó frente a la escalera de cuerdas. Me puse de pie y miré la rejilla anudada que estaba arriba. Mi pierna mala palpitó y mi mano nudosa se negó a soltarse. *No soy un burro*, me dije. *Soy fuerte. Puedo hacer esto.* Llegué al primer peldaño impulsándome con mi pierna izquierda. No sabía qué tan lejos tenía que ir, pues estaba cegado por los reflectores. No importaba. Llegaría allá. Subí a bordo del buque empujando con mis manos desde abajo y halando desde arriba.

Permanecí un momento de pie, aturdido y jadeando, con las manos en los muslos, inclinado y sintiendo que habíamos superado la época de las lesiones y el tiempo extra, pero que habíamos anotado y ganado.

Un pequeño grupo me rodeó en la cubierta. Uno de los tripulantes se acercó.

—¿Eres Mohammed Al Samawi?

—Sí, dije.

—El capitán te verá de inmediato. —Entonces me condujo por un tramo de escaleras, nuestros pasos sonando en el metal.

Un hombre casi de mi estatura salió de detrás de un escritorio en lo que parecía ser una pequeña oficina. Su uniforme blanco estaba atiborrado de cintas y rectángulos de colores brillantes. Pidió mi identificación, la examinó, y luego me observó.

—¿Estás bien? ¿Hay algo que pueda hacer por ti?

No había palabras para expresar la incongruencia de la situación.

—No. Es decir, estoy bien, pero no, no hay nada más que puedas hacer por mí. Lo has hecho todo. Me salvaste la vida.

El capitán hizo una pausa.

—Sígueme —dijo—. Deberías ver algo.

Lo seguí fuera de la cabina, por una estrecha pasarela elevada. Se detuvo y asintió con la cabeza a la multitud debajo de nosotros en la cubierta.

—Hay trescientos indios, y más o menos cien yemeníes.

Miré hacia abajo. Todos estaban reunidos, compartiendo el calor. Las mantas envolvían a mujeres y niños, y la gente se abrazaba y lloraba de alivio.

Un silencio incómodo siguió. Todo lo que pude decir fue:

—Gracias.

—En un momento estaremos de nuevo en camino. A Yibuti.

Dio media vuelta y se fue. Otro marinero me acompañó, bajamos las escaleras y salí a la cubierta con los demás.

¿Qué diablos acababa de suceder?

◇◇◇◇◇◇

Esto era lo mejor que se nos pudo ocurrir. La embajada india en Washington estaba recibiendo peticiones de Daniel Pincus, un ciudadano estadounidense que tenía una relación con esa embajada a través del Comité Judío Estadounidense; y el senador Mark Kirk, cuya decisión de ayudar se tomó debido a los esfuerzos de Justin y al apoyo del AJC. A su vez, la embajada india en Washington presentó una solicitud al MEA en Delhi, que también estaba recibiendo peticiones del Departamento de Estado de Estados Unidos, incluyendo al subsecretario de Estado Tony Blinken.

Esta amalgama de apoyo fue lo suficientemente potente como para que, en tan solo unos días, y en medio de una ráfaga de comunicaciones de Estados Unidos, Israel, India y Yemen, las personas adecuadas hicieran lo adecuado en el momento correcto. ¿La aprobación final para permitirme abordar el buque había venido de la embajada de India en Washington, de la embajada de India en Saná, o del Ministerio de Relaciones Exteriores en Delhi? No tengo idea. Tal vez el Ministerio de Relaciones Exteriores recurrió directamente al secretario de la Armada india para pedirle al capitán del *INS Mumbai* que me incluyera en la evacuación, omitiendo por completo a la embajada de India en Yemen. Esto habría explicado por qué el señor Singh, en la embajada de India en Saná, no tenía conocimiento de los procedimientos. Dado el caos de la situación y la urgencia de la petición, es bastante posible. Esto también podría explicar por qué el primer secretario de la embajada de India en Washington, el hombre con el que habló Daniel, no estaba al tanto de la situación, la cual evolucionaba con rapidez. A pesar de todo, imagino que lo más probable es que se haya aprobado una solicitud para mi evacuación a través de la cadena de mando adecuada, y que se transmitiera posteriormente una orden formal al capitán del *INS Mumbai*.

Pero ¿la solicitud para incluirme en la evacuación fue aprobada antes o después de que India cancelara temporalmente la operación debido a preocupaciones en torno a la seguridad? No tengo idea. Lo único que sé es que todos tenían que pensar rápido y adaptarse. La maestra de escuela, que ayudó a organizar la evacuación en botes pesqueros privados, pidió la lista de las personas que debían ser evacuadas. Tal vez mi nombre estaba en la lista y la maestra no lo admitiría. O tal vez el capitán sabía que hubiera sido peligroso poner mi nombre por escrito. Oficialmente, a India solo se le permitió evacuar a sus propios ciudadanos, y no a yemeníes. Yo era una excepción a este acuerdo, pero solo algunos sectores del Gobierno indio —y el capitán—, lo sabían. Si AQPA descubría que India me había llevado en un barco suyo, o si mi nombre aparecía en una lista que estuviera en las manos equivocadas, eso comprometería toda la operación. Cientos de vidas se perderían. Y esta podría ser la razón por la cual el capitán dejó mi nombre por fuera de la lista. Y también podría ser la razón por la cual, en efecto, la maestra pudo haber estado en lo correcto. Aunque *hubiera* revisado la lista, mi nombre podría no haber estado en ella. *No hay yemeníes en la lista.*

Pero eso no significaba que el capitán planeara abandonarme. Lo que yo sé es que después de que la evacuación improvisada terminó y todos los ciudadanos indios estuvieron a salvo en el buque de la armada, él envió botes pesqueros al muelle para recogerme. Tal vez comprendió que tenía que ser inteligente al respecto. Si me señalara específicamente, pondría mi vida en peligro. Si los pescadores pensaban que yo era una persona valiosa, podrían pedir un rescate por mí, o raptar a cualquier persona que ofreciera la mayor cantidad de dinero y afirmara ser yo. De cualquier manera, el resultado sería negativo. Tal vez el capitán razonó que si invitaba a *todos* los yemeníes a abordar los botes de pesca, evitaría ese problema y garantizaría mi seguridad. O, en términos náuticos, que si lanzaba una red amplia, estaría seguro de atraparme. ¿Qué podría no haber tenido en cuenta él? La cantidad de personas desesperadas que aún esperaban en el muelle, y mi discapacidad.

Un poco antes de las 6:15 p. m., el capitán debió pensar que yo me dirigía al barco, y que él podría cumplir con la hora inicial de partida. Pero Justin llamó y dijo que yo seguía en el muelle...

Ahora el capitán tenía que hacer otra llamada difícil. Estaba a punto de que le endosaran montones de yemeníes, y yo ni siquiera estaba entre ellos. Si aún quisiera sacarme, según sus órdenes, él tendría que esperar a que los botes de pesca regresaran al buque, descargaran a los yemeníes, y luego hacer que los botes volvieran al muelle una vez más, lo que significaba al menos otras dos horas en el borde de una zona de guerra activa con casi cuatrocientos refugiados a cuestas. No era una decisión fácil, pero lo logró.

◇◇◇◇◇◇

Miré a mis compatriotas. Todos teníamos el mismo aspecto bajo el manto de la noche. Brazos, piernas, cuerpos. Norteños, sureños, sunitas, chiitas, nada de eso importaba. El agua salada disolvía nuestras etiquetas, y aquí, en el medio de la nada, todos estábamos simplemente vivos.

Yo no había planeado el futuro. Estaba demasiado enfocado en el objetivo inmediato. El equipo había tratado de pensar a largo plazo, pero entre los hutís, AQPA y sus simpatizantes, lo único que importaba era esquivar los puestos de control; las vidas adicionales no existían. Pero ahora, con doce horas para mirar las estrellas, la realidad me golpeó. ¿Qué haría una vez que llegáramos? ¿Había alguna forma de llevar a mi familia?

Mientras que Adén había sido escenario de gran parte de los combates, las cosas en Saná tampoco eran agradables. ¿Por cuánto tiempo podría permanecer mi familia a salvo?

Pasó otra hora antes de poder contactarme con Natasha para hacerle saber que estaba en el buque militar y que iba camino a Yibuti. Un rato después, me envió un mensaje de texto para informarme que Daniel me había reservado una habitación en el Hotel Sheraton Yibuti en Plateau de Serpent, a poca distancia del puerto. Por ahora, yo debía descansar. Esta vez era Mohammed, y no Moisés, el que cruzaba el mar Rojo en Pascua.

CAPÍTULO 26

SI NO PUEDES SOPORTAR EL CALOR, VETE DE YIBUTI

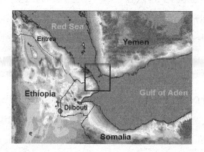

Mapa de Yibuti, Yemen y el mar
Rojo

Yibuti no esperaba recibir cientos de yemeníes, muchos de ellos sin ningún tipo de identificación, por no hablar de las visas. Tan pronto atracamos, un puñado de policías nos condujo a un pequeño centro de tránsito temporal, también conocido como la estación de policía. El aire de la madrugada ya superaba los noventa grados, y la habitación se convirtió en un horno mientras los hombres y las mujeres trataban de separarse de sus vecinos. Nos estábamos cocinando al vapor con nuestro propio sudor.

Había poca electricidad y nada de agua. La incertidumbre se acumuló, deslizándose por las paredes de la estación al igual que la condensación. Una mujer gritó en un momento dado: «¡Iremos a los campos!». Una oleada de miedo nos heló momentáneamente a todos.

Ningún campo de refugiados es un lugar agradable, pero un campo en Yibuti era su propio tipo de infierno. Yibuti, uno de los lugares más calientes y secos del mundo, ya había sentido el impacto de cuatro mil yemeníes que escapaban del conflicto, mil de los cuales ya habían sido enviados a los campos. Ninguno de nosotros quería ser agregado a ese número. Los campos, hacinados, poco abastecidos y caldos de cultivo para la fiebre del dengue, servían como un recordatorio de que salir de Yemen era solo el comienzo de otro tipo de horror.

Aunque Yibuti era un país pequeño, aproximadamente del tamaño de Nueva Jersey, jugaba un papel importante en la región. Bordeando el estrecho de Bab el-Mandeb, la entrada al canal de Suez, el pequeño país controlaba esencialmente el acceso al mar Rojo y, por lo tanto, a las rutas marítimas internacionales. Yibuti estaba repleto de personal militar estadounidense después del 11 de septiembre, cuando Estados Unidos decidió que necesitaba tener presencia militar en la región. Este país construyó Camp Lemonnier en Yibuti, su mayor base militar africana, que albergaba cuatro mil soldados y a sus suministros, incluyendo drones. Los aliados europeos de EE. UU. —Alemania, Italia y España—, también erigieron instalaciones militares. Francia emplazó un regimiento en Yibuti. Japón, en una movida sin precedentes desde el final de la Segunda Guerra Mundial, estableció una base en este país, y China inició la construcción de una base militar y naval. Pero las instituciones internacionales, el control de una gran vía marítima y la infraestructura de alta tecnología necesaria para construir y mantener estas cosas no beneficiaron a la población nativa. Para esta, Yibuti era un paisaje desolado y postapocalíptico: picos de dunas y filas y filas de carpas de refugiados.

Después de todo por lo que había pasado yo, no podía imaginar vivir en una de ellas. Sabía que Daniel me había conseguido una visa temporal y una reserva de hotel, pero ¿cómo lo demostraría yo? En lo que respecta a los funcionarios de Yibuti, yo era uno entre cien. Miré mi muñeca para comprobar la hora y recordé que había cambiado mi reloj por un teléfono plegable. Sentí un ataque de pánico y conté mientras respiraba, recordando lo afortunado que era, lo afortunados que éramos todos. Esta incomodidad física no era nada en comparación con ser capturado por Al Qaeda o quedar sepultado debajo de un edificio.

Mi fiebre de ansiedad se vio interrumpida por el sonido de alguien que gritaba: «¿Quién es Mohammed Al Samawi?».

Levanté la cabeza y vi a un policía en la puerta.

Alcé la mano.

«Ven conmigo».

No era la primera vez que el resto de los yemeníes me miraba fijamente: *¿Quién es este tipo?*

Miré a mi alrededor. Estos eran mis compatriotas, mi gente. Habíamos pasado por tantas cosas, habíamos sobrevivido a tanto, y por cada persona que estaba aquí, había familiares y amigos que habían quedado atrás. Todo parecía aleatorio. ¿Por qué los indios habían aceptado sacarnos? ¿Por qué los combatientes de Al Qaeda habían sido expulsados? ¿Qué nos pasaría ahora? Yo tenía la suerte de tener una visa temporal y evitar así los campos de refugiados. Pero ¿y el resto de mi gente? ¿Era este el final de un viaje a través del infierno, o acaso el comienzo?

En la recepción, me presentaron a un hombre llamado Ali, un funcionario de inmigración. Me dijo que había hablado con Yusuff, el hombre con quien Deborah, amiga de Daniel, lo había puesto en contacto. Le mostré una identificación que verificaba que, en realidad, yo era quien decía ser, y el policía me dijo que podía irme. Ali y yo fuimos a una oficina donde me dieron una visa por diez días. Luego, Ali me llevó al hotel Sheraton, que no se parecía en nada al antiguo Sheraton Adén. La gente reía feliz en la recepción.

Encontré mi habitación con mis ojos vidriosos y conecté mi teléfono para cargarlo completamente. *Mi nueva neurosis*, pensé. Luego me derrumbé sobre una gran cama blanca e inmediatamente sucumbí al sueño. Dormí más de diez horas, la mayor cantidad de sueño que había tenido en más de medio mes. Cuando desperté, me di una ducha fría, y por primera vez en casi trece días me afeité toda la cara. Pensé en mi padre, que nunca dejaba pasar un día sin afeitarse. Lo extrañé profundamente.

Me eché agua en la cara y el impacto del agua en mi piel me obligó a concentrarme. Había utilizado uno de mis diez días asignados para dormir.

Tenía apenas nueve días más antes de tener que salir del país, enfrentar la cárcel o terminar en uno de los campos para refugiados. Yo no había salido de Adén solo para morir en Yibuti. Necesitaba un plan de inmediato.

Empecé a hacer una lista de todos los países que podrían recibirme hasta que mejorara la situación en Yemen. Jordania y Argelia eran los únicos países a los que un yemení podía ingresar legalmente sin visa. ¿Tal vez Etiopía o Malasia? Mi buen amigo, Mohamed Abubakr, había pasado mucho tiempo allí, y estaba geográficamente cerca de Yemen. Investigué un poco más y supe que podía ingresar a Egipto sin visa si tenía más de sesenta años o menos de diecisiete... No era algo muy práctico que digamos. Abrí mi Android, que ya estaba cargado, y volví a conectarme con mi equipo: ¿alguien tenía alguna idea?

Daniel le envió un mensaje a Justin. ¿Y qué si ellos me conseguían una visa para Estados Unidos? Yo podría hablar en universidades e instituciones culturales para difundir la conciencia sobre la situación en Yemen. Y en cuatro meses, cuando la visa expirara, los combates habrían terminado y yo podría regresar a casa. ¿Pensaban que podían reunir algunas invitaciones de instituciones establecidas a lo largo y ancho de Estados Unidos? Claro, decidieron ellos. ¡Por qué no!

Poco después me enviaron un mensaje: ¿estaría interesado en realizar una gira de conferencias en Estados Unidos? *¿Debería hacerlo?* ¡Por supuesto! Por mucho que hubiéramos aprendido a odiar a Occidente, Estados Unidos seguía siendo una fantasía, un faro de democracia y de oportunidad. Obtener una visa para viajar a Estados Unidos era un sueño que compartían muchísimos yemeníes, pero como la mayoría de los sueños, estaba plagado de irrealidades. Esto era sumamente difícil incluso en tiempos de paz. Yemen era visto como un centro global del terrorismo, y el reciente estallido de violencia sectaria y la ausencia de un gobierno estable subrayaban ese punto.

Pero si pudiera conseguir una visa, si yo pudiera decirles a los estadounidenses sobre lo que estaba sucediendo en Yemen, tal vez podría ayudar a detener la guerra. Pocas personas sabían dónde estaba mi país, y menos aún habían escuchado acerca de la crisis actual. La cobertura era escasa en el mejor de los casos. Yemen era simplemente otro de esos países, un «...istán» sin el beneficio del petróleo. Una tierra lejana y atrasada donde todos se mataban entre sí por una razón u otra. Si yo pudiera tener la oportunidad de hablar de Yemen, aclarar la situación, hacer que las personas se preocuparan, tal vez podría hacer una diferencia.

La idea era ridícula, y luego miré a mi alrededor. Estaba en una habitación inmaculada de un hotel en el centro de Yibuti, a un mar de mi país natal devastado por la guerra. ¿Absurdo? De acuerdo. Pero acabábamos de hacer algo absurdo. Le dije al equipo que tenían mi bendición para proceder. Ellos comenzaron a trabajar en las invitaciones y a conseguirme una visa temporal para Estados Unidos.

Daniel publicó en Facebook: «¿Alguien quiere invitar a un yemení a hablar en Estados Unidos?». Justin y Megan hicieron un llamado a sus contactos: «Si alguien desea ser anfitrión de un defensor interreligioso y de la paz yemení para una charla o conferencia en Estados Unidos entre mediados de abril y mediados de julio, déjeme saber por favor lo antes posible. Sería de gran ayuda y lo agradeceríamos mucho». Imaginé que estas publicaciones salían al aire como burbujas, flotaban por unos segundos, y luego explotaban como distracciones fugaces.

Daniel se contactó con su amiga, Sandra Grossman, una abogada de inmigración que vivía en las afueras de Washington, D. C., y que también había ayudado a conseguir la visa de Joey Alexander para viajar a Estados Unidos. Sandra me ofreció su ayuda de inmediato para guiarme a través de las complejidades del sistema de inmigración de Estados Unidos. En primer lugar, me explicó lo que necesitaba para poder obtener una visa de turista para la gira de conferencias. Bajo ninguna circunstancia podría viajar a Estados Unidos con una visa de turista y tener la intención de permanecer allá. Yo no tenía problemas con eso. Quería volver a Yemen, y si la gira de conferencias podía ayudarme a pasar algún tiempo mientras las cosas se calmaban, apreciaría mucho su ayuda para lograrlo.

Contento de saber que alguien tan capaz como ella estaba involucrada en mi caso, y que Daniel y Justin estaban trabajando en la reserva de eventos, mi enfoque podría seguir siendo lo que era más importante para mí: mis familiares y amigos en Yemen.

Con mi Android completamente cargado, llamé a mi familia una y otra vez, pero la llamada no entraba o nadie contestaba. Intenté... e intenté... Me ponía de pie, me sentaba, y me levantaba de nuevo. No estaba dispuesto a renunciar o a pensar en posibilidades malsanas, y finalmente me comuniqué con ellos. Mi madre contestó. Cuando dije «*Salaam*», se quedó sin aliento, su voz subiendo y bajando por la escala de tonos, sus palabras chocando entre sí. Me sumergí en el sonido de su voz, en la melodía de nuestra emoción compartida. La última vez que habíamos hablado, yo estaba escondido en mi apartamento en Adén; los integrantes del AQPA estaba justo afuera de la puerta. Ella no tenía idea de lo que me había pasado, pero solo podía esperar lo peor. ¿Dónde estaba yo? ¿Cómo había salido? Comencé a reconstruir mi escape, eligiendo la narrativa con mucho cuidado. No podía decirle que me había asociado con judíos y cristianos. Ella ya estaba lidiando con muchísimas cosas.

Su alivio se debilitó en un filo agudo de ansiedad. En la mente de mi madre, yo era todavía su hijo pequeño e indefenso. ¿Cómo sobreviviría por mis propios medios? Al menos si me hubiera quedado en Saná, habría estado con mi familia. Deberíamos estar todos juntos. Aunque la Cruz Roja enviara dos aviones a Saná con suministros médicos vitales, y aunque nadie pudiera abandonar su hogar porque los combates eran demasiado intensos —incluso si la luz era intermitente, si tenían que pagar cuatro veces el costo del pan y el arroz—, deberíamos haber permanecido juntos. Éramos una familia. Necesitábamos estar juntos. Esa era la única forma.

No podía expresar mi profundo desacuerdo. Este era el pensamiento hermético que me había obligado a marcharme, a separarnos, a que estallara toda esta guerra. Esta mentalidad de nosotros y ellos, de ponernos a la defensiva, no había traído más que destrucción. Cuando colgamos, recurrí a las redes sociales para redirigir mi ansiedad. Vi fotos de Yemen en llamas. Una publicación tras otra confirmaba que la violencia había seguido aumentando. Los hutís acababan de avanzar a los distritos centrales, y los clérigos sunitas llamaban a una yihad contra los invasores chiitas, lo cual me aclaró aún más que me había marchado justo a tiempo. A medida que aumentaban las bajas, la Cruz Roja emitió una advertencia sobre la posibilidad de una situación catastrófica. El Adén que conocí cuando era niño y brevemente como adulto se transformó en el escenario de una película de guerra: ruinas envueltas en humo y calles llenas de escombros en algunos barrios, mientras otros estaban intactos.

Pasaron tres días. Daniel había alquilado un apartamento para mí, se había asegurado de que yo tuviera alimentos y líquidos, y traté de permanecer ocupado. Estaba hirviendo afuera, pero era más fresco que la explosión de una bomba. Caminé por la calle y en vez de Al Qaeda o combatientes hutís, vi a hombres y mujeres con uniformes militares estadounidenses y japoneses. Sí, yo estaba preocupado por mi futuro, pero al menos tenía uno, me recordé a mí mismo, de pie bajo el sol sin temor a una sola bomba o bala. Pero a medida que el sol se ocultaba, salía, y se ocultaba de nuevo, los aspectos positivos comenzaron a desvanecerse. Pasaron cinco días: busqué ONG locales en Google que pudieran necesitar un oficial de logística o un asistente administrativo. Pasaron siete: aún no tenía una actualización sobre la situación de mi visa.

El 14 de abril, nueve días después de mi llegada, recibí noticias de mi madre de que las cosas habían empeorado en Saná. Alternando entre la calma y el terror, me dijo que nuestra casa había sido atacada en la noche. Hubo un tiroteo y las balas destrozaron varias ventanas. Ella no sabía si se trataba de un ataque deliberado o de un acto de violencia casual.

Alhamdulillah, todos estaban a salvo.

Después de la llamada me puse a buscar actualizaciones en Internet. La devastación de la guerra había golpeado literalmente demasiado cerca de casa. Vi fotos completamente horribles, hombres que ya no parecían serlo. *¿Por qué?*, pensé para mis adentros. *¿Por qué nos estamos matando unos a otros?*

Sentí un ardor en algún lugar entre mi estómago y mi pecho. Dios *me* había salvado. Yo estaba vivo mientras cientos de personas morían. Me puse de pie, sintiendo la fuerza recién recuperada de mi cuerpo, y decidí hacer algo que no había hecho en mucho tiempo: orar.

Fui al baño y comencé a hacer el *wudu*, limpiando mis manos, mi cara, mis pies y mi pelo, cualquier cosa que tocara el suelo mientras me inclinaba ante Dios. El agua escurría de mis manos y me di cuenta de que estaba temblando, sintiendo cosas que no me había permitido sentir en más de trece días. Sentí que las lágrimas me lavaban la cara mientras llevaba agua a mi boca. Entré a la habitación y me detuve en medio de la alfombra. Cerré los ojos y me acordé de Dios. Lloré al inclinarme y al tocar el suelo con mi cara. Las palabras —las cuales había estado diciendo desde que tenía seis años— desaparecieron, y fueron reemplazadas por una nueva oración: *Shukraan, shukraan, shukraan*, gracias, gracias, gracias. *Shukraan ya Allah*. Gracias, Dios. *Ana ahebak*. Te amo.

Lloré dos minutos y luego comencé a orar de nuevo. En el islam, debes hacer los movimientos en orden, tal como deben ser. La última vez que había ofrecido el *Salah*, estaba en mi apartamento en Adén. Le prometí a Dios que, si me salvaba, yo sería una persona mejor. Ahora, mientras terminaba de hablar con Alá, ya estaba listo para pagar la deuda.

Yo estaba a salvo. Mi familia estaba a salvo. Había muchísimos que no lo estaban. La idea de viajar a Estados Unidos para contar mi historia adquirió un nuevo tipo de urgencia. Si pudiera ponerle una cara a la crisis, si la gente realmente pudiera oírme hablar, entonces tal vez alguien, en algún lugar, intervendría. Esto ya no se trataba solo de mí. Yo estaba a salvo. Se trataba del futuro de Yemen y de su gente.

Yo les pagaría a Megan, a Daniel, a Justin y a Natasha al continuar con su trabajo. Ellos me habían dicho específicamente que no aceptarían dinero o compensación de ningún tipo. Yo seguiría sus pasos. Cada uno de ellos había dedicado su tiempo y recursos para hacer del mundo un mejor lugar para vivir. Yo necesitaba hacer lo mismo.

Muchísimas personas estaban siendo asesinadas en nombre de la religión. Mientras yo estaba a salvo en mi habitación, las Naciones Unidas citaron una cifra del Banco Mundial diciendo que 59.5 millones de personas habían sido desplazadas en la actualidad como resultado de conflictos armados. El sistema estaba saturado más allá de su capacidad. Demasiadas personas sufrían en silencio sin contar con una plataforma. Si la gente estuviera dispuesta a escuchar, yo hablaría por ellos.

Megan y Natasha siguieron averiguando cómo estaba yo, y Daniel siguió prestando apoyo, tanto financiero como emocional. Pero pasó otra semana, y ahora yo estaba sin documentos y necesitaba prolongar mi visa a toda costa. Daniel y Justin me dijeron que estaban programando tantas charlas como pudieran, pero nada cambió en varias semanas.

Tuve pesadillas con los campos de refugiados y me desperté con sudores fríos. Leí informes de que en los campos había escorpiones, serpientes y hienas, y lo que es peor, no había wifi. Si me enviaban lejos, perdería todo contacto con mi familia y con mi equipo. Incluso si lograba evitar los campos y vivía en un apartamento en la ciudad, la tasa de desempleo era del sesenta por ciento, había escaramuzas fronterizas casi constantes con Etiopía, y una gran devastación económica. Totalmente estresado y completamente extenuado, me conduje en una especie de frenesí. Cuando el estrés me cegaba por completo, Daniel me ofrecía consuelo con un poco de levedad, un recurso tan escaso como la sombra para resguardarme del sol.

DANIEL: Míralo de esta forma. No tuviste que pagar nada por el viaje de Adén a Yibuti...

Daniel estaba gastando una suma de dinero nada despreciable, y Natasha continuó sus esfuerzos con el Departamento de Estado, transfiriéndome dos mil dólares para que yo pudiera subsistir. En este punto, yo entendía que el dinero se iba tan rápidamente como llegaba. Este era el flujo y el reflujo de un refugiado: fondos que llegan y ofrecen un sentido de la seguridad, y luego se van en necesidades y en una serie de pagos.

Por lo menos, las solicitudes para dar charlas parecían estar cuajando. Entre Daniel, Justin, Tina Steinmetz y una mujer llamada Tiffany Harris, a quien había conocido en Jordania, yo tenía invitaciones oficiales de la Universidad de Stanford, del International Crisis Group, del Comité Judío Estadounidense, y de la Casa Moishe. Una vez asegurado esto, trabajé con Sandra Grossman para entregar mis papeles para una visa de turista a Estados Unidos por cuatro meses, y me congracié policías y funcionarios locales. Recordé lo que me había dicho Daniel cuando yo estaba en el Hotel Gold Mohur: *Lo que necesitas ahora es un amigo en el terreno. Crea un equipo.*

Cuando todo fue aprobado, mi abogada se contactó con la embajada estadounidense en Yibuti para programar mi entrevista en el consulado. Y entonces esperé... Y esperé... Finalmente, cinco semanas después de llegar a Yibuti, recibí confirmación de que tenía una cita. Había tomado incontables exámenes como estudiante. Estaba acostumbrado a estudiar largas horas, y a memorizar pasajes enteros del Corán. Sin embargo, esta vez no había nada que yo pudiera preparar.

◇◇◇◇◇◇

El lunes 25 de mayo llegó finalmente. Agarré mi mochila y me dirigí a la embajada de EE. UU. en Yibuti. Le había hecho frente a hutís y a Al Qaeda, pero no a funcionarios del Gobierno estadounidense. Estaba aterrorizado. Entré a una sala pequeña con una multitud de árabes: sirios, somalíes, yemeníes... Le di mi nombre y documento de identificación a la mujer de la recepción, y ella me dijo que tomara asiento. Yo era el número 36.

La sala era abierta y yo podía escuchar mientras el funcionario saludaba a cada persona y le pedía que dijera su nombre. Cada entrevista comenzaba del mismo modo —«¿Por qué quiere ir a Estados Unidos?»—, y después de una lista estándar de preguntas, cada entrevista terminaba del mismo modo: «Lo siento. Usted no ha calificado para una visa de turismo a Estados Unidos en este momento».

Pasaron las horas, y estructuré y practiqué mis respuestas. ¿Por qué quería ir a Estados Unidos? Solo necesitaba varios meses de seguridad hasta que pudiera regresar al Yemen. Y si pudiera agilizar mi regreso, tanto mejor. Iría a Estados Unidos a contar mi historia, a informarle a la gente sobre lo que estaba ocurriendo, a presionar por soluciones políticas y diplomáticas para terminar con el baño de sangre, y luego regresaría al lado de mi familia. Ensayé versiones de esta respuesta en mi cabeza, una y otra vez, hasta que oí, «Número 36». Era mi turno.

Me acerqué al funcionario y me senté, tratando de no creer que esta entrevista era inútil.

—Por favor diga su nombre —dijo el hombre, más interesado en una mancha en su camisa que en la pregunta que acababa de hacer.

—Mohammed Al Samawi —respondí, preparándome para decir mis palabras previamente ensayadas.

Él miró unos documentos.

—¿Quién es Daniel Pincus?

Me senté completamente erguido en mi asiento. Después de todo, yo no me había preparado para esto. Esforzándome por la respuesta adecuada, me aventuré a decir:

—Es mi amigo.

—¿Por qué se preocupa tanto por usted? —preguntó el hombre, que ahora estaba incómodamente alerta.

—No sé —respondí honestamente.

El funcionario me miró. Tenía muchos motivos para sospechar profundamente. Yo era un yemení que estaba solicitando una visa de cuatro meses a Estados Unidos desde Yibuti, con invitaciones para hablar en prestigiosas instituciones académicas, políticas y judías estadounidenses. Eso no cuadraba. El hombre hojeó mi fólder.

—Usted tiene varias invitaciones para hablar, incluyendo una del AJC —dijo— Le haré otra pregunta, y quiero que me responda con mucha rapidez. Me miró a los ojos y me dijo —¿Qué significa AJC?

Parpadeé. No tenía ni idea. Había oído a Daniel y a Justin utilizar esas iniciales, y sabía que Alexis Frankel trabajaba allá, pero estaba tan nervioso que mi mente se puso en blanco. Pero no podía decir eso.

—Americano... Judío... —Me devané los sesos en busca de palabras que comenzaran con la «C». *Capital, clase, compañía...* Yo no tenía ni idea—. ¿Algo? —dije.

—¿No sabe? —me insistió.

Me obligué a encogerme de hombros.

—Lo olvidé.

El hombre me sostuvo la mirada y pensó.

—Comité—dijo finalmente—. Es el Comité Judío Estadounidense. La próxima vez que alguien le pregunte, no lo olvide.

Asentí, sentándome en mi mano, tratando de evitar que temblara.

—Felicitaciones —dijo, terminando la entrevista—. Usted tiene una visa de cuatro meses para Estados Unidos.

Salí de la embajada de EE. UU. con una enorme sonrisa en la cara. Era la primera vez que sonreía desde que podía recordar.

CAPÍTULO 27

LA TIERRA
PROMETIDA

¡Volando a Estados Unidos!

I**ré a Estados Unidos**, pensé. Todo lo que necesitaba era un tiquete aéreo. Lo cual era un problema. Solo me quedaban unos trescientos dólares luego de los costos de la visa. Iba a empeñar mi computadora portátil cuando recibí un mensaje de Daniel. Él tenía una idea, lo cual no era sorprendente.

Dos meses atrás, Daniel había publicado un mensaje en Facebook: «¿Alguien tiene alguna idea de cómo sacar rápidamente a un ciudadano yemení de Adén, en Yemen?». Había recibido varias respuestas, ninguna de las cuales resultó ser útil. Pero Chris Murray, un amigo suyo de la universidad, realmente había ofrecido comprarme un tiquete de avión a Estados Unidos si yo lograba salir de Yemen.

Y ahora, ocho semanas después, Daniel llamó a Chris.

—Chris —dijo Daniel—. Te llamo para recoger el dinero para ese tiquete de avión. No vas a creerlo, pero sacamos a Mohammed de Yemen.

Chris, un abogado en Houston, apartó la mirada del reporte de su computadora.

—Trato es trato —dijo riendo—. ¿A dónde quieres el vuelo y cuándo?

—De Yibuti a San Francisco. Mañana.

Me dirigí al aeropuerto de Yibuti con la misma ropa que llevaba puesta desde que había escapado de la guerra, y con una sonrisa aún en mi cara. Pasé por la línea del registro y le entregué mi pasaporte a la dama detrás del mostrador. Ella me miró de los pies a la cabeza, y luego escribió en su teclado.

— Señor —dijo finalmente—. Su visa dice que usted residirá en Nueva York, pero su tiquete dice que aterrizará en San Francisco. Necesitamos que nos dé una dirección en esta ciudad, o no podrá volar.

Le envié un mensaje urgente a Daniel. «Quieren una dirección en San Francisco o no me dejarán viajar». Eran las 5:15 p. m. en Yibuti, y las 10:15 a. m., hora del verano del Este.

Daniel me envió una dirección un minuto después. Se la repetí a la mujer y me dejó pasar.

Shukraan ya Allah, gracias a Dios.

A las 7:00 p. m., volé en un pequeño avión doméstico a Adís Abeba, Etiopía, donde esperé para abordar el «Dreamliner», un Boeing 787 de Ethiopian Air. Después de siete horas en el aire, aterricé en Frankfurt, Alemania. Eran las 5:00 a. m., hora local; tenía cinco horas antes de abordar mi conexión a Estados Unidos.

Le envié un mensaje por WhatsApp a Daniel, diciéndole que había llegado.

DANIEL: Hay una sala de Lufthansa para clase ejecutiva cerca de la próxima puerta.

MOHAMMAD AL SAMAWI: Preguntaré por ella.

MOHAMMAD AL SAMAWI: Estoy perdido en realidad. ☹

Luego de caminar durante cuatro horas por la terminal, me detuve para preguntarle a un policía a dónde debía ir.

—Muéstreme su otro tiquete.

—¿Cuál? —dije.

—Usted está viajando a Estados Unidos —dijo él—. ¿Dónde está su otro tiquete?

—Este es el único tiquete que tengo.

—Venga conmigo.

—¿Todo está bien? —pregunté.

—Simplemente venga conmigo.

Empezó a caminar rápidamente. Me esforcé en seguirlo, y él me miró constantemente por encima del hombro para asegurarse de que yo siguiera ahí.

Me llevó a un pequeño cuarto y me registró. Luego, mientras yo esperaba, inspeccionó mi mochila. Era el único equipaje que llevaba.

—Usted tiene una visa de turista para Estados Unidos, pero solo un tiquete de ida. Una visa de turista requiere un tiquete de ida y vuelta. ¿Dónde está su vuelo de regreso?

Yo no tenía ni idea. Ni siquiera me había dado cuenta. Escasamente había mirado mi tiquete salvo para encontrar la puerta de salida.

—Necesito averiguar —dije—. Una persona me compró el tiquete.

Le envié un mensaje a Daniel preguntándole por mi otro tiquete. Eran las 3:00 a. m., en Nueva York y él no contestó.

Miré de nuevo al guardia.

—No hay otro tiquete.

El guardia tomó mi pasaporte y fue a hablar con su supervisor, y yo le envié a Daniel un mensaje de texto frenético. Pasó un minuto, y luego dos. Mientras estaba sentado en una pequeña silla plástica, pensando, *No, no, no, ellos no pudieron haberme comprado un tiquete de ida si la visa requería un tiquete de ida y vuelta.* Yo no sabía que esto era exactamente lo que habían hecho. Chris, que era un viajero frecuente, había encontrado un tiquete de ida y vuelta de Yibuti a San Francisco por 70.000 millas en United Airlines. Pero antes de hacer clic en la compra, hizo un cálculo. *Seamos honestos,* pensó Chris para sus adentros. *No sabemos si este tipo regresará en dos meses o en un año, así que, ¿para qué comprarle un tiquete de ida y vuelta? Yo preferiría usar las millas en un tiquete de ida único en la vida.* Esta fue la razón por la cual Chris me compró un tiquete de ida en clase ejecutiva de Yibuti a Estados Unidos por 70.000 millas.

Permanecí a solas, ajeno a todo esto, y conté las baldosas del piso. Había llegado a 110 cuando el guardia regresó.

— Puede irse —dijo.

Sentí un chasquido en mi cabeza. No sabía qué acababa de suceder, pero había funcionado para mí. Salí del cuarto y traté de encontrar la puerta de salida. Este resultó ser el último escollo en el camino de obstáculos.

Tardé veinte minutos para encontrar el lugar donde se suponía que debía estar, y abordé el avión, pues mi tiempo se había agotado. Todo lo que tenía era mi mochila, la computadora portátil de Oxfam, mi teléfono, un cargador, una toalla que había tomado del Hotel Sheraton Gold Mohur, y las ropas en mi espalda. Estaba sucio, maloliente, exhausto, y volando a Estados Unidos con un tiquete de ida en clase ejecutiva comprado por alguien que utilizó sus millas. Era una combinación sospechosa, y tal vez no deberían haberme dejado pasar. Sin embargo, lo logré.

El avión tenía dos pisos, y mientras abordábamos, todos los que estaban delante de mí se dirigieron a la izquierda. Empecé a seguirlos, pero una azafata me detuvo y me dijo: «Señor, siga por aquí».

Subí al segundo piso del avión y vi algo completamente sorprendente: todos los pasajeros tenían su propio espacio, con su propia pantalla. Encontré mi silla en el pasillo, y después de sentarme, vi que el hombre que estaba a mi lado se inclinaba hacia un lado de su silla y movía el asiento hacia atrás. ¿Qué? Me incliné también y jugueteé con una pequeña palanca de plástico, y antes de darme cuenta, me estaba recostando y sentando. Seguí haciendo esto hasta que descubrí otro truco: ¡podía convertir el asiento en una cama! Agarré mi teléfono y me tomé una foto en posición horizontal en el avión. Cuando me senté de nuevo, todos me estaban mirando. Por primera vez lo noté: todos llevaban trajes.

Una vez que alcanzamos altitud, una asistente de vuelo se acercó y me preguntó qué quería ordenar. Mi corazón se detuvo; ¿tenía que pagar por esto? Yo no tenía dinero. Le dije que necesitaba un minuto para pensar, y luego le pregunté al hombre de al lado si sabía cuánto costaba la cena.

—Es gratis —dijo—. ¿Es tu primera vez en clase ejecutiva?

—Sí —dije—. Volé de Yemen a Yibuti, luego a Etiopía y después a Alemania, ¡y ahora voy a San Francisco!

—Eso está bien —dijo él, sonriendo cortésmente, ansioso por desconectarse. Estaba claro que quería su propio espacio; había comprado un tiquete de clase ejecutiva por una razón.

Sentado en mi cápsula, bebiendo la mejor agua embotellada de Alemania en una taza de plástico, supe que finalmente estaba a salvo. Iba rumbo a Estados Unidos.

Mientras estaba en algún lugar sobre el Océano Atlántico, Daniel, Megan, Justin y Natasha se pusieron en contacto. ¡Ellos y una red innumerable de personas lo habían logrado! Se esforzaron más allá de su propio agotamiento y límites de estrés y me sacaron de Yemen a Yibuti, y luego a Estados Unidos. Natasha preguntó después de una serie de aclamaciones, ¿quién se va a encontrar con Mohammed en el aeropuerto? Megan y Natasha no podían; estaban en Israel. Daniel no podía; estaba en Nueva York. Justin tampoco podía; ya estaba comprometido para hablar en una conferencia. Daniel, a punto de comprar un boleto de avión de última hora a San Francisco, pensó en una solución más fácil. Un minuto después, la siguiente publicación apareció en Facebook:

DANIEL PINCUS: Mi amigo yemení aterriza en SFO, viernes, 12:50 p. m. ¿Alguien quiere recogerlo?

Jenna Weinberg, una amiga de Daniel que vivía en Brooklyn, relanzó el mensaje de Daniel en el muro de su grupo de Facebook de la Universidad de Michigan, y Han Zhang —un joven nacido en China con un título en Matemáticas y finanzas de la Universidad de Michigan—, respondió que estaría feliz de recogerme. Han no tenía un auto propio, así que alquiló un compacto, condujo una hora hasta SFO y esperó cuarenta y cinco minutos en la puerta de la terminal.

Mi avión aterrizó después de un vuelo de doce horas y media. El vuelo fue tan cómodo y libre de estrés que quería permanecer en mi asiento para siempre; ojalá me quedaran doce horas y media más. Pero sabía que esta no era una opción, y cuando las azafatas comenzaron a ordenar, agarré mi mochila y di mis primeros pasos en Estados Unidos. Seguí las señales, y tan pronto sentí el beso de la brisa de San Francisco, vi un cartel grande que decía MOHAMMED AL SAMAWI. Detrás estaba un joven chino que nunca había visto antes.

Me apresuré hacia él. Se presentó como Han Zhang, y antes de poder contenerme, le di un gran abrazo.

—¡Gracias! —lloré, tratando de controlar mi exceso de emoción.

—No te preocupes —dijo él, algo sorprendido de que un viaje desde el aeropuerto pudiera inspirar tanto entusiasmo—. ¿De dónde vienes?

—De Yemen —le dije, dirigiéndole una mirada de complicidad.

—Guau —exclamó cortésmente, sin entender por qué lo estaba mirando de esa manera—. ¿Cómo es?

No supe por dónde comenzar.

Subimos al auto y él puso un poco de música. Reconocí el ritmo; tal vez Estados Unidos no era tan diferente de Yemen después de todo. Pero cuando tomamos la autopista, los patrones de tráfico revelaron otra historia. Este era un mundo completamente distinto.

Han se aclaró la garganta y me preguntó con una mirada de soslayo y una sonrisa casual y forzada:

—Entonces, ¿por qué conoces a Jenna?

Lo miré.

—¿Quién es Jenna?

Han dejó caer la cara y, sin saber qué decir a continuación, comencé a contar mi historia...

Conté mis pasos. Tres para ir de la puerta a la pared; dos entre el inodoro y el espejo. Mi nuevo apartamento en Adén era grande para una persona, pero no había planeado refugiarme en su baño. La luz verde grisácea de la bombilla fluorescente se esparció por el espejo, blanqueando las paredes, el techo y el piso. No tenía a dónde ir.

Estaba atrapado.

Mis ojos, enrojecidos e inyectados de sangre, estaban demacrados por el insomnio y el estrés. Se habían retirado, abandonando las líneas del frente, como si no estuvieran dispuestos a ver cómo Yemen era destrozado. Calles llenas de escombros; soldados y ciudadanos gritando y disparando armas; medios sociales engalanados con los lemas «¡Dios es grande!», «Muerte a Estados Unidos», «Muerte a Israel», «Malditos judíos», «Victoria al islam».

No sabía cuánto tiempo había pasado, y no tenía idea de dónde estábamos o hacia dónde nos dirigíamos, pero conté todo lo que había sucedido, desde mi apartamento en Adén hasta el Hotel Gold Mohur, luego al puerto y a Yibuti, y antes de que supiera, mi historia terminó en este mismo auto.

Se hizo un profundo silencio cuando terminé. Luego, Han Zhang me preguntó:

—¿Tienes hambre?

—Sí, dije.

—¿Alguna vez has comido comida estadounidense?

—No —respondí.

—Conozco el lugar exacto. —Han sonrió. Y en diez minutos llegamos a KFC para mi primera comida estadounidense.

◇◇◇◇◇

Me quedé con Justin en San Francisco. Me introdujo a la comida china y a la mexicana, y luego me llevó a mi primera charla en la vida, en la Universidad de Stanford. Este lugar no se parecía en nada a la Universidad de Saná. Hombres y mujeres estaban juntos, caminaban juntos, se besaban juntos. Las mujeres usaban pantalones cortos y camisas sin mangas. *¿Está permitido esto?*, me pregunté.

Justin me condujo a través de un laberinto de pasillos y llegamos a un salón con veinticinco personas. Me paré frente a ellos, mirándolos a los ojos. Era la primera vez que compartía mi historia en público, y por suerte, era con un grupo de musulmanes del área del Golfo (probablemente sunitas). ¿Cómo responderían a una historia sobre cómo los judíos y cristianos me salvaron de un conflicto de musulmanes contra musulmanes perpetrado por sus propios países? Yo no tenía ni idea. Pero había trabajo por hacer. Era mi labor hacer que la gente se preocupara.

Comencé...

Comienza y termina con un libro...

Empecé a hablar, tratando de ignorar a los estudiantes inquietos en sus asientos, y mientras continuaba, la historia adquirió una textura propia. Se soltaron algunas costuras, se agregaron otras. Gente, sonidos, emociones. Me sentí invadido por esto. Mis recuerdos eran vívidos, pero asimétricos, como el tejido intrincado de un *sajjada*. Cuando me quedé sin palabras, miré el reloj en la pared. Había pasado una hora y media. Había perdido la cuenta de mí mismo.

De repente, me sentí mortificado. ¿Cómo había sido tan tonto al pensar que mi experiencia me había hecho ganar tanto tiempo? Miré ansioso a mi alrededor, pidiendo disculpas, pero todos seguían allí, mirándome, esperando más. De repente, cuando todos se dieron cuenta de que no tenía más que decir, una mano se alzó.

—Tengo una pregunta —dijo un hombre con una barba poblada y la cabeza cubierta. Parecía religioso, y temí que me fuera a atacar y me dijera mentiroso. Pero en cambio, volvió sus ojos en dirección a Justin.

—¿Por qué lo salvaste?

Justin no perdió el tiempo. Con su acento californiano nativo, sonrió y dijo:

—Todos somos seres humanos. Hermanos. Cualquiera haría esto.

Cuando terminó la sesión, el hombre se acercó a Justin y lo abrazó.

◇◇◇◇◇

Cinco días después, volé a la ciudad de Nueva York para encontrarme con Daniel. Me mudé a su apartamento en West Village y comencé a descubrir en quién me quería convertir y qué iba a hacer durante mi estadía de cuatro meses en Estados Unidos. Fuera lo que fuese, esperaba hacer del mundo un lugar mejor.

Todavía aclimatándome gracias a mi buena fortuna, me desperté con el sol brillante del verano y escuché fuertes ráfagas y gritos en la calle. Se me congeló el corazón. Corrí a la habitación contigua y le pregunté a Daniel si todo estaba bien. Sí, me dijo. Era solo el Desfile del Orgullo Gay.

Salimos y vi las calles llenas de una explosión de color, música y hombres casi desnudos. Visitamos el emblemático Stonewall Inn y un piano bar. Aunque conocía a un puñado de personas homosexuales por mi trabajo interreligioso, nunca había visto tanta gente con tanta exuberancia por ser ellos mismos. Sentí que mi mente se liberaba de otro tabú. Oficialmente no había personas gays en Yemen. ¡Era una pérdida!

Llamé a casa, lleno de un amor por la vida más fuerte que cualquier cosa que hubiera conocido. Mi padre levantó el teléfono y me saludó. No dijo nada más, pero bastó con eso. Le pasó el teléfono a mi madre y sentí mi corazón agitarse en mi pecho, como un pez fuera del agua. Desde que llegué a Estados Unidos, le había hablado en cada oportunidad, pero no le había dicho todavía que un grupo de judíos me había salvado la vida. Yo había sido muy cauteloso con la verdad, pues dudaba que ella pudiera lidiar con más estrés. Ella ya estaba sufriendo mucho por la guerra. Los ataques aéreos sauditas se habían trasladado al norte, a Saná, y el hospital había cerrado. Mi padre tuvo que dejar de trabajar, lo que significaba que no tenía ingresos y que los recursos eran cada vez más escasos; solo había electricidad por una hora más o menos al día, el teléfono y la conexión celular eran impredecibles, y la mitad del tiempo mi familia se refugiaba en el sótano para esconderse de las bombas. Pero a pesar de lo mala que era la situación en Saná, mi madre estaba más preocupada por la manera como yo sobrevivía a las calles rudas de Manhattan.

Mi corazón se hinchó de amor con cada preocupación maternal irracional. Yo no quería ocultarle nada. Tomé aliento y finalmente le expliqué la verdadera historia de mi escape. Mi madre comenzó a llorar y me preocupó haber hablado demasiado. «Cállate», me dijo. No le importaba la religión ni el hecho de que Daniel, Justin, Megan y Natasha no creyeran en el profeta Mahoma. A ella le importaba que yo estuviera vivo, y que estas personas me hubieran salvado. Mi madre, que no sabía una sola frase en inglés, pidió hablar con Daniel. Le pasé el teléfono y ella dijo: «Gracias, gracias, gracias, gracias, gracias».

EPÍLOGO

Daniel y yo frente a la Estatua de la Libertad

Un zorro se está bañando en el arroyo cuando ve un banco de peces nadar frenéticamente por el agua. Él les pregunta cuál es el problema, y los peces le explican que los pescadores han echado sus redes y están persiguiéndolos. El zorro, al escuchar el pánico en sus voces, ofrece llevarlos a tierra firme; todo lo que tienen que hacer es saltar sobre su lomo. Los peces se ríen y rechazan la oferta. «Zorro», dicen, «¡eres astuto, pero no puedes engañarnos! El agua es nuestro hogar. Si estamos en peligro aquí, ¿qué posibilidades tendríamos en tierra firme?».

Esta parábola se atribuye al erudito judío Rabbi Akiva, que vivió en Cesarea en los siglos primero y segundo. Según este hombre culto, los peces tenían razón. Pertenecen al agua; sin ella, morirían. Pero yo ofrezco otra interpretación. ¿Y qué si el zorro tiene razón? ¿Y qué si hay instancias en las que la opción correcta es abandonar tu hábitat natural? ¿Y qué si la única forma de sobrevivir es confiar en el supuesto enemigo?

He vivido más de dos años en Estados Unidos. Es una tierra que me enseñaron a odiar, llena de personas que me enseñaron a condenar. Pero me he sentido abrumado por la amistad, el apoyo y el amor. Cuando recién llegué, no tenía idea de cómo sería recibida mi gira de cuatro meses. Pero un compromiso llevó a otro, y pronto me encontré yendo a escuelas, Iftars y Séders de Pésaj en lugares de los que nunca había oído hablar: Dearborn, Dallas, Boston, Los Ángeles, Atlanta, Chicago... Traté de usar mi historia personal como un camino hacia cuestiones más amplias y espinosas sobre la situación en Yemen, los conflictos en el Medio Oriente, la inmigración, el activismo interreligioso y los derechos humanos. Pero a pesar de que a la gente parecía gustarle la historia, la guerra continuó y me pregunté: *¿Es suficiente con esto?*

No tenía una visa de trabajo, así que no pude trabajar. En cambio, me ofrecí como voluntario, traduciendo del árabe al inglés. Aparecí en paneles y hablé por instituciones culturales. Pero la guerra continuó, y me pregunté: *¿Es suficiente con esto?*

Hablé con Justin y Daniel la segunda vez que fui invitado a hablar en Stanford. Cuando terminamos nuestra presentación, dos estudiantes de Leyes se acercaron a nosotros y nos dijeron que los habíamos inspirado a cambiar el mundo, que deberíamos avisarles si alguna vez nos encontrábamos con alguien que necesitara ayuda. Fue un elogio colorido y no pensé mucho en eso. Pero un par de meses después, les envié un nombre: Mohamed Abubakr, mi amigo de YaLa Online Academy. Antes de darme cuenta, los dos abogados formaron una coalición de base y trajeron a Mohamed a Estados Unidos. Actualmente Mohamed está comprometido con salvar a otros. Con la ayuda de Justin y Megan, creó su propia organización sin fines de lucro llamada Proyecto de Liderazgo para el Medio Oriente y África (AMEL, por sus siglas en inglés). A través de esta organización, él está empoderando a los jóvenes de África y Medio Oriente y brindándoles las herramientas para construir sociedades inclusivas y pacíficas.

Pero el efecto dominó no se detuvo ahí. Recientemente me enteré de que un joven llamado Dan Smith había asistido a una de nuestras charlas y luego emprendió acciones similares. Utilizando mi experiencia como un caso práctico, intentó ayudar a un periodista iraní que vivía en Turquía y que estaba recibiendo amenazas. Con la ayuda de Justin y de Irina, este joven se contactó con senadores clave y recogió firmas para una petición. Finalmente, el periodista recibió asilo en Israel, por lo que no necesitó refugio en Estados Unidos; pero, para mí, el compromiso era más importante que el resultado final.

Puede que yo no haya tenido el poder de detener la guerra en Yemen, pero con la ayuda de mis amigos, comprendí que tenía el poder de marcar una diferencia a nivel de base. Seguí contactando a amigos y a extraños por igual, trabajando en una campaña de corazones y mentes. Hablé con Ahmed, mi mejor amigo en Yemen. Él se había sentido furioso de que yo trabajara con judíos y cristianos. «Estás poniendo tu vida en peligro», me había regañado. «¿Vale la pena?».

Y ahora, sabiendo lo que había sucedido, me dijo: «Todo lo que has hecho es correcto».

Y él no está solo. Otros dos amigos míos en Yemen que estaban igualmente en contra de lo que yo hacía ahora son parte de YaLa Young Leaders.

Este es el poder de una historia.

◇◇◇◇◇

A medida que los cuatro meses de mi gira de conferencias llegaban a su fin, examiné febrilmente las noticias con la esperanza de poder regresar a Yemen. Pero la situación siguió deteriorándose, y aunque no volví a recibir amenazas de muerte, yo no podía regresar. Arabia Saudita había bloqueado el país, y el aeropuerto de Saná seguía cerrado a vuelos comerciales. Como no tenía adónde ir y mi visa estaba a punto de expirar, me comuniqué de nuevo con Sandra Grossman, la abogada de inmigración que me había conseguido Daniel.

Dada la situación, le pregunté si podía solicitar asilo político. Ella accedió a ayudarme. Yo había trabajado con ella, con Paulina Sosa, su asistente legal, y con mi equipo para completar los trámites necesarios en agosto de 2015. También me entrevisté con personal del Departamento de Seguridad Nacional. Sandra, que fue mi defensora incansable, creyó desde el primer día que mi caso era sólido. Y a pesar de mis dudas y temores, el proceso avanzó.

Tomó hasta mayo de 2016 para obtener un permiso de trabajo. Por entonces, ya no vivía con Daniel. Estaba muy agradecido con él, pero los dos sabíamos que yo tenía que seguir adelante con la siguiente etapa de mi vida. Me había mudado a Washington, D. C., para efectuar un cambio en el corazón de la nación. No tenía historial crediticio ni un empleo, por lo que conseguir una vivienda era un gran problema. Pero una vez más, Daniel acudió a mi rescate. Me ayudó a encontrar un lugar en Crystal City, en la casa de una mujer sirio-estadounidense, firmó el contrato de alquiler por mí, y continuó apoyándome emocional y financieramente. Todo era tan bueno como podía esperarse de un refugiado desempleado. Yo había sobrevivido. Ese era el primer paso. El segundo era pagarles la enorme deuda a tantas personas que actuaron heroicamente en mi nombre.

Empecé a postularme para cualquier trabajo que estuviera relacionado tangencialmente con Yemen, e inmediatamente acepté un contrato de tres meses con el Centro Internacional para la Religión y la Diplomacia (ICRD, por sus siglas en inglés). Estaba emocionado de trabajar, particularmente en el campo que amaba, y utilizar la religión como una herramienta para unir y no para dividir. Demostré ser valioso, y después de mi período de prueba, mis superiores me ofrecieron un contrato de un año como coordinador de sus esfuerzos en el Medio Oriente. Ahora tenía menos tiempo para concentrarme en mi propia situación, y más para pensar en los demás y en cómo podría ayudar.

Mi trabajo en el ICRD me puso en contacto con varios imanes del Medio Oriente y norte de África, que eran críticos declarados de Occidente, de los judíos en general, y de los cristianos. Basado en mi propia experiencia con el descubrimiento de similitudes entre el islam, el judaísmo y el cristianismo, me acerqué a ellos con una súplica para que le dieran una oportunidad al entendimiento. Traté de convencerlos de que lo que ellos creían acerca de los judíos y del judaísmo, y lo que es real, eran dos cosas diferentes. A veces me imaginaba a mí mismo como uno de esos vendedores telefónicos irritantes que llaman fríamente a la gente.

«¿Puedo interesarte en un paquete especial de tolerancia y comprensión sin compromiso?».

Las respuestas que obtuve variaron ampliamente, pero seguí insistiendo, centrándome en los éxitos y no en los fracasos. La causa era demasiado importante para darme por vencido. No solo necesitaba ayudar a mi país, sino también a mi madre, a mi padre, a mis hermanas y hermanos.

Mi familia es mi alma. Aunque no siempre nos entendíamos totalmente, estábamos ahí el uno para el otro cuando nos necesitábamos. Aunque discrepábamos unos con otros y no siempre aceptábamos las perspectivas del otro, en tiempos de necesidad hacíamos todo lo posible para mejorar la situación.

Temo la posibilidad de perderlos.

~~~~~~~

Mientras escribo esto hoy, 31 de agosto de 2017, ha llegado el Eid al-Adah, la festividad musulmana. A medida que ordenaba estos pensamientos, podía escuchar mi refrigerador completamente lleno hacer clic. Mi computadora portátil estaba totalmente cargada. Mi teléfono tenía servicio completo. Era de noche, y el cálido resplandor de las luces iluminaba las notas que yo había tomado. Escuché los bocinazos de algunos autos en la calle de abajo. Era un ruido blanco y tranquilo.

Pensé en mi familia, rodeada por sonidos oscilantes de silencio y explosiones. Deseé poder estar en casa con ellos. Deseé poder pasar las vacaciones a su lado. Mi madre cocinaría un cordero, que dividiría en tres partes: una para consumirla en familia, otra para compartir con familiares y una tercera para dar a los pobres. Era mi época favorita del año.

Pero en lugar de acurrucarme en el sofá con Nuha, vi mientras amigos y amigos de amigos que publicaban en Facebook, suplicando por comida y asistencia médica que les habían negado. Arabia Saudita declaró que permitiría vuelos fletados por las Naciones Unidas y organizaciones humanitarias, pero solo después de monitorear cada caso. El Gobierno yemení, atrapado entre la roca proverbial y el lugar difícil, acudió a Rusia en busca de ayuda.

Se llegó a un acuerdo, pero los sauditas seguían negándose a permitir la entrada de vuelos. Los sauditas querían aprovecharse de la falta de comida para forzar a los rebeldes hutís a someterse, pero estaban poniendo en peligro las vidas de millones de personas. Según una estimación, veinte de los veintiséis millones de habitantes de Yemen necesitaban ayuda humanitaria.

Los yemeníes, incluyendo a mi familia, están atrapados en una guerra que no tiene nada que ver con ellos. Los sauditas y otros miembros de la coalición árabe, AQPA, Irán, los hutís y las otras facciones involucradas... Todos estos grupos han tomado decisiones deliberadas para seguir combatiendo. Hay dinámicas y agendas internacionales complejas en juego, y aunque entiendo que no existe una respuesta fácil, una cosa se ha vuelto clara. Como escribió Peter Salisbury en mayo de 2016 para Chatham House (Casa Chatam), también conocida como el Instituto Real de Asuntos Internacionales, «La guerra civil de Yemen ha llegado a un punto muerto en el que una victoria militar directa de cualquiera de las muchas partes involucradas en el conflicto es altamente improbable. [Debido] a la gran variedad de dinámicas y quejas locales, Yemen se arriesga a que la "gran guerra" termine siendo consumida por una serie de "pequeñas guerras" complejas que están abiertas a la explotación de actores nacionales y regionales». Salisbury también señaló que todos los esfuerzos para negociar un acuerdo pacífico a este conflicto han puesto al contraterrorismo y a la seguridad de otras naciones por encima de la seguridad física y económica del pueblo de Yemen. No todos los yemeníes son terroristas. No todos los yemeníes merecen ser castigados por las acciones de unos pocos.

Mientras estoy rodeado de comodidades, mis compatriotas han soportado dos años sin electricidad. Imaginen estar un día o dos sin energía. Imaginen ahora pasar casi ochocientos días y noches sin ella. Imagina que no tienes dinero. Imagina que no tienes trabajo. Imagina no saber de dónde saldrá tu próxima comida.

Para el Eid de 2017, millones de yemeníes comieron poco o nada. En lugar de compartir una cena festiva, las familias se apretujaron, esperando sobrevivir a los ataques aéreos. No estaban pensando en cordero y vegetales; temían que su próxima respiración fuera la última. Sé esto porque una vez estuve en su lugar. Aún permanezco despierto de noche, imaginándome la penumbra, oliendo el humo y el polvo de las ruinas y las represalias. Todavía me estremezco ante los sonidos fuertes. Aún siento la opresión en mi pecho, el vacío en mi estómago, la desesperación en mi corazón. Para mí, estos son los remanentes del trauma de una época anterior. Para aquellos que permanecen en Yemen, el trauma es real, inmediato y sin fin.

¿Por qué tienen que soportar esto?

¿Por qué se han convertido en los sacrificados?

Mucha gente descarta los combates en los países del Medio Oriente como ejemplos de violencia sectaria: conflictos entre grupos étnicos o religiosos. Pareciera que nadie quisiera reconocer una verdad más grande y oscura. Hay países en falta; hay gente a quién culpar; hay una manera de detener la violencia. Muchos en Estados Unidos criticaron a los rusos por respaldar al régimen sirio. ¿Dónde está la protesta por Yemen?

Si los sauditas están realmente interesados en sofocar a los militantes hutís, un porcentaje minúsculo de un pequeño porcentaje de un grupo étnico minoritario en mi país, ¿por qué tantos otros mueren, viven aterrorizados, mueren de hambre y son arrasados por enfermedades perniciosas? ¿Por qué están dispuestos a sacrificar a Yemen?

¿Acaso el silencio se debe a que, como informó recientemente el *New York Times* al citar la base de datos Sipri Arms, Estados Unidos y Gran Bretaña proporcionaron a Arabia Saudita el 79,1 por ciento de los suministros militares importados por este país entre 2012 y 2016? La marea puede estar cambiando —en junio de 2017, cuarenta y siete senadores votaron en contra de una medida para vender más armas a Arabia Saudita—, pero ¿es suficiente con eso? Aunque entiendo que Arabia Saudita tiene importancia estratégica en la región para Estados Unidos, ¿vale la pena sacrificar a más de veintisiete millones de personas?

¿Cómo puede justificar alguien este tipo de masacre?

¿Quién ha ungido al uno como Ibrahim y al otro como Ismael?

¿Quién regresará el cuchillo a su vaina?

◇◇◇◇◇◇

En julio de 2017, representantes del Programa Mundial de Alimentos, la UNICEF y la Organización Mundial de la Salud visitaron Yemen. Las instalaciones de agua y saneamiento han quedado inservibles por los bombardeos. Estos representantes publicaron una declaración después de su visita: se sospecha que cuatrocientos mil yemeníes están sufriendo de cólera, tres de cada cinco yemeníes no saben de dónde saldrá su próxima comida, se considera que casi dos millones de niños están desnutridos, y casi mil novecientas personas han muerto de cólera desde que comenzó el brote cuatro meses atrás.

Los trabajadores de la salud respaldados por el Estado (treinta mil) no han recibido su salario desde hace casi un año. A pesar de esto, muchos de ellos salen al campo o a los hospitales y oficinas para brindar ayuda. Pero cuando los suministros necesarios no están permitidos, o son requisados por los rebeldes hutís, como es el caso de las medicinas que son tan necesarias para combatir el cólera, esos trabajadores no pueden hacer mucho. Nos enfrentamos a cinco mil casos más de cólera por día. El número de estos puede aumentar muy por encima de los quinientos mil actuales.

Enfermedad.

Hambruna.

Como informó Nicholas Kristof en el *New York Times*, cada cinco minutos muere un niño en Yemen. Como periodista, Kristof trabajó incansablemente durante meses para poder entrar a mi país. Uno de los factores que los sauditas esgrimen para determinar si permiten o no los vuelos fletados con ayuda o con trabajadores humanitarios es si un periodista está a bordo. En este caso, se niegan a otorgar el permiso de vuelo. No quieren que se cuenten historias sobre Yemen.

Familias enteras son asesinadas en ataques aéreos; los padres se están suicidando porque no pueden proporcionar lo suficiente para sus hijos; las mujeres están siendo violadas y secuestradas. Los niños están siendo abandonados por la violencia y la desesperación. ¿Qué le espera a una generación de jóvenes que crecerá en una zona de guerra?

Es una época oscura para Yemen, y la esperanza se desvanece al igual que la luz eléctrica. A principios de diciembre de 2017, Ali Abdullah Saleh, quien era un aliado de los hutís, anunció que estaba dispuesto a poner fin a su alianza con los rebeldes, a detener los combates en Saná, y a iniciar conversaciones con Arabia Saudita. Yemen estuvo a la expectativa, y las Naciones Unidas alentaron a ambas partes «a comprometerse con el proceso de paz».

Dos días después, los hutís mataron a Saleh. Todo lo que quedaba del país que yo conocía desde mi nacimiento había desaparecido.

Las conversaciones de paz terminaron y los hutís anunciaron por televisión que todos necesitaban orar y agradecer a Dios por el asesinato de Ali Abdullah Saleh. Los *baltagi*, los matones, fueron de puerta en puerta y exigieron que todos los hombres jóvenes asistieran a la mezquita esa noche. Al final del *khutbah*, el sermón, gritaron, «¡Muerte a Estados Unidos, muerte a Israel, malditos sean los judíos, victoria para el islam!». Todo el mundo tuvo que unirse a ellos.

Si alguien se resistía o se rumoraba que había apoyado a la posición, o si tenía una foto de Saleh en casa, era considerado un enemigo. Los informantes inspeccionaban las cuentas en medios sociales; las páginas de Facebook se convirtieron en prueba de culpabilidad. Un amigo mío fue detenido. Si yo hubiera estado allá, no habría tenido la más mínima oportunidad.

Los hutís siguieron consolidando su poder luego de bloquear medios sociales como Facebook, Twitter y WhatsApp. Nadie podía contactarse con el mundo exterior. La gente aprendió a evadir la censura utilizando redes privadas virtuales (RPV), que hacían que la velocidad de la Internet —que ya era una de las más lentas del mundo en promedio, con 0.34 mbps (megabites por segundo)— fuera aún más lenta. Entre los cortes de electricidad y el suministro necesario incluso para las descargas más pequeñas, los teléfonos y las computadoras portátiles se descargaban al cabo de pocas horas. Mi familia tuvo la suerte de comprar paneles solares, que actualmente suministran de tres a cinco horas de electricidad al día. Cuando tienen una conexión a Internet razonable y sus aparatos están suficientemente cargados, graban un mensaje de voz y me lo envían por WhatsApp. Lo oigo de inmediato, grabo mi propio mensaje y presiono la tecla Enviar. Puedo tardar días en recibir una respuesta.

Hace poco, estaba en un aeropuerto en Miami esperando mi vuelo para Los Ángeles cuando vi una nueva grabación de mi mamá. Decía, «Hola Hamoodi, solo quiero decirte algo, porque sé que lo verás en las noticias y te preocupas por nosotros. Actualmente hay bombardeos en Saná, pero estamos bien. No te preocupes...». Y luego oí un *BUUM* y el mensaje terminó. Empecé a sentir mis dedos adormecidos. Llamé a todas las personas que conocía en Yemen por WhatsApp, pero nadie respondió; le envié mensajes a Ahmed, pidiéndole que averiguara por mi familia, pero no contestó. Una hora después, recibí un mensaje suyo diciendo que había ido a ver a mi familia y que todos estaban bien, que no debería preocuparme. Esta es mi nueva normalidad. Agradezco a Dios por estar vivo aquí en Estados Unidos, ¿pero, y qué de mi familia, mis amigos y de otros yemeníes?

La gente del norte no tiene a dónde huir. No hay escape. El Comité Popular ha tomado el control de Adén, y aunque algunos de sus miembros pueden ser buenas personas, hay un sentimiento unánime contra los norteños. Si una persona del norte es atrapada en el sur, la envían a zonas controladas por los hutís.

Los combates no muestran señales de finalizar. Hasta enero de 2018, más de diez mil civiles habían muerto en la guerra. Se cree que más de un millón de personas han sido afectadas por supuestos casos de cólera. Y según el coordinador humanitario de la ONU en Yemen, más de 8,4 millones de yemeníes estaban al borde de la hambruna.

Sé que las cifras pueden insensibilizar. Son demasiado. Es más fácil cambiar canales, pasar la página y minimizar la ventana de una pantalla que emprender acciones.

Pero tenemos que actuar.

Además de reconocer nuestra ignorancia y de aceptar el hecho de que no tenemos por qué admitir lo que no sabemos, también tenemos que aceptar nuestra naturaleza humana y nuestras identidades nacionales.

Tal vez sea hora de que alguien diga lo que no se ha dicho con frecuencia. Está bien velar por los intereses propios. Si la guerra civil en Yemen parece ser muy lejana, piénsenlo de esta manera: en este momento, una generación está creciendo como rehén de los hutís y los sauditas. No se dan cuenta de que este es el caso, pero así es. No solo eso, sino que los rebeldes hutís han acumulado suministros de ayuda (incluyendo medicamentos contra el cólera) que naciones y organizaciones generosas han llevado al país a pesar de las zonas de exclusión aérea. ¿Los jóvenes que necesitan ayuda tienen conocimiento de esto? No. Lo que ven y oyen está estrictamente controlado. Cuando las vidas están llenas de dudas e incertidumbre, cuando vives en una ignorancia no reconocida, tiendes a creerles a quienes están en el poder, a quienes detentan el control. En Yemen, esto significa clérigos extremistas. Significa Al Qaeda. Significa ISIS.

En este instante, bajo nuestras propias narices, un ejército está siendo reclutado y entrenado por extremistas y terroristas. Muchas personas en Yemen creen que la comunidad mundial les ha dado la espalda. Creen que nadie se preocupa por ellos ni por su futuro. Y, ¿a quién recurren en ese vacío? A quienes les prestan un poco de atención. A quienes satisfacen sus quejas. A quienes les ofrecen algún prospecto del futuro distinto a la destrucción y la violencia. Es así como los terroristas nacen y se crían. La crisis en Yemen es el comienzo de la radicalización de una generación.

Un ejército de odio está creciendo en todo el Medio Oriente. Creo que un ejército de entendimiento y de acción puede encargarse de ese ejército y derrotarlo.

Soy un ejemplo vivo del poder de la conexión humana. Busqué ayuda y otras manos sostuvieron las mías. En medio de las imágenes de bombardeos y del baño de sangre, de la enfermedad y la destrucción, no olvidemos por favor que hay manos tendidas. No piden más que dignidad humana y derechos básicos, una oportunidad para sobrevivir. ¿Armas o agua? ¿Municiones o comida? ¿Indiferencia o intervención?

Todos tenemos que hacer elecciones.

Es la acción o la inacción.

Todos estamos conectados. Las elecciones que hagamos se nos devolverán finalmente.

Yo elijo la esperanza.

Oro para que quienes están en el Medio Oriente y alrededor del mundo trabajen juntos, para que elijamos el principio fundamental que subraya a las grandes religiones del mundo: la misericordia. Oro para que Estados Unidos emprenda acciones y reúna a los representantes en una mesa de negociaciones. Tal como lo hice yo, mi pueblo está pidiendo ayuda. Permítanles ser escuchados. Permitan que sus súplicas de ayuda sean respondidas.

Al igual que los peces en el arroyo, crecí creyendo que estaba a salvo en el agua, que los zorros eran malvados, y que yo moriría en tierra firme. Pero, como tantas otras cosas, esto demostró ser falso. La gente en la que confiaba trató de matarme; la gente en la que desconfiaba me salvó la vida. Pero la moraleja es más grande que yo. Todos estamos remontando la corriente, tratando de evitar las redes y anzuelos que nos han tendido. Les suplico que se arriesguen y salten a tierra firme. Podría ser incómodo, podría ser peligroso, o podría ayudarnos a cambiar la parábola.

Debería haber muerto en tres ocasiones, pero no lo hice. Le debo todo esto a personas que he nombrado y que no he nombrado, quienes me ayudaron a llegar a ese punto. Ellos son los héroes.

Como dice el Corán: Quien salva una vida, es como si hubiera salvado a toda la humanidad.

Como dice el Talmud: Quien salva una vida, es como si hubiera salvado al mundo entero.

Todos tenemos nuestras historias, pero si podemos empezar a conectarnos —en línea y en la vida real—, podremos comenzar a ver lo similares que son. Y ruego también para que podamos tratarnos unos a otros como hermanos y hermanas.

Este, acá mismo, es otro comienzo.

AGRADECIMIENTOS

Muchas culturas cuentan con historias de personas que han sido salvadas y de sus intentos por pagar su deuda. De algún modo, aunque pequeño, espero que estos agradecimientos sirvan como mi primera muestra de gratitud.

Las palabras me fallan cuando pienso en las cuatro personas que cumplieron un papel tan importante en esta historia. Megan, Justin, Natasha y Daniel: lo que ustedes hicieron por mí demuestra la bondad esencial de la humanidad. Mi destino es diferente gracias a ustedes, y haré todo lo que pueda para seguir su ejemplo. Estamos unidos para siempre, y espero que eso les produzca tanto bienestar y alegría como a mí.

Megan: me abriste tus brazos cuando me acerqué por primera vez a la comunidad interreligiosa, y abriste tu libro de contactos cuando te pedí ayuda por primera vez. Fuiste incansable en tus esfuerzos en mi nombre, y gracias a ti, encontré defensores en los más altos niveles del Departamento de Estado, seguridad en el Hotel Gold Mohur, y dos amigos nuevos en Justin y Natasha. No pierdes un solo segundo en dudar cuando puedes emprender acciones, algo a lo que aspiro yo.

Justin, tu perseverancia tenaz no conoce fronteras. Mientras el resto del mundo dormía, escribiste peticiones a senadores, hiciste llamadas a funcionarios gubernamentales alrededor del mundo, y exhortaste a muchas personas a cumplir sus promesas. Es gracias a tu supervisión que pude llegar al puerto y al buque militar indio. Crees que ningún plan es demasiado descabellado para intentarlo, razón por la cual tus planes más descabellados tienen éxito. Creo que a esto se le llama *chutzpah*.

Natasha, vi tu bondad desde el instante en que hablé por primera vez contigo en Jordania. Cuando la guerra estalló en Adén y estuve rodeado por personas que actuaban debido a la desesperación y el miedo, tu bondad se convirtió en un faro de luz. Tu ayuda para coordinar la logística y obtener ayuda del Departamento de Estado no puede exagerarse, pero, más que eso, me ayudaste a sobrevivir a las complejidades emocionales de una zona de guerra.

Y luego está Dani. Eres un hombre que dice «sí». Has permanecido a mi lado desde el momento en que me contacté contigo. Utilizaste todas las conexiones que tenías para sacarme de Yemen, pero ese fue solo el primer obstáculo. La vida de un refugiado es difícil: no tenemos familia, dinero, redes, empleo ni hogar. Tú me lo diste todo sin pedirme nada. Tu generosidad y hermandad desinteresadas han seguido hasta el día de hoy, y solo deseo vivir de una manera que te haga sentir orgulloso.

Hay una quinta persona que es crítica en esta historia, y aunque no está mencionada en las páginas de este libro, está entre cada una de sus líneas. Es mi agente literaria y querida amiga, Becky Sweren. No habría ningún libro sin ti. Ignoraste las convenciones —y los límites de las horas de oficina— para escribir mi propuesta de libro, revisar mi manuscrito, y asumir los roles duales de terapeuta y *coach* de vida. Sin importar cuál sea el trabajo, lo haces con los más altos estándares (¿sabías que la gente en Hollywood sigue diciendo que esta propuesta de libro es una de los mejores que ha leído?). No sé cómo funcionan normalmente las relaciones entre un agente y un autor, pero tu capacidad para saber qué y cómo hacerlo en todas las facetas de mi vida —personal y profesional—, es mágica. Yo sería inconmensurablemente diferente si no hubiera sido por tu tenacidad, compasión, talento e inteligencia. Eres mi hermana de una manera humilde, sincera y eterna. Como le dijo mi madre a Daniel, «Gracias. Gracias. Gracias».

He sido siempre un lector de libros, pero nunca supe cuántas personas trabajadoras se necesitaban para crear uno. Mi gratitud eterna con Henry Ferris por defender y adquirir este libro; con Peter Hubard por editar mi libro con tino, y por tu orientación; y a Nick Amphlett por tus ideas profundas y tu diligencia. Gracias también a Shary Rosenblum por tu energía y apoyo ilimitados; eres una genio de la publicidad y los medios. Ryan Cury, tu encargado de *marketing* es una inspiración absoluta, y gracias también a Natalie Duncan, pues ha sido una partidaria incansable. Estoy bendecido de tener a todo ese tipo de estrellas en William Morrow/HarperCollins, y a Liate Stehlik, pues tu liderazgo y visión han hecho que todo esto sea posible.

Gracias también a Aevitas Creative Management por respaldar este proyecto, y a Chelsey Heller por darle una audiencia internacional a este libro.

Finalmente, y en términos de publicación, un gran agradecimiento al inimitable Gary Brozek. Esta es una historia con *muchas* partes. Es profundamente personal, pero también contiene otras cuatro perspectivas, y se mueve entre diez zonas horarias. Hay muchos obstáculos para sortear, pero nunca vacilaste. Siempre apreciaré tu paciencia, tu consideración, tu maestría y tu habilidad única para captar tanto lo duro como lo blando. Gracias también por tu disposición para remangarte y volverte un experto en la historia y en la religión de Yemen.

◇◇◇◇◇◇

Este libro, y la vida que tengo la suerte de estar viviendo, son solo posibles gracias a los esfuerzos humanitarios de dos países y sus gobiernos.

Al bondadoso pueblo de India: gracias por su buena fe y su ayuda humanitaria ilimitadas. Yo, y cientos de personas, estamos aquí hoy solo porque fuimos incluidos en su audaz «Operación Raahat». No puedo imaginar cuántos individuos alrededor del mundo participaron en ese esfuerzo, pero agradeceré a quienes puedo. Gracias al capitán y a la tripulación del *INS Mumbai*. Gracias al ministerio indio de Relaciones Exteriores, incluyendo al personal de las embajadas de India en Washington, D. C., y en Saná. Ustedes actuaron cuando nadie más podía o estaba dispuesto a hacerlo. Solo espero poderles corresponder de alguna manera.

Al pueblo maravilloso de Estados Unidos: gracias por permitirme visitar este país increíble, y por dejarme permanecer aquí cuando no pude regresar a Yemen. No podría estar más agradecido. Me gustaría agradecer en particular a los miembros del Departamento de Estado de EE. UU., incluyendo al subsecretario Tony Blinken, a Laura Rosenberg, y a Shaarik Zafar. El senador Kirk y su personal —particularmente Gretchan Blum— también ocupan un lugar especial en mi corazón. Las posibilidades que ofrece este país son ilimitadas, y espero aprovechar la oportunidad que se me ha concedido para promover el diálogo y entendimiento en todo el mundo.

◇◇◇◇◇◇

Mi viaje a Estados Unidos no habría sido posible sin el considerable apoyo personal y organizacional del Comité Judío Estadounidense. Esta organización increíble, liderada por David Harris, fue mucho más allá de su misión para ofrecer su excelente credibilidad con el fin de promover mi causa y alentar a los demás a actuar en beneficio mío. También quiero agradecer a Jason Isaacson, director de asuntos intergubernamentales, quien supervisó los esfuerzos del grupo en mi nombre.

Probablemente aún estaría en Yemen si no fuera por Nissim Reuben y Shira Loewenberg, del Instituto Asia Pacífico del AJC; ustedes dos hicieron unos esfuerzos diplomáticos invaluables. De manera similar, me gustaría agradecer especialmente a Irina Tsukerman y a Alexis Frankel (y a su madre, C. Kirk Lazell), quienes ayudaron a promover mi causa desde el comienzo y siempre han estado a mi lado.

Al Instituto Jacob Blaustein para el Avance de los Derechos Humanos del AJC, y particularmente a Felice Gaer y a Christen Broecker, quienes también fueron vitales para mi viaje. Gracias por su apoyo y esfuerzos detrás de bastidores.

Mi visa para Estados Unidos fue posible gracias a varios grupos académicos renombrados y de derechos humanos, y me gustaría agradecer a la Universidad de Stanford, donde tuve el honor de hablar, así como al International Crisis Group. Un agradecimiento especial a Tiffany Harris, Rebia Khan y Courtney Lobel, quienes hicieron cabildeo en mi nombre.

Otra institución que es clave para mi historia es YaLa Young Leaders, que creó un santuario seguro para el diálogo interreligioso y me enseñó que la gente es la gente. Si no hubiera sido por su organización, mi corazón y mis ojos podrían haber permanecido cerrados.

De manera similar, la Conferencia Judía Musulmana fue clave para mi transformación. La MJC es una organización inspiradora y sumamente necesaria, y el trabajo que hace es crítico. Gracias por darme este espacio para desafiar mis suposiciones, y por sus esfuerzos incansables para involucrar a miembros de su comunidad para buscar canales de ayuda.

Gracias también a Seeds of Peace y a Gather+962. Estas organizaciones me animaron y me brindaron las herramientas para seguir cruzando barreras y conectarme con la gente.

Me he sentido igualmente inspirado por el Yemen Peace Project, incluyendo la labor de Will Picard, su director ejecutivo, y de Dana Moss, su esposa. Su dedicación y apoyo a Yemen hacen que el mundo sea un lugar mejor.

Me gustaría agradecer también a Renaissance Weekend, liderado por Philip, Linda Lader y sus hijas, Mary-Catherine y Whitaker. Me siento inspirado por su compromiso para promover el diálogo y tender puentes, y es gracias a la familia extendida de RW que estoy donde estoy en la actualidad.

◇◇◇◇◇

En cuanto a los individuos... podría pasar el resto de mi vida expresando mi gratitud a todas las personas que tuvieron una parte en esta historia. Sin embargo, me han ordenado hacer que este libro pese menos de cincuenta libras, así que seré breve:

Me gustaría agradecer a mis hermanos en Yemen. Es difícil ayudar a otros cuando ni siquiera puedes protegerte a ti mismo. Pero todos ustedes son héroes: desde el hombre que me llevó al Hotel Gold Mohur a los trabajadores que me ayudaron allí mientras yo me refugiaba. Se arriesgaron para ayudar a un desconocido, y sobreviví gracias a ustedes.

También me gustaría agradecer a Nimrod Ben Ze'ev, a Leslie Lewin y a Aaron Richards por hacer todo lo que estuvo a su alcance y contactar a sus representantes en el Congreso de Estados Unidos y solicitar su ayuda.

A Joel Braunold, quien le brindó consejos cruciales a mi equipo, y a David Keyes por ser un conector clave.

A Deborah Abisror, exdirectora de la Unión Europea de Estudiantes Judíos, y a Baki y a Ali, quienes fueron instrumentales en ayudarme mientras estuve en Yibuti.

Un agradecimiento muy especial a Chris Murray, quien cumplió su promesa de comprarme un tiquete aéreo a Estados Unidos.

Sandra Grossman, mi abogada de inmigración, y Paulina Sosa, su asistente, me dieron una orientación esencial y valiosa mientras sorteábamos el papeleo y el crucial trabajo legal desde el momento en que llegué a Yibuti. Su apoyo generoso en un momento crítico es inconmensurable. Yo había soñado con regresar a Yemen, pero cuando los combates que se prolongaban hicieron que eso fuera imposible, ustedes se convirtieron en mis amigas y aliadas, me guiaron a través de los diversos procesos, y me ayudaron a permanecer a salvo en Estados Unidos. Ustedes son personas notables.

Desde que estoy en Estados Unidos, he sido ayudado de incontables maneras por personas increíbles que han abierto sus brazos de formas que yo no hubiera imaginado posible. Stanley y Marion Bergman, Josh Weston, Joe y Debra Weinberg, Hamza Awawda, Rahma Sghaier, Anne Pence, y Ohood Murqaten han movido cielo y tierra. Ellos me han ayudado de formas que son demasiado numerosas para mencionarlas aquí, pero por las que estoy enormemente agradecido. Sería remiso si no agradeciera también al doctor Michael Sellman por su ayuda médica y su generosidad.

Joel Alexander, tú me inspiraste en una de mis horas más oscuras. Gracias a ti, y a tus padres, Denny Sila y Fara Leonora, por su amistad e inspiración.

Amigos como Josh Nason y Mohammed Ali han hecho más fácil mi vida como refugiado. Sus perspectivas y preocupaciones han contribuido considerablemente a mi bienestar.

Jenna Weinberg, gracias a ti y a tu familia. Me diste la bienvenida, me proveíste, y me hiciste sentir seguro sin hacer preguntas. Gracias por tu amistad, tu disposición para escuchar, y por mostrarme cómo encontrar el lado positivo de cualquier situación.

Gisela y Raymond Savdi, ustedes han sido como una familia para mí en muchos sentidos. No tengo espacio suficiente para mencionar todos los detalles.

Hannah y Ruben Iberkleid: saber que ustedes dos me respaldan y que siempre están disponibles para escucharme a pesar de la hora o de las circunstancias es la verdadera definición de la amistad. Ustedes han hecho que algunos de mis momentos más difíciles sean más fáciles gracias a su presencia, paciencia y persistencia.

Benj Pasek, tienes muchísimos sombreros (geniales), pero te agradezco ante todo por ser una persona increíble. Viste algo en mí y en esta historia desde el comienzo. Desde esa primera cena del Shabbat que compartimos, has sido mi partidario y mentor. Solo eso habría sido más que suficiente, ¡pero luego me presentaste a Marc Platt! Mi más profundo aprecio por ti, y por Marc, por ser mejores personas de lo que necesitan. Ustedes dos hacen del mundo un lugar más pacífico y hermoso, y me han ayudado a soñar con un sueño que yo no creía posible.

Mohamed Abubakr, tú me diste esperanzas para un futuro más brillante. Cuando nos conocimos, te pregunté de dónde eras, y me dijiste que eras «un ciudadano del mundo». En esa época, yo no sabía lo que querías decir, pero ahora, después de varios años de amistad, lo entiendo. Eres un activista global en el más verdadero de los sentidos. Ya has logrado muchas cosas, y no puedo esperar a ver lo que haces en los años siguientes. Creo que será muy grande.

Para finalizar, ofrezco mis agradecimientos más sinceros a todas las comunidades y familias que me han apoyado, particularmente a los Hallahan, los Hefter, los Westheimer y los Pincus. Sus hijos son quienes son gracias a sus historias, sus valores y a la forma en que ustedes viven sus vidas. Gracias por apoyar sus esfuerzos, y por apoyarme al brindarme sus contactos, ayudarme a instalarme de nuevo, y a darme la bienvenida en sus casas. Un agradecimiento especial a Minna Mendel de Pincus, la abuela de Daniel, con quien comparto un vínculo único.

Y finalmente, a mi propia familia: Mama, Baba y Fnona. *Shukran*. Soy lo que soy gracias a ustedes. Cuando cierro los ojos, ustedes están conmigo. Hasta que pueda verlos de nuevo en persona, contaré estos sueños como una de las mayores bendiciones en mi vida.

El *shukr*, o agradecimiento, tiene un papel importante en el islam, así como en el cristianismo y el judaísmo. Si nos concentramos en lo que tenemos y no en lo que no tenemos, podemos ser verdaderamente felices. Creo que esto es cierto, y como tengo tantas personas a las cuales agradecer, comprendo lo increíblemente bendecido que soy y lo mucho que quiero estar a la altura del ejemplo que muchos han establecido para mí. Gracias a todos ustedes, y avancemos hacia la paz.

ÍNDICE

Los números de página en *cursiva* indican ilustraciones